本丛书受中山大学"211"三期重点学科建设项目"粤港澳区域合作研究"资助

中山大學

SUN YAT-SEN UNIVERSITY

·中山大學港澳珠三角研究中心·

粤港澳区域合作研究文丛

蒋廉雄 著

# 中国自主品牌的基本战略

## ——基于珠三角地区的研究

The Generic Strategy to Build Chinese Brands— A Study Based on the Pearl River Delta

中国社会科学出版社

**图书在版编目(CIP)数据**

中国自主品牌的基本战略——基于珠三角地区的研究 / 蒋廉雄著. —北京：
中国社会科学出版社，2013.9
ISBN 978 - 7 - 5161 - 2368 - 3

Ⅰ.①中…　Ⅱ.①蒋…　Ⅲ.①珠江三角洲—品牌战略—研究
Ⅳ.①F279.23

中国版本图书馆 CIP 数据核字(2013)第 061258 号

---

| | | |
|---|---|---|
| 出 版 人 | 赵剑英 | |
| 策划编辑 | 郭沂纹 | |
| 特约编辑 | 丁玉灵 | |
| 责任校对 | 王兰馨 | |
| 责任印制 | 张汉林 | |

---

出　　　版　　中国社会科学出版社
社　　　址　　北京鼓楼西大街甲 158 号（邮编 100720）
网　　　址　　http://www.csspw.cn
　　　　　　　中文域名:中国社科网　　010 - 64070619
发 行 部　　010 - 84083685
门 市 部　　010 - 84029450
经　　　销　　新华书店及其他书店

---

印　　　刷　　北京市大兴区新魏印刷厂
装　　　订　　廊坊市广阳区广增装订厂
版　　　次　　2013 年 9 月第 1 版
印　　　次　　2013 年 9 月第 1 次印刷

---

开　　　本　　710×1000　1/16
印　　　张　　20.5
插　　　页　　2
字　　　数　　268 千字
定　　　价　　52.00 元

---

凡购买中国社会科学出版社图书,如有质量问题请与本社联系调换
电话:010 - 64009791

# 总　序

从 20 世纪 80 年代开始，珠江三角洲凭借改革开放先行一步的制度创新优势、毗邻港澳的地缘优势和劳动力与土地的低成本优势，承接港澳产业转移，形成了粤港澳之间在制造业领域的"前店后厂"式跨境生产与服务的产业分工体系，也开启了粤港澳区域经济一体化的进程。这种以优势互补为基础，以国际市场为导向，以参与国际产业分工体系为特征的区域经济合作带来了珠江三角洲高速的经济增长和工业化，使珠三角成为世界性制造业基地；同时使香港从劳动密集型制造业中心发展成为国际金融、贸易、航运和商贸服务中心。

香港和澳门在我国改革开放和现代化建设中发挥了独特的作用，港澳的回归和以中国加入 WTO 为标志的内地市场的全方位开放，给内地与港澳地区的经贸关系的发展提供了机遇和挑战。以内地市场局部开放为基础的"前店后厂"模式，已经不适应新形势下内地与港澳经济发展的要求。CEPA 为在内地市场全方位开放条件下，深化港澳与内地的经贸合作关系，继续发挥港澳在中国内地改革开放中的独特作用，给保持港澳经济的繁荣稳定提供了新的制度性安排。

粤港澳之间地缘相邻、经贸相依、语言相通、人缘相亲，决定了广东在对港澳合作中必将发挥独特的作用。但是，在港澳回归后的一段时间内，粤港澳区域经济合作的进展并不尽如人意。究其原因主要包括两个方面：第一，从经济发展的阶段看，由于广东与港澳地区经济发展阶段演进导致的比较优势和产业结构的变化，使传统的垂直产业分工模式受到挑战。30 年前，珠三角处于工业化的初期阶段，具有廉价的劳动和土地，但是缺乏资本、管理和市场开拓能力。港澳地区特别是香港由于工资、土地等要素成本上升，经济正面临从劳动密集型的制造业为主体的经济向服务业主导型的多元化经济发展。港澳和广东之间经济与产业发展上存在的这种阶段性差异和互补性的优势，在珠三角市场对外率先开放的条件下，形成了港澳和珠三角之间在制造业之间形成的"前店后厂"垂直分工合作模式。这种合作是市场主导下的企业为主体的自发性合作形式。按照区域经济的一体化两种形态划分，它属于功能性的一体化，区域内经济合作主要是自发的市场力量推动和引导的结果。从产业分工看，这是一种垂直的分工。今天，珠三角的经济和产业发展正面临一个新阶段。从工业化的阶段看，珠三角正处于工业化的后期，正从劳动密集型的工业向资本、技术和知识密集型工业转变。从经济发展的阶段看，正面临着从制造业为主导向服务业和现代制造业双轮驱动的经济体系转变。香港正在推进经济向高增值服务业和多元化方向发展，实现产业的适度多元化也是澳门政府面对的课题。珠三角和港澳地区各自的经济发展和结构转型，使早期制造业的垂直分工为特点区域经济合作模式受到了挑战，传统互补性优势正在发生变化。例如，珠三角发展先进制造业的技术、管理等要素很难像工业化的早期阶段那样，直接从港澳地区能够得到；而珠三角地区积极发展的一些现代服务业，如物流、会展、港口等却与香港发生了直接的竞争。由于经济发展阶段和比较优势的变化，港澳与广东之间垂直的产业分工正在向水平的分工转变。原有的垂直分工需要升级，新的水平分工正在建构，只有遵循市场的规则，发挥各自优势，粤港澳之间新的产业分工体系才能形成。第二，从制度层面看，粤港澳区域合作的深化需要有特殊的制度安排。正确认识粤港澳经贸合作关系的特性和港澳自由市场经济体制，是从制度层面上把握深化粤港澳区域合作的重点和难点的基础。粤港澳区域合作是在"一国两制"条件下，中国内地的一个省份与两个特别行政区之间的合作。港澳分别是两个独立的关税区和独立的货币体系，而广东并不具备相应的地位。另一方面，港澳特别是香港是高度开放、自由的经济体系，缺乏开展对外合作谈判筹码。这两个特点决定了深化粤港澳合作的重点在于广东向港澳进一步开放市场；而广东开放市场则需要有中央的授权和特殊的制度安排。因此，从制度层面看，深化粤港澳合作的难点是在中国内地全方位开放和广东已经位于国内经济发展前列的情况下，中央是否能够给予广东在对港澳经济一体化过程中有更多的自主权和特殊政策；在不影响内地市场开放和经济安全的条件下，形成有效的粤港澳区域经济一体化制度性安排。这一难点已经有了部分突破。2008年7月商务部与香港特区政府签署了CEPA补充协议五，内地将在17个服务领域推行29项开放措施。为进一步深化粤港经贸合作，该补充协议允许香港和广东省政府在广东率先推出或试行共25项开放和便利化措施。CEPA补充协议六在粤港金融合作领域也赋予广东先行先试的权利。《珠江三角洲地区改革发展规划纲要》则在国家层面上首次将珠三角与港澳紧密合作的内容纳入了珠三角规划。2010年和2011年，《粤港合作框架协议》以及《粤澳合作框架协议》分别签署，提出了"在'一国两制'方针指导下，放眼世界、面向未来，在全球格局深刻变化、周边地区竞争加剧以及国家的发展中，以战略思维谋划粤港合作发展思路，完善创新合作机制，进一步建立互利共赢的区域合作关系，有效整合存量资源，创新发展增量资源，推动区域经济一体化，促进社会、文化、生活等多方面共同发展，携手打造亚太地区最具活力和国际竞争力的城市群，率先形成最具发展空间和增长潜力的世界级新经济区域"的目标。

为了深入研究粤港澳区域一体化,为粤港澳共同打造世界级新经济区域提供理论支撑和政策建议,中山大学"211"工程三期设置重点学科建设项目"粤港澳区域合作研究"。该项目以港澳珠江三角洲研究中心为依托,整合中山大学各院系的科研力量,通过对港澳和粤港澳区域合作与发展的重大现实问题开展经济学、社会学和政治学等跨学科的综合研究,推进粤港澳区域合作研究的知识创新和理论积累。自2009年项目开展以来,研究人员已承担科研课题74项,发表论文近百篇,提交咨询报告47份。其中多份研究报告获得各级政府的重视和肯定。"粤港澳区域合作研究"项目拟构建"粤港澳区域合作研究"数据库,收录粤港澳区域合作研究的系列文献、调研及统计数据。为进一步夯实粤港澳区域合作研究的实证基础,项目在珠三角地区的对港澳企业进行调研。详细考察和调研港澳企业在广东地区的经营情况,以及港澳资企业在粤港澳区域合作中的地位和影响,建立"广东港澳企业数据库"。

奉献给读者的这套"粤港澳区域合作研究文丛",是中山大学"211工程"三期重点学科建设项目"粤港澳区域合作研究"的研究的学术成果。"粤港澳区域合作研究"课题组诸位学者从经济、政治、社会、法律几个方面对该区域的社会经济发展和区域合作进行探讨。希望这套丛书对国家实施深化粤港澳合作的区域发展战略、促进粤港澳经济的共同发展的理论研究和实践有所启迪。

在丛书付梓之际,谨向支持本项目研究的学校领导,向承担项目研究的专家、学者、工作人员和研究生表示衷心的感谢。

对丛书的不足之处,期待读者给予指正。

陈广汉

2011年3月22日于康乐园

# 目　录

# 导　　言

　　为提高中国企业的核心竞争力和"中国制造"产品的附加价值，建立自主品牌成为国家、地区和企业发展的重要战略选择。如何建立自主品牌也成为企业、政府乃至社会关注的问题。本书尝试从新的视角对自主品牌建立战略这一重大问题进行探讨。作者的意图是通过这一研究响应以下三个方面的问题：

　　第一，"中国制造"的出路。"中国制造"模式，尤其是以珠三角地区为代表的 OEM 业务模式存在的问题及遭遇的困境引发了关于其未来发展的大讨论。现有观点认为，"中国制造"模式以低廉的劳动力、原材料价格等作为竞争优势，甚至以牺牲自身资源、环境以及劳动力的尊严为代价。随着资源消耗和社会、经济环境的变化，这种以低廉要素成本为基础的竞争优势开始销蚀，并难以长期为继。另一方面，从事 OEM 业务的企业由于没有建立自己的核心技术、创新能力和品牌，业务处于价值链的低端，利润十分微薄，企业的发展受到极大制约。尤其是 2008 年国际金融危机爆发导致需求停滞时，许多企业因订单不足而陷于艰难甚至破产的境地（刘志彪、张杰，2009；毛蕴诗等，2008）。在内外压力之下，以建立自主品牌为主路径的产业升级方式成为政府和学者们的共识。研究者们认为，这不仅是提高制造业附加价值的必由之路，而且是凝聚国家认同度的焦点问题之一（汪涛，2006）。在政府方面，推动产业升级、建立自主品牌被确定为国家和地区发展战略中的重要目标和任务。当2008年金融危机爆发后，建立自主品牌、推动企业转型成为一股热潮。珠三角地区的一些地方政府，甚至提出和实施了"腾笼换鸟"等产业升级的战略计划。

建立自主品牌的战略方向本身毋庸置疑。但考虑到现实的复杂性，对现有的单一政策和实施计划存在不同的观点既是不争的事实，也有其合理性。因此，如何看待"中国制造"模式的存在，"中国制造"模式的未来出路到底在哪里，产业升级是否只有"腾笼换鸟"一种选择，政府在这中间的角色到底应该如何定位等这些问题，亟须研究者从理论上提供决策的指引和依据。但实际上，国内的营销研究并没有很好地满足解决这些问题的需求。

第二，新兴市场的战略营销理论的建立。不可回避，现代营销学缺乏以新兴市场，包括中国市场为基础，以及以新兴市场本土品牌，包括中国自主品牌为视角的营销战略理论。这可从现代营销理论发展和国内研究两方面来看。

从学科发展看，现代营销学是欧美学者在其发达地区市场及跨国公司营销的现实基础上建立的。即使在国际市场营销、全球市场竞争等领域，也是以跨国公司及国际品牌为视角，对其营销战略和策略进行分析和理论建构。由于欧美研究者天生地站在发达市场的观察点上，以及他们本身对新兴市场经验的缺乏，未能真正实现以新兴市场为现实基础，以新兴地区企业或品牌为观察视角的研究。由他们作为主体发展的现代营销理论对新兴市场的品牌战略问题总体上是缺乏关注的。

就品牌建立而言，在欧美营销者和研究者看来，企业向市场提供品牌化的产品是营销常识性问题。欧美的制造性企业，尤其是从事消费品制造的企业，天生就是"品牌企业"。当全球化进程开始时，跨国公司携国际品牌进入新兴市场国家，并将价值链低端的生产外包到发展中国家企业。在发展中国家大量出现的 OEM 企业，在其当地并不普遍性存在。对应于市场现实，在发自并成熟于西方的营销管理理论中，关于品牌问题主要讨论如何对该地区企业的提供物进行品牌化。它没有讨论相对于跨国企业或品牌而言的"自主品牌"这一问题，[①] 也未涉及非品牌化产品的营销问题（汪涛，2006），更很少从 OEM 企业视角，讨论作为跨国公司合约制造者的本土企业从 OEM 向 OBM 升级的问题。

在营销战略理论的发展上，现代营销战略理论以欧美成熟市场为现实基础，建立了市场细分、目标市场确定和定位的所谓"STP"模型，并形成了"竞争—差异化"这一品牌营销基本战略的分析框架（Keller，2008；Kotler 和 Keller，2009）。从理论的适应性看，它对于指导跨国公司的品牌营销是一个"好"的理论。自 20 世纪 50 年代以后，欧美市场经历了第二次世界大战后的快速发展进入市场相对成熟时期。除了主要由新技术带来新的市场机会外，产品类别相对成熟，即市场中的业务与产品类别基本形成，定义新市场的可能性相对有限。正是在这一现实基础上，上述框架对于品牌建立的基本假定是，企业的市场机会就是在现有的市场边界之内发现市场机会，并通过建立"竞争—差异化"的营销战略获得成功。但是，将这一框架应用于自主品牌分析时，未能顾及中国作为新兴市场具有不同于成熟市场的现实基础，以及自主品牌具有不同于国际品牌发展的背景、历程甚至市场逻辑（韩中和等，2010）。如果以它来分析和指导自主品牌的建立，由于它没有对应于中国市场的现实基础，尽管不是"错"的理论，却可能存在局限甚至偏差。

在国内，始盛于 2005 年自主品牌建立的大讨论，主要是由产

---

[①]　关于自主品牌概念的由来及含义问题，请参见本书第二章。

业经济学者和企业战略学者在企业升级的呼吁中予以探讨的。这些讨论基本上是从国家发展、经济发展、产业和业务升级的角度展开的。但这些立足于产业、企业甚至更高水平的研究，基本上未触及顾客—产品水平发生的品牌建立的真实过程和核心问题。国内营销学者对此问题的关注实在不多，仅只见到一些研究者应用国际市场营销理论从事的相关研究（汪涛，2006；韩中和等，2010）。这当中的原因可能在于，国内营销研究总体上尚处于向欧美学习的阶段，研究者在追赶式的研究中疏于对现实问题的关注；另外，由于缺乏研究的理论和参照，从事这样的研究不但存在困难，而且由于偏离了眼下的"主流"研究范式，发表文章的产出性风险也较高。因此，自主品牌的战略研究实际上处于缺失状态。

第三，中国营销学者的机遇与研究精神。基于新兴市场的营销理论发展，包括它可能对现有营销理论的革新或修正问题，正成为欧美营销界最时新的研究话题之一。美国营销协会将2012年夏季会议主题确定为"营销在社会网络世界：新兴市场、停滞市场和复兴市场的挑战"，并在会议征文中特意设置了"新兴市场"的专题。① 这足以说明新兴市场在当代营销创新和理论发展上的吸引力和潜力。就理论发展而言，中国作为新兴市场的出现和发展为中国营销研究者提供了难得的研究机遇。同时，营销学作为一门经验性科学，中国营销学者关注、分析自身所处的中国市场现实和自主品牌发展的问题，为现代营销理论发展作出贡献也就成为其从事研究必须具备的职业精神。从常识上看，对新兴市场的营销理论发展最有经验基础、最具观察视角和最有研究优势的也应是处身这一市场内的中国营销研究者。但遗憾的是，中国营销研究在"追赶式学

---

① 参见美国营销协会2012年夏季会议征文，http：//www.marketingpower.com/summered。

习"中，复制、验证欧美学者理论的实证研究成为主流。尽管有少数学者较早关注并一直倡导中国营销研究的理论建立和创新（何佳讯，2006；卢泰宏，2004），但站在中国市场现实基础上，从自主品牌角度展开思考和研究的成果总体上仍极为有限，对自主品牌建立战略的研究也同样如此。

考虑到这些，作者尝试以中国市场为现实基础、以自主品牌为观察视角，对自主品牌的战略问题进行专门研究。本书共十一章，在内容的组织上可分为四大部分：（1）自主品牌研究回顾与发展分析。该部分对国内不同领域学者的自主品牌研究情况进行了回顾，并分析了可能存在的问题，从营销学视角提出了如何发展自主品牌研究的基本思路和主题。这些内容分别安排在第一、二章。（2）中国自主品牌现状分析。该部分通过多来源文献和数据分析，对自主品牌总体情况，以及珠三角、长三角地区自主品牌的发展进行了分析和比较。这些内容分布在第三、四、五章。（3）自主品牌建立战略分析。该部分是该书的核心内容，通过建构理论基础，对自主品牌建立的战略边界、基本战略选择与应对、代工企业的战略选择等主要战略营销问题方面进行了分析。这些内容安排在第六、七、八、九章。（4）自主品牌建立的战略支持，主要探讨了政府在自主品牌建立中的角色定位以及区域品牌的建立问题。这些内容安排在第十、十一章。

值得指出的是，自主品牌的建立作为新兴市场，包括中国市场中的一个"新"的现实问题，在西方学者建立的营销理论中没有专门的概念和研究文献，故对这一问题的研究需要采取创新的态度和行动。作者为此进行努力，并期望在品牌理论的发展和管理指引的提供上作出某些实质性的贡献。像任何理论探讨一样，本研究本身也存在局限，某些观点还可能会引起争议。但不管怎样，本书提出的理论观点和研究结论如能引发更多地以中国市场为现实基础，以自主品牌为观察视角的品牌研究，并推进现代营销理论的发展，目的也就达到了。

本书关于自主品牌基本战略的研究总体上采取概念性分析的方式，这不太符合当今实证研究的"主流"。尽管如此，作者从事这一研究的经验基础是足够的。从 1995 年开始，作者开始为国内外企业从事营销研究服务，在为许多中外企业的服务经历中对品牌营销问题从事过长期思考和研究实践。其次，理论分析也是具有实证依据的。本书的核心概念和分析过程是建立在研究者本人与有关合作者对品牌基础理论问题的一系列严谨和规范的实证性研究结论之上的。对此有进一步兴趣的读者，可在相关网站，如中国期刊网下载这些文章阅读。此外，本书的副标题是"基于珠三角地区的研究"，但没有将香港地区的品牌纳入分析。对此有兴趣的读者可参阅：蒋廉雄《香港品牌的发展现状、策略与趋势》，梁庆寅、陈广汉主编《泛珠三角区域合作与发展研究报告（2008）》①。

本书是关于自主品牌基本战略问题的理论探讨，但它的核心内容也适合企业家、企业战略决策者和政府相关管理者阅读，尤其是对那些一直在思考如何建立领导品牌的中国企业和政府决策者们，该书提供了创新性的战略思考。对于企业业务经营中的基本问题，例如如何理解市场、界定市场、选择市场，采取什么战略方式建立领导品牌，塑造核心产品，选择什么品牌化的主路径等，提供了不同于"竞争—差异化"这一发展于欧美成熟市场品牌战略的思路、方向和模式。当然，本书不关注营销策略、技能等问题。如果读者想从本书获得品牌建立的具体技巧或策划方案，这会令人失望。但市场上这类营销书籍已经汗牛充栋，它们多半已能满足这些读者的需要。考虑到营销策略从属于品牌战略，而关于自主品牌战略问题

---

① 社会科学文献出版社 2008 年版，第 301—324 页。

的专门著述极度匮乏，对这些读者，关注这本品牌战略创新方面的
书籍，相信能为其关注的营销策略发展问题提供新的思想来源。

## 参考文献

［1］Keller, Kevin Lane（2008），Strategic Brand Management，NJ：Pearson
Education.

［2］Kotler, Philip; and Kevin Lane Keller（2009），Marketing Management，
NJ：Prentice Hall.

［3］韩中和、胡左浩、郑黎超：《中国企业自有品牌与贴牌出口选择的
影响因素及对出口绩效影响的研究》，《管理世界》2010年第4期。

［4］何佳讯：《品牌资产测量的社会心理学视角研究评介》，《外国经济
与管理》2006年第4期。

［5］刘志彪、张杰：《从融入全球价值链到构建国家价值链，中国产业
升级的战略思考》，《学术月刊》2009年第9期。

［6］卢泰宏：《解读中国营销》，中国社会出版社2004年版。

［7］毛蕴诗、李田、吴斯丹：《从广东实践看我国产业的转型、升级》，
《经济与管理研究》2008年第7期。

［8］汪涛：《影响中国企业自主品牌决策的因素分析》，《中国软科学》
2006年第10期。

# 第一章

# 自主品牌研究述评

## 一 引言

回顾自主品牌方面的研究，有必要重温建立自主品牌这一问题发生的背景。中国各地区，尤其是以珠三角、长三角为典型的沿海地区通过吸收跨国公司在全球产业转移中的订单外包，使那些劳动密集且以加工贸易为主的制造业得到了迅速成长。许多制造企业依靠 OEM 业务模式，即"代工生产"方式赚取加工费。从短期来看，依靠 OEM 业务模式，珠三角地区的经济发展取得了成功。但从长期来看，它是以低廉要素成本为基础，以牺牲自身资源、环境以及劳动力的尊严为代价，同时企业自身没有建立自己的核心技术、创新能力和自主品牌。由于存在内外部压力，以及 2008 年国际金融风暴爆发导致订单急剧萎缩，许多企业倒闭，最终引发了全国性的产业升级的讨论和实践。

总体上来看，关于建立自主品牌问题的探讨，是在对中国产业升级问题的关注和讨论下提出的。由此而来，对自主品牌建立的研究，主要是产业经济学者、企业战略学者在中国产业升级、企业经营转型问题的研究中进行的。以品牌为核心领域之一的营销学者对此的关注力度，不及这些产业经济学者和企业战略学者。但品牌建立本质上是企业在产品水平上从事的基于顾客的营销活动，从营销学的角度对自主品牌的建立进行分析和讨论极为必要。考虑到这一要求及营销学视角研究不足的现实，本书首先对自主品牌的现有观点与研究进行回顾，并从营销学视角分析其存在的问题。其主要目的是对如何确定自主品牌基本的研究方向和内容等问题进行关注和思考，探讨未来自主品牌研究需要建立的基本思路、概念和主题。

## 二 现有研究回顾

近十年来，为提高中国企业的核心竞争力和"中国制造"产品的附加价值，建立自主品牌成为国家和地区发展战略中的重要目标。这不仅是提高"中国制造"附加价值和中国企业竞争力的必由之路，而且是事关国家创新和发展实力的问题。也正是如此，如何建立自主品牌成为企业、政府和研究者们探讨的热点问题（商务部，2008，2011）。在始于21世纪初的产业升级、企业转型的讨论和研究中，作为主要参与者的产业经济学者和企业战略学者，主要采取概念性分析方法进行研究，并形成了转型、渐进、创新、突破、集群、互补等观点。而少数营销学者则借鉴应用产业组织观和资源基础观建立的国际市场营销绩效分析模型，对自主品牌的发展状况进行实证研究。

值得指出的是，这些讨论是在全国性水平（如关注"中国制造"）上进行，只有部分是直接针对珠三角地区和长三角地区而言的。但珠三角作为中国制造的集聚地和典型性地区，这些讨论关注的现象仍内在地包含了珠三角地区，故此部分将有关这些讨论的所有文献都纳入了分析。

### （一）转型观

转型观是关于自主品牌建立最早和影响最广的观点之一。该观点认为，中国沿海地区，包括珠三角在内，已成为世界性的代工大厂。通过以 OEM 方式参与国际分工，中国企业与国际品牌企业建立了业务关系，并成为全球价值链中的一环，同时提升了企业本身的业务规模与产品制造能力。但是，在这种 OEM 业务模式下，接受代工的企业只具有低端的加工能力，缺乏技术创新和自主品牌，企业在与国际品牌企业的合作中只能获得微薄的加工费。同时，对社会而言，付出了牺牲自身资源、环境以及劳动力尊严的高昂代价。因此，从事 OEM 业务的企业面临短期收益低、长期前景黯淡的问题。要改变这一状况，企业要从 OEM 转向 OBM，即从代工生产转向建立自主品牌的业务模式（金明华，2004；黎友焕，2009；聂秀东、王志刚，2006；乌家培，2007）。转型观是在许多中国企业，尤其是从事 OEM 业务的企业面临内外部经营压力的形势下提出的，其观点在社会和政府界广受关注与重视，但是它实际上较少考虑现有企业转型是否具备现实条件及成功的可能性。

### （二）渐进观

渐进观是在对转型观反思的基础上形成的。转型观在充满理想的热情下，忽视了实现这种急剧式转型所需的外部环境和内部条件的支持。随着讨论的深入，一些研究者对急剧式的转型观点提出了质疑。这些研究者认为，建立自主品牌是中国企业的理想目标，但考虑到国际分工的客观需求和多数企业自身缺乏品牌化经营能力的现实，通过建立自主品牌实现整体的产业升级的阶段还没有全面地到来（刘志彪，2005）。对于我国众多制造型企业而言，选择 OEM 的业务模式是它们当前基于其核心能力状况的理性选择（陈宏辉、刘兴，2008；刘志彪，2005）。为此，企业可通过渐进的方式逐步从现有以 OEM 为主的业务模式转向建立品牌化经营的模式。渐进观提出了几种不同的策略。

　　一是阶段权变性策略。研究者认为，中国的各种产业正在经历幼稚、成熟和强壮的不同发展阶段，不同的产业处于的发展阶段也不相同。对处于不同发展阶段产业的企业，应各自采取相应的经营策略走向以创新和品牌为竞争力的高级阶段。其中步步为营战略和迂回战略是可选择的战略方式。所谓步步为营战略，就是以资源投入扩大生产能力，以质量、成本和规模获得市场占有优势，通过成为世界最大的制造商而在未来获得水到渠成的品牌优势，因此企业还要加大 OEM 比重，以此增加企业规模和实力。所谓迂回战略，就是以接受技术依附地位为策略，在与国际公司合作中寻找和积累技术发展及自主品牌建立的机会和能力（金碚，2004；刘志彪，2005）。二是逐步升级策略。即企业从低级 OEM 制造商向高级OEM 制造商转变。该观点认为，我国绝大部分 OEM 企业具备了生产运营和管理能力，只是关键技术仍掌握在将制造外包的跨国公司手中，从事 OEM 企业依靠发展积累和自身创新适时切入高级的ODM，然后迈向最高级的 OEM 方式，逐步提升自己在产业价值链中的地位。由于台湾从事 OEM 的少数厂商，如华硕、宏碁等在其企业经营升级过程中采用这种渐进策略取得初步成功，它被研究者看作为最可靠的策略（毛蕴诗、吴瑶，2009；王海燕、周元，2007；胡军等，2005；朱钟棣等，2005）。三是混合策略。企业在从 OEM 经由 ODM 等向 OBM 的转型过程中，可采取变形路径，如从 OEM 直接转向品牌导向的 OBM，或者从 OEM 转向技术导向的ODM，或者同时从事 OEM 和 OBM 的业务经营（胡军等，2005；汪建成、毛蕴诗，2007）。

　　相对于转型观，渐进观考虑了企业建立自主品牌的现实条件和风险回避问题，并提出和阐释了自主品牌建立可选择的各种路径。但是，该观点停留在现实层面的归纳分析上，很少提出有深度性的思考且具操作性的方案。

### （三）突破观

突破观是在对渐进观反思的基础上而产生的。渐进观虽然提出了转型的多条路径，但它既无法提供具体的操作性方案，更不能指出爆发性的机会。突破观的提出试图改变这一状况。一些研究者通过需求价格弹性分析认为，耐用品的需求价格弹性大于日用消费品，因此提出中国企业建立国际性的品牌时，在产业选择上选择耐用品行业进行突破（陈柳、刘志彪，2006）。一些研究者通过对品牌的经济学属性进行分析，认为在价格一定的情况下，通过品牌创新，例如与竞争品牌所在品类相反的方向建立品牌，更有可能取得成功（孙日瑶，2006）。

突破观更有代表性的观点是通过建立国家价值链（national value chain）实现自主品牌的建立。这些研究者认为，中国特别是以珠三角、长三角为代表的沿海地区企业以 OEM 方式参与全球价值链（global value chain）的分工，使那些劳动密集的、加工贸易为主的制造业得到了迅速的成长。选择这一发展模式，企业经营和地区经济都有可能获得成功，但仍然缺乏产业优势。那些从事 OEM 的本土企业局限于低端产业的制造加工，缺乏产品设计、研发和自主品牌建立的能力，且在信息来源和销售渠道方面严重依赖国际公司（刘志彪，2005）。不仅如此，当本土企业在低端化的生产运营和有限的创新基础上寻求功能升级或价值链升级时，对国际公司的既有优势形成挑战，这些国际公司会以各种手段来阻碍和控制发展本土企业的升级进程，从而使从事 OEM 的本土企业被"锁定"于高新技术产业低端化、传统产业低技术化的"双低"发展路径中。这样，这一发展模式使本土企业最终形成贫困式增长，并丧失了自主创新的动力（刘志彪、张杰，2007；张杰、刘志彪，2007b）。

研究者继而认为，中国的产业升级面临着两难选择。一方面，如果继续维持"GVC"低端的增长战略，会受到来自价值链高端的跨国公司的进一步俘获和控制。由于该模式不具有可持续性，为改变这一格局寻求产业升级势在必行。另一方面，如果本土企业现在就进行大规模的产业升级来摆脱国际公司所主导的 GVC 分工体系，又不符合现阶段本土企业的现实条件和发展基础，而且有可能会错过国际价值链分工体系为中国企业提供的发展机遇。解决这一两难选择的策略，是构建与 GVC 并行的、相对独立的国家价值网络，在 GVC 和 NVC 的交互关系中通过建立国内的领导品牌实现产业升级并最终取得国际竞争优势（刘志彪、张杰，2009；刘志彪、张杰，2007）。研究者提出的主要思路和内容是：

其一，建立专业化市场作为构建基于国家价值链的重要载体和平台。研究者认为，专业化市场可以为具有自主品牌的企业向价值链高端环节升级提供多样化发展的市场空间优势。同时，它可以嵌入政府的"功能模块"，加强专业化市场中知识产权保护制度，以限制套利—模仿—杀价的恶性竞争行为，规范交易秩序和竞争秩序，激励国内企业创新研发与 NVC 中领导性企业的脱颖而出。而且，作为卖方的具有自主品牌的企业可借助专业市场的"可选择性"和"可切换性"特征，通过向国内采购商提供产品，摆脱国际公司作为唯一买方的锁定。这些生产供应商不仅仅从事低端产品的生产制造，更有可能利用专业化市场提供的多样化市场发展空间，创造出自己品牌和自我设计研发的高端产品（刘志彪、张杰，2009）。

其二，建构领导性企业网络。它是一种以领导性企业为中心的产品链的分工网络模式。领导性企业通过直接面向消费者，促使自己建立自主品牌和销售终端渠道，培育向消费者直接销售产品的竞争能力。这样，它们因掌握了品牌、销售渠道且具核心创新与研发设计能力而位于"金字塔"形分工网络的顶端，拥有对产品链网络内其他企业的领导与控制权。领导性企业将非核心或标准化的生产环节外包给予那些与其存在协作与控制关系的独立企业，进而形成具有生产"弹性"与"协作效率"的生产分工网络体系。最终目标是，通过构建其中的领导性企业，培育出中国自己的跨国公司和为其提供协作的中小企业。这样带来的实质性变化是，以中国的跨国公司而非国际公司来主导、控制中国的制造业（刘志彪、张杰，2009）。

与多数务虚且显得不可捉摸的研究相比，突破观试图对自主品牌的建立寻求可操作性的方案。尤其在国家价值网络方案的设计中，提出通过构建双边交易平台载体模式（专业化市场）和单边交易平台载体模式（领导性企业网络）作为中国构建国家价值链以实现产业功能升级的主要机制和方式。研究者认为这一战略为本土企业的产业升级提供了突破口，且是一场关系到中国制造业的前途和命运的革命性变革（刘志彪、张杰，2009；刘志彪、张杰，2007）。

### （四）创新观

创新观认为，创新是知名品牌的构成要素。中国企业之所以品牌价值低，市场竞争力不强，是由于缺乏自主创新尤其是具有自主产权的核心技术造成的。因此，开展自主创新是中国企业建立品牌乃至知名品牌的根本手段，也是改变以规模和成本作为主要竞争策略的可靠之路（李青、涂剑波，2008；刘明珍，2007；刘志彪，2005；陶用之，2007）。

研究者发现，中国企业的创新投入过低，企业专利申请和授予的比重过低，发明型专利申请的比重也过低，这些严重制约了中国企业的创新水平。导致创新不足的主要因素包括历史因素、体制因素、政策因素、社会因素和国际因素。对如何改变创新不足的问题，一些研究者提出，要建立企业自主知识产权的内在机制，实行鼓励、支持企业自主知识产权的政策法规。统一内外资企业所得税，营造有利于企业发展自主知识产权和知名品牌的社会环境（刘明珍，2007）。一些研究者从发挥现有科研机构创新能力推动自主品牌建立方面进行分析，认为现有科研机构在其中可扮演重要角色。例如，研究者指出，珠江三角洲是广东智力最为密集的地区，有50多座高校，403个县以上科研、情报机构，420多个高校研究机构，750多个大中型工业企业研究机构，10多个高新技术产业开发区，10个民营科技园区，299个省级以上工程技术开发中心，以及67家科技中介服务机构，这些科技创新力量和科技基础设施可承担提升自主品牌创新的主要任务（李惠武，2005）。一些研究者还探讨了如何建立支持自主品牌创新的可能模式问题。研究者通过对企业的自主品牌创新能力系统及各主体在运行过程中的作用的分析，提出了构建以从事自主品牌创新活动的企业为支持对象，以中介和咨询机构为媒介，以各类资源市场为载体，以政府制定的法规和财政政策为保障的四位一体的自主品牌创新能力系统（邓立治，2007；祝合良、王平，2007）。从现有分析看，持创新观的研究者实际上将技术创新等同于品牌建立，即这些研究者假定，成功的自主创新必然带来成功的自主品牌建立。

**（五）集群观**

我国长三角、珠三角等地区形成了不同形态的产业集群。例如，位于珠三角地区的佛山陶瓷、顺德家电产品、东莞电脑配件制造业等。一些地区还通过"一村一品、一镇一业"的政策引导发展了大量的产业集群特定区域——专业镇。例如，东莞清溪的电脑配件产业、虎门的服装、中山古镇的灯饰、狮岭的皮革制品、盐步的内衣制造等（冯邦彦、王鹤，2004；王珺，2005）。总体上，我国的产业集群以劳动密集型类型居多，存在品牌缺失、粗放经营、竞争无序等问题。它既影响企业发展，又不利于区域品牌的建立（梅述恩等，2006）。但集群观认为，在当代经济发展和产业成长中，产业集群已经成为企业发展和品牌建立的重要载体，产业集群的发展，包括专业镇、园区的建设对于推动企业升级起到了关键作用。其原因在于，集群能建立具有要素供给和服务体系的生态系统，实现集群内大型企业的带动效应以及集群形成的区域品牌效应（梅述恩等，2006；毛蕴诗、吴瑶，2009）。集群观认为，可通过建立产业集群的支撑体系，包括发展创新平台、贸易平台、协作平台、政策平台，整合技术和市场渠道，发挥政府的引导作用来推动集群品牌建立，最终通过集群品牌促进集群和集群内企业品牌的发展（梅述恩等，2006；李学锋、李向前，2009）。与创新观类似，集群观的研究者也采取产业集群发展一定会导致品牌建立的简单假定来从事其分析。

### （六）互补观

互补观是针对转型观、渐进观和突破观在自主品牌讨论中将跨国公司和本土企业放在对立位置进行分析的情形而发的。这些研究者认为，关于自主品牌的建立和发展，其基本的价值取向是"战略替代"，替代战略的立足点在于"挤出"竞争对手，其理论基础是迈克尔·波特的竞争战略理论。但是，以低价策略参与替代式竞争对于当前中国企业的品牌建设是无补的，"品牌替代"不是当前中国企业的合意战略。原因在于，"品牌替代"战略的零和博弈性、对抗性和战略趋同性使中国的企业陷于过度的价格、广告和促销竞争以及对创新的抑制，并偏离顾客价值需求的变化最终失去市场。

而"品牌互补"战略以顾客价值为核心，超越了零和竞争的思维
线路。"品牌互补"战略的设想是，公司在提升技术与能力的同
时，实施以顾客价值为核心，增强产品个性，提高市场包括国际市
场对中国产品的认可度，以此尽快改变中国产品被外国品牌覆盖的
状况（石奇，2007）。互补观对自主品牌的建立提供了新的视角，
并提出了以收缩市场提供物、延伸市场提供物和全面创新市场提供
物作为互补战略的三种策略，但总体上仍缺乏系统的战略思路，也
没有探讨如何解决其中涉及的关键问题。

### （七）产业组织观和资源基础观

与上述主要由产业经济学者和企业战略学者从事的，且主要采
取概念性分析方法从事的研究不同，该视角的研究通过实证方法，
从企业资源和核心能力方面来识别影响自主品牌发展的驱动因素。
从事这些研究的，除了个别是企业战略学者之外（陈宏辉、罗兴，
2008），主要是营销领域的研究者。目前所见到的有限文献，一是
从国际市场营销的视角，发现影响企业采用自主品牌战略从事出口
的相关因素（陈曦等，2008；韩中和等，2010）。二是从战略决策
角度，识别影响企业家从事自主品牌决策的主要力量。此外，值得
注意的是，个别研究者开始关注自主品牌以弱势品牌身份从事跨国
并购后的品牌效应问题（郭锐等，2010）。考虑到研究问题的相关
性，下面回顾前两方面的研究。

在第一方面研究中，研究者基本上借鉴了西方研究者综合产业
组织理论（industrial organization framework）和资源基础理论（re-
source‐based view）发展的国际营销战略分析模型进行研究（Mor-
gan 等，2004；Zou 和 Cavusgil 1996，2002）。他们从不同程度上关
注外部驱动因素和内部组织条件的作用，由此探讨各种因素对自主
品牌市场表现的影响。在从事具体的研究时，不同研究者对各种要

素的作用地位作出不同倾向的考虑。一些研究者着重从资源基础观角度研究中国企业的出口营销能力怎样影响其出口绩效。研究证实，定价能力（pricing capability）、分销能力（distribution capability）和沟通能力（communication capability）直接影响企业的低成本优势（low – cost advantage），分销能力、沟通能力和产品发展能力（product development capability）直接影响企业的品牌化优势（branding advantage），同时企业的低成本优势和品牌化优势对于企业的出口绩效的作用是相同的（Zou 等，2003）。另一些研究者通过整合资源基础和产业组织理论进行研究，发现企业的目标市场的选择和行业特征影响自主品牌战略的运用，其中目标市场的选择（出口到发达国家所占的比重）与企业采用自主品牌出口的比重呈负相关。在行业的技术特征上，出口市场的波动性和竞争性与企业的品牌化战略呈负相关。同时，企业自有品牌出口的比重对企业绩效满意度没有直接影响。国际市场营销能力、目标市场的选择与企业的出口绩效呈正相关（韩中和等，2010）。与以往研究发现（Zou 等，2003）不一样的是，企业的国际市场营销能力并不直接影响企业的品牌化战略。还有一些研究者进一步进行综合分析，从资源基础、核心能力和动态能力等更多方面辨识影响自主品牌建立的主要因素。研究发现，强大的市场开拓能力和研发能力会明显地提升企业采用自主品牌倾向（即弱化企业的"贴牌"倾向），生产能力越强的企业越会倾向于选择"贴牌"，但企业的综合能力与"自主品牌建立/贴牌"倾向并没有显著关系，只是通过对其他三种能力的放大作用来强化企业的战略选择（陈宏辉、罗兴，2008）。但研究者并没有报告调查企业各方面能力的评估水平及差异，因此不能知道调查的企业哪方面的能力最强或最弱。

在第二方面研究中，研究者除了考虑作为外部环境的市场因素和体现企业内部能力的组织因素外，还纳入了管理者的个人特质即企业家导向因素。通过理论分析和实证检验发现：当企业面临的环境不确定性低，具有高创新性、自主性以及拥有强势的组织能力时，愈倾向于建立自主品牌。同时，当外部环境越动荡时，企业就更依靠自身能力且着重从组织能力出发作出相应的品牌化经营决策（汪涛、郭锐，2008）。

第一方面的研究，只针对从事国际市场营销的自主品牌，研究的范围有限。同时它借鉴西方研究者在国际品牌开展国际市场营销的经验基础上发展的分析框架进行分析，结果验证的意义大于理论创新的意义。尽管如此，其研究也得到了一些不同于以往的研究发现，并对自主品牌建立的理论研究具有启发性。例如，企业自有品牌出口的比例对企业绩效满意度没有直接影响（韩中和等，2010）。它表明，自主品牌战略只是作为企业追求出口绩效的一个手段而不是终极目标，即使当企业具有国际市场营销能力，企业更可能提升贴牌而不是自主品牌的产品比例来追求满意的出口绩效。另外，企业关于目标市场的选择（出口到发达国家的比例）与企业采用自主品牌出口的比例呈负相关，企业的国际市场营销能力并不直接影响企业的品牌化战略（韩中和等，2010）。这一结果的含义在于，在国际市场中，中国自主品牌的建立在一定程度上具有不同于国际品牌的营销战略逻辑，当两者所面临市场的需求特征不一样时，其品牌化的市场决定机制可能是不同的。

第二方面研究，其分析框架中除了企业家特征因素外，外部的市场因素和内部组织因素概念实际上仍来自产业组织理论和资源观。由于调查对象是 MBA 学生，样本的有效性是需要注意的问题。尽管如此，该研究的发现仍有一定的启发性。除了验证企业家精神促进自主品牌决策的经验性判断外，它发现了稳定的环境更有利于企业家作出自主品牌决策的事实。以此推论，当外界环境呈现动荡性，如 2008 年国际金融风暴的出现导致市场、消费者、政府市场政策等方面出现不确定性时，尽管是激发自主品牌问题讨论的时机，但不是建立自主品牌的有利时机。另外，该研究发现的企业组织能力越强越有利于促进自主品牌决策，这在逻辑上与第一方面研究发现的国际市场营销能力并不影响企业的自主品牌战略的结果是不一致的。或许第一类的研究更可信，原因在于第二类研究并没有控制企业的国际性经营状况对调查结果的影响。

## 三　有待明晰的问题

如上所述，对于自主品牌问题，产业经济和企业战略方面的研究者从多方面进行了探讨。例如，转型观从是否需要建立自主品牌方面进行了分析，渐进观、突破观、集群观、创新观则关注自主品牌如何建立的问题。而以营销学者为主进行的产业组织观和资源观的研究，则通过实证研究着重识别自主品牌发展的影响因素。这种多视角的探讨和研究，为自主品牌的建立提供了洞见、设想甚至具体的策略。但总体来说，对自主品牌建立这一重大问题，仍然缺乏从营销学上进行的系统性和深入性探讨。同时，现有讨论中涉及的自主品牌建立的基本问题有待明晰，一些观点值得商榷，甚至需要澄清。

### （一）自主品牌的概念定义与分析框架的缺失

现有关于自主品牌问题的讨论，主要是直接借鉴西方研究者发展的营销战略理论来进行分析的。这些理论发展，是以成熟市场以及其中的大型企业，且主要是跨国公司的营销活动为基础，以现有品牌尤其是国际品牌为视角的。① 对品牌建立问题，它主要讨论如何对"天生就是品牌企业"的提供物进行品牌化。由于在成熟市场中的品牌出现和成长阶段，没有相对于跨国企业或国际品牌而言的"自主品牌"，也没有承接 OEM 产品生产的企业等问题，故在其理论体系中没有"自主品牌"这一概念，② 也未涉及讨论非品牌化产品的营销问题（汪涛，2006）。在营销研究中，更缺乏从中国自主品牌视角，包括 OEM 企业视角，讨论作为跨国公司竞争者的自主品牌，以及合约产品制造者的本土企业从 OEM 向 OBM 升级的问题。即使在其研究中涉及中国市场和自主品牌时，多是通过分析国际品牌与新兴市场本土品牌（local brands）即自主品牌竞争，进而为国际品牌如何有效地在市场中取得成功提供理论指引的立场出发的（Bhattacharya 和 Michael，2008；Ghemawat 和 Hout，2008）。就自主品牌而言，它是一个在中国这一新兴市场出现的，成熟市场没有出现过的新现象。其发展进程后于国际品牌，在社会环境、市场特征与结构、自身特点、内在含义及其相关的营销方式上具有一

---

①　作出这一判断的依据来自以下事实：（1）在美国，垄断力量控制了 1/5 的美国经济。（2）对产业组织的代表人波特的理论的批评之一是，其产业选择的分析是基于在位企业的。（3）产业组织理论的发展与现实经济，主要是垄断性经济的发展呈现对应关系。（4）成熟市场，例如美国，在 19 世纪末和 20 世纪初开始建立国家品牌/全国性品牌，并在 20 世纪 30 年代成为市场中的主导者。（5）在主流的企业战略和营销管理教科书中，阅读案例多数来自大公司。流行全球的营销管理（第 12 版）（科特勒和凯勒），第一章选取的 8 个案例与图片，7 个来自大公司，且主要是是国际公司，包括 Lexus（雷克萨斯）、Shiseido（资生堂）、Avon（雅芳）、Boston Beer（波士顿啤酒）、Cococlla（可口可乐）、Unilever（联合利华）、Volvo（沃尔沃）。余下 1 个为公益广告图片。（1）（3）分别参见谢泼德和谢泼德著，张志奇等译：《产业组织经济学》，中国人民大学出版社 2007 年版，第 23—25 页。（2）参见周三多、郭统钎：《跋：波特与竞争战略》，见迈克尔·波特著，陈小悦译：《竞争优势》，华夏出版社 2003 年版，第 583—588 页。（4）参见 Low，George S，and Ronald A. Fullerton（1994），Brands，Brand Management，and the Brand Manager System：A Critical – Historical Evaluation，Journal of Marketing Research，Vol. XXXI May，pp. 173 – 190。（5）参见 Kotler，Philip；and Kevin Lane Keller，Marketing Management，Prentice Hall，2009。

②　关于自主品牌概念定义问题的详细分析，可见本书的第二章。

定的独特性。一些研究发现也印证了自主品牌的发展具有不同于国际品牌的市场逻辑（韩中和等，2010）。在很大程度上，自主品牌与在西方成熟市场经历成长阶段的品牌，尤其是其中的国际品牌具有性质上的差异。因此，对自主品牌及其建立问题的分析，现有的营销理论缺乏相关概念，也没有提供直接的分析框架。如果以成熟市场，包括国际品牌的发展经验来观察、定义自主品牌，在研究上直接套用以它们为现实基础建立的分析框架来进行自主品牌建立战略的分析，除了提供验证性的理论贡献外，对自主品牌建立问题本身很难完成系统、有效的理论建构和实践指引。

### （二）对品牌战略、品牌发展、营销策略问题的区分不足及对前者的忽视

当研究者有意或无意地套用现有的建立在成熟市场的战略营销理论，尤其是借鉴产业组织理论和资源观研究自主品牌发展问题时，只关注到品牌化水平这一状态而非品牌建立战略选择的问题。产生这一问题的原因是，研究者没有识别中国企业与跨国企业在市场现实基础、特征以及品牌战略目标的差异。

在成熟市场中的在位企业，尤其跨国公司，在西方商业化进程中已形成了品牌化的经营方式。在当地市场，企业经营的主要任务是发展品牌而不是建立品牌。其进入国际市场时利用现有的品牌进行市场扩张，基本不存在进入市场时考虑建立新品牌，抑或像中国企业一样存在是采取品牌化还是非品牌化的战略选择问题。在这样的现实基础上，以成熟市场为现实基础的国际营销理论，不关注品牌建立这一问题的研究。研究者关注和界定的问题，就是对发达国家的企业从事国际营销时在进入新市场，当前主要是新兴市场的战略、策略与绩效的分析。具体来说，它关注已形成或采用品牌化的跨国公司，在从事国际营销时的进入方式问题（如进入时间，进

入区域，合作方式）（Luo，1998；Tse 等，1997），在营销策略上的标准化问题、配置—协同问题（如相互依赖、比较优势、专业化）和整合问题（Zou 和 Cavusgil，2002）。此外，在中国市场，由于自主品牌构成了国际品牌扩展的主要竞争者，西方研究者还关注到的一个特定的品牌发展战略问题是，国际品牌对自主品牌要建立怎样的竞争战略问题（Bhattacharya 和 Michael，2008；Ghemawat 和 Hout，2008）。

由于没有识别中国企业与跨国企业在市场现实基础、特征以及关于品牌本身的战略目标的差异，当直接借鉴以在成熟市场现实基础上发展的营销分析框架研究中国的自主品牌战略时，研究者就陷于现有理论的预设框架中。尤其在自主品牌建立问题上，由于借鉴国际营销绩效问题的分析框架，营销研究者只能关注到自主品牌化程度/倾向的问题。在现有的研究设计上，研究者在抽样时也未能区分品牌化战略选择和品牌化水平问题，因此没有调查两类企业（从事品牌化和非品牌化），针对两类企业设计相关的调查问题并进行独立和对比分析，而是以一个抽样框架、一个问卷（相同的问题）、一个模型来进行研究。[①] 可能的结果是，它将品牌建立和品牌化水平两个问题，前者是质的战略问题，后者是量的营销绩效问题，未能加以区分界定，并以品牌化水平的研究掩盖了品牌建立的战略问题的研究。

此外，许多讨论，尤其是从营销角度探讨自主品牌问题时，将品牌建立战略与品牌营销策略混为一谈。但无论从现实还是理论发展来看，品牌建立与品牌发展、品牌营销策略，是不同性质和内容的研究问题，需要作出独立的界定并展开相应的研究。在

---

① 国内个别研究者关注到中国企业在国际营销中的自主品牌建立具有不同于西方企业的"战略选择的含义"（韩中和等，2010），但是在研究自主品牌时仍未能从总体上摆脱借鉴西方国际营销的市场绩效分析框架。

这种情形下，尤其要重视而不是忽视自主品牌建立战略问题的研究。

### （三）对市场现实基础在自主品牌建立中的决定性作用考虑不足

目前的研究在此方面存在的问题主要是，忽视市场需求在企业市场战略选择中的决定性作用，讨论的关注点过于狭窄限制了研究者的观察范围及其研究发现，关注与国际品牌竞争的单一取向忽略了品牌战略的多种可能性以及本土视角的缺失。

（1）忽视市场需求的决定性作用。企业通过满足顾客需求而从事业务经营并获利，这是开展营销活动和从事品牌战略分析的前提（Kotler 和 Keller，2009）。但在自主品牌讨论中，如个别研究者（刘志彪，2005；张杰、刘志彪，2007a）关注到市场需求在中国企业从事 OEM 制造的决定性作用外，多数研究者在讨论产业升级，包括自主品牌建立时没有看到或考虑市场需求的决定性作用。

（2）讨论的关注点过于狭窄限制了观察范围及其发现。其主要表现是，将讨论关注的行业作为自主品牌发展的市场领域。研究者们主要关注制造业，尤其是消费品制造业领域。其中首先是与全球价值链对接的领域即中国企业从事 OEM 的行业，如服装、玩具、家电、汽车、机械、计算机、电子等。其次是在中国市场自主品牌与国际品牌直接竞争的产品市场，如洗发水、啤酒、饮料等。但现实是，作为新兴市场的中国，可供品牌化的产品市场范围远不止于此，更何况还存在工业产品以及服务市场领域。而过于狭窄的观察限制了讨论的范围和发现。此外，研究者对自主品牌建立中的重要问题，如无序竞争、低价营销方式等问题关注不多，但对它们的探讨是自主品牌研究中不可回避的主题。

（3）与国际品牌竞争的单一取向忽略了品牌战略的多种可能

性。国内外的研究者多在与国际品牌的竞争中分析中国企业的品牌的建立（Ewing 等，2005；Ghemawat 和 Hout，2008；Swystun 等，2005；刘志彪、张杰，2009；毛蕴诗、吴瑶，2009）。在现有市场中，国际品牌占据主导地位，研究者主要讨论在这种压倒性的局面下中国企业建立自主品牌的"挤出"式策略（刘志彪，2005），包括可能存在的风险和困难。但是，在品牌建立上，可能存在多种模式，基于竞争的战略只是其中的一种（蒋廉雄、朱辉煌，2010；石奇，2007），仅仅从与国际品牌竞争的角度关注自主品牌的建立存在不完整分析的风险。同时，在市场中存在跨国公司与中国企业、中国企业与中国企业的竞争，这些因素均影响自主品牌的建立。从现有文献看，没有研究者讨论国内企业的竞争对自主品牌建立的影响。

（4）本土视角的缺失。在自主品牌建立的讨论中，强调与国际品牌竞争的分析带来的另一个问题是本土视角的缺乏。从现有的讨论看，当从与国际品牌的比较上来从事中国自主品牌建立问题的分析时，不自觉地将国际品牌作为自主品牌建立讨论的参照点（Ewing 等，2005；Ghemawat 和 Hout，2008；Swystun 等，2005；季六祥，2002；刘志彪、张杰，2009）。这种强调与国际品牌比较的分析带来的问题是，对全球化战略的过度关注导致本土视角的缺乏。对国际品牌而言，全球化市场已成为其市场增长的主要途径，全球化战略成为其重要的营销战略（Bhattacharya 和 Michael，2008）。但对多数中国企业而言，全球化虽然是自主品牌建立的重要机遇和影响因素，但在现阶段，全球化市场尚不是其核心的目标市场，全球化战略也不是其主要的营销战略。与此形成对比的是，国际公司进入中国市场时，面临和处理的重要基本战略问题就是如何理解中国作为新兴市场具有不同于成熟市场的性质、特征、趋势，以及界定它在公司业务扩展战略中的意义（Bhattacharya 和 Michael，2008；卢泰宏，2002），进而采取适应性战略行动。① 但身处本土之中的中国研究者，由于未能重视从"客位"到"主位"研究视角的转换（何佳讯，2006），反而因以国际品牌为参照失去了本土观察视角。其潜在的影响是，它使研究者对中国这一巨大市场的重视不足和理解不深，进而影响自主品牌理论发展的取向。

因此，回到现实基础，尤其是考虑中国作为新兴市场及其具有的需求特征来讨论自主品牌的建立，避免关注范围的狭窄、取向的单一、视角的错位和视野的偏失，更真实、系统地讨论自主品牌的建立是需要考虑的基本问题。

### （四）自主品牌建立的决定因素与影响因素有待识别

在现有讨论中，研究者在不同方面或不同程度上关心企业外部的市场结构、制度环境、企业内部资源和能力，升级的各种路径以及影响路径取得成功的因素（陈宏辉、罗兴，2008；刘志彪、张杰，2009；毛蕴诗等，2009）。研究者主要是从产业或业务水平，而非产品水平从事相关分析的。但品牌从建立到发展是企业基于顾客，并在产品水平上展开的决策及其活动（Kotler 和 Keller，2009）。在这一水平上的各种因素构成了自主品牌建立的决定性因素。但是，由于现有研究的观察水平多不在顾客—产品水平上，对此方面的系统研究实际上是缺失的。

---

① 例如，IBM 将中国作为最重要的新兴市场，将在中国建立研发中心，并将全球采购中心转移到了中国。同时保持继续增加投资、拓展办事机构、打造全球创新中心来实现这一战略目标。参见《IBM 看重中国市场，研发中心放到中国》，http://news3.xinhuanet.com/misc/2007 - 08/17/content_ 6550014.htm，《中国已成为 IBM 全球采购中心》，http://tech.sina.com.cn/roll/2007 - 06 - 20/1551342259.shtml。《IBM2010 中国策略发布：一个核心三个重点》，传媒网，http://msn.yesky.com/soft/a/11189843.shtml。

（1）顾客—产品水平观察的缺失。站在产业组织理论和资源基础观的角度看，对产业发展或业务升级问题，研究者们关注的外部市场结构、内部资源和组织能力等是其决定性因素。但在品牌建立活动中，企业的经营出发点是顾客，其管理水平从相对"宏观"的行业、业务水平下移到更微观的顾客—产品水平，即品牌建立是企业基于顾客，并在产品这一水平上展开的决策及其活动（Kotler 和 Keller，2009）。以此来看，在产业升级中被关注的制造、创新、学习、价值链、整合、制度环境、资源等因素（毛蕴诗等，2010），它们在很大程度上是自主品牌建立的前提、条件、基础或影响因素，而非决定性因素。当回到品牌建立的真实水平上可以发现，现有的分析实际未能全面和深入地关注由顾客—产品生成的市场决定因素这一本质和核心问题。

（2）忽视内部因素与品牌建立的关系。当关注企业内部资源和能力，尤其是创新能力、产品创新的分析时，研究的焦点在如何发展内部资源、培养组织创新能力及开展创新，很少关注内部资源、创新能力与市场、顾客、渠道的关系，也很少关注创新能力如何转化为品牌建立的内在关系。

（3）研究问题的表现水平而非根本。即使是综合性地借鉴产业组织理论和资源基础观点进行的国际营销分析，主要关注识别国际营销绩效水平的影响因素。在对自主品牌的研究中，它被修正为关注"自主品牌"绩效，即贴牌与自主品牌在国际出口中的比例水平的影响因素。除个别研究者外（汪涛，2006），少有研究者关注决定企业选择贴牌还是品牌建立的战略因素问题。

从上面几点来看，关于自主品牌建立的决定因素及由它们的关系所构成的内在决定机制这一核心问题，仍有待研究。

## 四　其他问题

值得指出的是，在自主品牌问题讨论中，许多研究不但过于忽视品牌建立是企业基于顾客的营销活动这一基本性质，甚至一些讨论缺乏严谨的概念界定，使讨论本身存在一些明显的理论逻辑、方法性问题，甚至是分析谬误。

（一）分析的区位谬误（ecological fallacy）。在自主品牌讨论中，研究者普遍性地用宏观层次的研究结果推断或指代个体而出现了这一问题（Babbie，2003）。就行业水平看，中国企业的产业升级在总体上是呈现连续性上升趋势的。而在微观水平，构成这些行业的企业是变化的，升级前后的企业不可能是同一批企业。但是，除个别研究者关注到升级路径存在新出现的天生品牌企业外（毛蕴诗、吴瑶，2009），许多分析假定产业升级是现有企业的升级。这种分析的区位谬误遮蔽了自主品牌建立的总体范围和战略选择的多种可能性，使讨论结果缺乏预测力。

（二）品牌建立的前提。品牌建立成功的基本原因是，品牌存在于消费者心中，消费者在与时积累的品牌感知、接触、学习、体验中形成的品牌知识（brand knowledge）影响消费者对品牌的态度和选择（Keller，1993，2008）。品牌建立之所以是企业基于顾客，并在产品水平上展开的决策及其活动（Kotler 和 Keller，2009），就是基于这一原因的。一些自主品牌建立的讨论并没有考虑顾客这一前提，有意或无意地忽视消费者的需求、需求特征及其多样化的存在，自觉或不自觉地形成一些主观演绎的假定：诸如越是高新技术的产品，越是高端的产品，越是先进的产品，越受消费者偏好，也是建立自主品牌的重要方向。但是，这偏离了近年中国市场中自然产品、传统产品越来越受欢迎的现实，也不能解释一些自主品牌，如王老吉、霸王品牌，为何近年在不是技术驱动的产品市场，如饮料、个人护理用品市场中取得超越国际品牌表现的现实。

（三）品牌建立的主体。品牌建立在本质上是企业的营销活动，其他主体均处于支持或协同的位置。但在自主品牌建立的讨论中，一些研究者过于强调政府的角色，甚至出现越位，以强化政府的作用来代替企业从事品牌建立的基本职能（刘志彪、张杰，2009）。另外，即使在默认企业作为品牌建立主体进行相关分析时，忽视了企业的差异以及由这些差异所决定的自主品牌建立战略的不同，以致其分析过程和分析结果过于笼统。例如，即使是代工企业，其规模上的差异可能决定了大型代工企业与中小型代工企业在市场战略变革如业务升级上具有不同的现实基础和影响因素，但现有讨论很少关注到这一点并展开深入分析。因此，偏离主体，或者对主体同一化而作出的自主品牌建立战略的分析，很难得到有效的研究结论。

（四）线性思维。它表现在两个方面。一是一些研究者根据产业发展的阶段说，认为只有达到产业的最高级阶段，企业才可从事品牌建立活动（金碚，2004）。按照阶段论推论，小型企业、OEM企业不可能从事自主品牌的建立，只有建立了核心竞争能力的大型企业能参与到这一行列中。但是，回顾国际品牌和自主品牌的发展经验可以发现，品牌的建立是从无、从小开始的。现在许多闻名全球的国际品牌，例如 P&G、安利、戴尔公司下的品牌，就是在企业成立时，并往往是在作坊式生产或个体式经营时就开始建立的。对于许多自主品牌，如 TCL、康佳、美的、容声，它们均是在企业成立，且企业规模和地位非常微小、微弱时就创立的。另外，产业发展与品牌发展并不是先后而行的关系，更没有呈现产业发展决定品牌发展的逻辑。它们两者是并行交织的，且在产业发端时往往是品牌建立的机遇期。就产业演进进程看，在很大程度上，是品牌的发展推动了产业的发展。[①]

　　二是通过阶梯式升级进行自主品牌的建立。国内研究者借鉴国外学者关于过程升级（process upgrading）、产品升级（product upgrading）、功能升级（functional upgrading）、跨产业升级（intersectoral upgrading）的四种模式分析框架（Humphrey 和 Schmitz，2002，2004），将企业升级过程总结为阶梯式发展路线，即企业升级从过程升级开始，逐步实现产品升级和功能升级，最终到价值链的升级。其中，从 OEM 到 ODM 再到 OBM 的功能性转换更被看作是企业升级的主路径。但实际上，国外研究者在建立升级类型的分析框架时并不旨在指出升级的路径，而是探讨不同类型升级存在的问题与机会。国外研究者通过研究发现，从事 OEM 业务的企业，因自身对价值链支配地位上的差异而存在不同的升级机会和模式，或者说处于不同价值链结构中的企业存在不同的升级路径。研究者在利用这一类型框架分析巴西地区产业升级过程时指出，为跨国公司代工的 OEM 企业，在不对等的价值链中存在阻止其从过程、产品到功能的向上升级的障碍，采取从 OEM 到 ODM 再到 OBM 的线性升级路径不是其理想路径（Humphrey 和 Schmitz，2002，2004）。在中国，现实情形也不遵循线性模式。现在很多企业，虽然一直在从事 OEM 业务，但不再像 20 世纪 90 年代初那样单纯地从事"三来一补"，而是自己建立生产线、设计产品寻找客户。它们在从事 OEM 业务时事实上也进行了业务升级。另外，这种 OEM 实际上是在从事类似的 B2B 业务经营。在形式上与英特尔公司没有本质区别。但为何英特尔公司可以主导 PC 企业，而从事主板、显示器等

---

　　① 在 20 世纪 80 年代，中国几乎还没有家电产业，此时 TCL、美的、科龙、康佳、海尔，以及很多消失的企业创建并建立了品牌，正是这些品牌的演进，形成了强大和快速发展的中国家电产业。国外互联网产业的发展也是如此，Yahoo、Google、ebay、Youtube 的出现塑造了互联网产业，它们的成长推进了互联网产业的发展。

计算机关键部件制造的华硕等大型企业却难以做到这一点，除了技术壁垒之外，还有一个重要原因就是市场地位的差别。线性分析思维强调了企业在产业链上的向上移动，但忽视在现有价值链位置上的地位强化而改变产业价值曲线的情形。这种线性分析思维强调显性、有形资源（如技术）、有形要素的作用（如工艺的改进）。很少关注无形、隐性的要素，例如市场地位对企业业务发展和市场战略形成的影响。从误导性看，线性思维一方面可能导致自主品牌建立的战略延误，另一方面掩盖了企业升级实现的复杂性和艰难性，助长转型升级的急躁情绪。①

## 五　小结

品牌建立本质上是企业在产品水平上从事的基于顾客的营销活动。对如何建立自主品牌问题，近年来产业经济、企业战略等方面学者进行了许多探讨，营销学者反而关注不多。本书对现有的转型观、渐进观、突破观、创新观、集群观、互补观、产业组织观和资源基础观等各种观点及相关研究进行了回顾，从营销学视角分析其存在的各种问题，包括品牌建立战略界定模糊、对市场需求决定性作用的忽视、品牌建立战略的决定因素未能识别等。客观地看，关于自主品牌的研究基本上还没有系统地展开（汪涛，2006），包括未明确界定研究概念，未全面提出研究主题，更谈不上建立相关的理论框架。从建立自主品牌战略的理论框架考虑，在理解中国市场

---

① 以作为代工性的中国制造代表地区之一的东莞市为例，在 2008 年遭遇全球金融风暴后开展了急骤性的转型升级，但这种线性升级的转型之路并不如设想那样顺利，进入 2011 年后，东莞市政府转而重新重视"制造"的重要性并探讨制造本身的价值提升和发展之路。南方网：《不谈"东莞创造"回归"东莞制造"》，http://gd. news. sina. com. cn/news/2011/01/18/1093480. html。

的现实基础，界定自主品牌及其相关概念基础上，定义和分析自主品牌研究的基本主题，理论发展的方向和主要范围是未来研究需要重视的基本问题。

## 参考文献

［1］Babbie, Earl（2003），The Practice of Social Research，清华大学出版社。

［2］Bhattacharya, Arindam K. and David C. Michael（2008），"How Local Companies Keep Multinationals at Bay," Harvard Business Review, March, pp. 85 – 95.

［3］Ewing, Michael T. Julie Pitt, Leyland F. Napoli, and Alistair Watts（2002），"On the Renaissance of Chinese Brands," International Journal of Advertising, Vol. 21 Issue 2, pp. 197 – 216.

［4］Ghemawat, Pankaj and Thomas Hout（2008）; "Tomorrow's Global Giants, Not the Usual Suspects," Harvard Business Review, Vol. 80, November, pp. 82 – 88.

［5］Humphrey, John; Hubert Schmitz（2002），"How does Insertion in Global Value Chains Affect Upgrading in Industrial Clusters?" Regional Studies, 36（9）, pp. 27 – 101.

［6］Humphrey, John; Hubert Schmitz（2004），"Chain Governance and Upgrading: Taking Stock，" in Schmitz, H.（ed），Local Enterp Rises in the Global Economy: Issues of Governance and Upgrading. Cheltenham: Elgar, pp. 349 – 381.

［7］Keller, Kevin Lane（1993），"Conceptualizing, Measuring and Managing Customer – Based Brand Equity," Journal of Marketing, Vol. 57, Issue 1, pp. 1 – 22.

［8］Keller, Kevin Lane（2008），Strategic Brand Management, NJ: Pearson Education.

［9］Kotler, Philip; and Kevin Lane Keller（2009），Marketing Management, NJ: Prentice Hall.

[10] Luo, Yadong (1998), "Timing of Investment and International Expansion Performance in China," Journal of International Business Studies, Vol. 29, No. 2, pp. 391 – 408.

[11] Morgan, Neil A.; Anna Kaleka, and Constantine S. Katsikeas (2004), "Antecedents of Export Venture Performance: A Theoretical Model and Empirical Assessment," Journal of Marketing, Vol. 68 Issue 1, pp. 90 – 108.

[12] Swystun, Jeff; Fred Burt, and Annie Ly (2005), "The Strategy for Chinese Brands," October, www. interbrand. com.

[13] Tse, David K., Yigang Pan, and Kevin Y. Au (1997), " How MINs Choose Entry Modes and Form Alliances: The China Experience," Journal of International Business Studies, Vol. 28, No. 4, pp. 779 – 806.

[14] Zou, Shaoming, Eric Zhao Fang (2003), "The Effect of Export Marketing Capabilities on Export Performance: An Investigation of Chinese Exporters," Journal of International Marketing, Vol. 11, Issue 4, pp. 32 – 55.

[15] Zou, Shaoming; and S. Tamer Cavusgil (1996), " Global Strategy: A Review and an Integrated Conceptual Framework," European Journal of Marketing, Vol. 30, Issue pp. 52 – 69.

[16] Zou, Shaoming; and S. Tamer Cavusgil (2002), "The GMS: A Broad Conceptualization of Global Marketing Strategy and Its Effect on Firm Performance," Journal of Marketing, Vol. 66, Issue 4, pp. 40 – 56.

[17] 陈宏辉、罗兴:《"贴牌"是一种过时的战略选择吗——来自广东省制造型企业的实证分析》,《中国工业经济》2008 年第 1 期。

[18] 陈柳、刘志彪:《代工生产、自主品牌与内生激励》,《财经论丛》2006 年第 5 期。

[19] 陈曦、胡左浩、赵平:《价格领先还是品牌化?——我国制造业出口企业营销战略与出口绩效关系的实证研究》,《营销科学学报》2008 年第 2 期。

[20] 邓立治:《我国企业自主品牌创新能力系统研究》,哈尔滨工程大学,博士学位论文,2007 年。

[21] 冯邦彦、王鹤：《企业集群生成机理模型初探——兼论珠江三角洲地区企业集群的形成》，《生产力研究》2004 年第 6 期。

[22] 韩中和、胡左浩、郑黎超：《中国企业自有品牌与贴牌出口选择的影响因素及对出口绩效影响的研究》，《管理世界》2010 年第 4 期。

[23] 何佳讯：《品牌资产测量的社会心理学视角研究评介》，《外国经济与管理》2006 年第 4 期。

[24] 胡军、陶锋、陈建林：《珠三角 OEM 企业持续成长的路径选择——基于全球价值链外包体系的视角》，《中国工业经济》2005 年第 8 期。

[25] 季六祥：《品牌竞争力战略的全球化定位》，《中国工业经济》2002 年第 10 期。

[26] 蒋廉雄、朱辉煌：《品牌认知模式与品牌效应发生机制：超越"认知—属性"范式的理论建构》，《管理世界》2010 年第 9 期。

[27] 金碚：《中国产业发展的道路和战略选择》，《中国工业经济》2004 年第 7 期。

[28] 金明华：《从"贴牌生产"到"创建国际品牌"》，《学术交流》2004 年第 6 期。

[29] 黎友焕：《经济危机之下谈珠三角企业转型升级》，《中国制造业信息化》2009 年第 8 期。

[30] 李惠武：《珠江三角洲必须走自主创新之路》，《广东科技》2005 年第 10 期。

[31] 李青、涂剑波：《我国企业技术创新对自主品牌建设的影响研究》，《北京理工大学学报》（社会科学版）2008 年第 4 期。

[32] 李学锋、李向前：《区域自主品牌培植模式及其构建设想》，《现代财经》2009 年第 9 期。

[33] 刘明珍：《中国企业自主知识产权和知名品牌发展研究》，《中国软科学》2006 年第 3 期。

[34] 刘志彪、张杰：《从融入全球价值链到构建国家价值链》，《中国产业升级的战略思考》，《学术月刊》2009 年第 9 期。

[35] 刘志彪、张杰：《全球代工体系下发展中国家俘获型网络的形成、

突破与对策——基于 GVC 与 NVC 的比较视角》,《中国工业经济》2007 年第 5 期。

[36] 刘志彪:《全球化背景下中国制造业升级的路径与品牌战略》,《财经问题研究》2005 年 5 期。

[37] 卢泰宏主编《跨国公司行销中国》(上),贵州人民出版社 2002 年版。

[38] 毛蕴诗、姜岳新、莫伟杰:《制度环境、企业能力与 OEM 企业升级战略——东菱凯琴与佳士科技的比较案例研究》,《管理世界》2009 年第 6 期。

[39] 毛蕴诗、吴瑶:《企业升级路径与分析模式研究》,《中山大学学报》(社会科学版)2009 年第 1 期。

[40] 毛蕴诗、吴瑶邹、红星:《我国 OEM 企业升级的动态分析框架与实证研究》,《学术研究》2010 年第 1 期。

[41] 梅述恩、聂鸣、黄永明:《区域品牌的全球价值链中的企业集群升级——以广东东莞大朗毛织企业集群为例》,《经济管理》2006 年第 13 期。

[42] 聂秀东、王志刚:《中国出口品牌建设的实证研究》,《商业研究》2006 年第 18 期。

[43] 石奇:《中国自主品牌比较劣势的内生性及其解决》,《财经问题研究》2007 年第 12 月。

[44] 孙日瑶:《自主创新的品牌经济学研究》,《中国工业经济》2006 年第 4 期。

[45] 陶用之:《长三角企业自主创新与企业知名品牌的成长途径》,《社会科学》2007 年第 9 期。

[46] 汪建成、毛蕴诗:《从 OEM 到 ODM、OBM 的企业升级路径——基于海鸥卫浴与成霖股份的比较案例研究》,《中国工业经济》2007 年第 12 期。

[47] 汪涛:《影响中国企业自主品牌决策的因素分析》,《中国软科学》2006 年第 10 期。

[48] 汪涛、郭锐:《中国企业品牌战略决策影响因素研究——环境不确定性、企业家导向和组织能力》,《武汉大学学报》(哲学社会科学版)2008

年第 6 期。

　　[49] 王海燕、周元：《"新型贴牌"与自主创新》，《中国软科学》2007年第 9 期。

　　[50] 王珺：《衍生型集群：珠江三角洲西岸地区产业集群生成机制研究》，《产业经济评论》2005 年第 2 期。

　　[51] 乌家培：《论我国自主品牌的培育、管理和发展》，《学术研究》2007 年第 4 期。

　　[52] 张杰、刘志彪：《需求因素与全球价值链形成——兼论发展中国家的"结构封锁型"障碍与突破》，《财贸研究》2007 年第 6 期。

　　[53] 张杰、刘志彪：《中国制造业企业创新活动的关键影响因素研究——基于江苏省制造业企业问卷的分析》，《管理世界》2007 年第 6 期。

　　[54] 中华人民共和国商务部：《中国品牌发展报告（2007）》，北京大学出版社 2008 年版。

　　[55] 中华人民共和国商务部：《中国品牌发展报告（2008—2009）》，北京大学出版社 2011 年版。

　　[56] 朱钟棣、罗海梅、李小平：《中国 OEM 厂商的升级之路》，《南开学报》（哲学社会科学版）2006 年第 5 期。

　　[57] 祝合良、王平：《中国品牌发展的现状、问题与对策》，《经济与管理研究》2007 年第 8 期。

# 第二章

# 概念基础与基本主题

　　品牌建立是企业的核心营销活动，但考虑到在自主品牌的建立问题缺乏营销学方面的深入性和系统性讨论，本研究拟从这一角度来展开分析。为实现这一目标，本研究运用和发展营销学的基本概念，以中国这一新兴市场作为现实基础来建立理论分析框架。为此，本章首先对研究中涉及的核心概念作出界定。在此基础上，提出自主品牌建立研究的基本主题。

## 一　核心概念定义

### （一）市场与市场界定

#### 1. 市场

　　关于市场存在不同的理解。在经验上，市场（market）作为通俗的词语，被认为是买方和卖方交易的场所。在经济学者看来，市场是买者和卖者相互作用并共同决定商品或劳务的价格和交易数量的机制（萨缪尔森、诺德豪斯，2008）。与上述观点不同，营销学对市场采取了单一视角的定义，它认为具有特定欲望和需求的所有顾客（现有顾客和潜在顾客）构成了市场（Kotler 和 Keller，2009）。营销学对市场的理解，除了借鉴产业经济学和企业战略理论关注的市场结构含义外，更多地从顾客的特征、需求性质等方面的差异来进行界定和分析。根据顾客对提供物需求的不同，市场可区分为产品市场、服务市场。根据顾客的特征、需求性质和购买行为的不同，市场可区分为消费品市场（consumer market）、工业品市场（business market）、全球市场（global market）、非营利机构和政府市场（nonprofit and government market）。此外，根据顾客的社会环境、需求满足和消费水平的差异程度，可分为成熟市场（developed market）和新兴市场（emerging market）。

　　营销学关于市场的定义建立在这样的常识基础上：企业通过满足顾客需求而获利。接受这一常识也是开展营销活动和从事营销战略分析的前提。同时，它认为顾客具有不同的性质和特征，这导致了市场具有不同的类型，这些不同类型的市场为公司的业务提供了不同的市场机会，同时也暗含着公司对其在不同类型市场的业务需要采取不同的营销战略，包括采取不同的品牌化战略及其逻辑。其背后的原因在于，不同类型市场存在相应的品牌化的市场决定机制。

　　值得指出的是，现代营销学是以西方成熟市场为现实基础建立起来的，其核心概念、分析框架也是通过观察成熟市场中的企业营销活动进行定义和发展的。在自主品牌建立讨论中，除了少数作者关注到中国市场具有不同于西方市场的性质和特征外，[①] 一般都直接应用现代营销学的概念和分析框架来分析中国自主品牌建立和市场营销问题。这样，研究者将中国市场的性质不自觉地假定为与西方市场是一致的。它带来的问题是使分析偏离了中国市场的现实基础。同时，在市场类型上也笼统地不加区分，使分析的过程缺乏严谨的界定，分析结果的应用缺乏针对性。显然，为了保证研究的有

---

　　① 最早并一直关注和讨论中国市场特殊性的学者之一是卢泰宏教授。参见卢泰宏《解读中国营销》，中国社会科学出版社 2004 年版。

效性，研究者应该在考虑中国市场的性质和特征基础上，界定市场概念来对自主品牌问题加以分析。另外，考虑到市场存在不同的类型，本书在分析时，对构成市场的主体，除特定场合外，使用顾客而不是消费者的概念。

2. 市场界定

市场界定（defining market）是公司建立市场战略时需要定义的首要问题。当公司决定经营某项业务后，必须为其确定目标市场，然后进一步确定它的提供物，例如是品牌化或非品牌化的某种产品或者服务。市场界定反映了公司决策者对现有和未来业务采取何种市场战略的理解。市场界定的关键是识别决定某项业务的市场边界的潜在变量。例如，对于想从事品牌化经营的中国企业，包括现在从事 OEM 业务但欲转向 OBM 业务的代工企业，需要确定进入什么市场、生产什么产品、在市场中是凭借技术还是其他因素维持和增长业务等问题。

市场界定是营销学早期建立的核心概念之一（Reibstein，1985），但现在被市场细分（market segmentation）概念所替代了。市场细分是在现有市场中识别具有相似需要和行为的消费者，以为公司的某项业务确定其目标群体和品牌定位。市场细分的基础标准主要来自地理、心理、人口学、消费行为等特征变量（Kotler 和 Keller，2009）。市场细分概念对营销的含义是，在现有市场中，存在不同的顾客群体/细分，公司应该选择其中的某个/几个细分市场作为目标市场开展相应的营销。

现有的营销学强调市场细分概念，一方面反映了营销学理论的发展。但另一方面，它也体现了建立在成熟市场基础上的现代营销理论受其市场现实的影响。自 20 世纪 50 年代以后，西方市场经历了第二次世界大战后的快速发展并逐步进入成熟时期。除了主要依靠由新技术带来的新市场机会外，在商业化过程中总体上呈现产品类别相对成熟的状况，即市场中的业务与产品类别基本形成，在现有市场中定义新市场的可能性相对有限。企业的市场机会就是在现有的市场边界之内，通过市场细分发现市场机会，或者寻求更强的市场渗透增加市场占有率。

但是，市场细分不能替代市场界定的概念。首先，在概念性质上，两者是不同的概念。市场界定是公司在未知的市场中从公司战略和经营层面界定公司的核心市场、经营产品及其市场战略，而市场细分是在现有的市场中，通过寻求顾客特征或行为的相似之处识别某个品牌的目标市场并确定其定位和相关营销策略（文思登，1999）。更重要的是，两个概念对不同类型的市场具有不同的理论含义，尤其在分析诸如处于中国这样的新兴市场中的企业的市场战略时更加如此。在新兴市场，许多产品的商业化并不成熟，甚至尚未开始。那些在成熟市场成形的业务，对其而言尚未呈现或成形。因此，除了存在现有的市场边界内从事市场细分识别市场的少数机会外，更多的时候需要通过市场界定来定义和塑造市场。如果仅仅运用现有的市场细分概念来分析市场战略，对处于成长市场中的中国企业而言，会极大地局限于市场机会的发现和多样化的战略选择。比起市场细分概念，市场界定为中国企业决定在何种领域建立、发展业务并从事品牌建立提供了更好的理论概念和分析方法。

因此，强调市场界定的概念是自主品牌建立研究中需要重视的问题。在研究过程中，研究者需要更好地理解市场这一现实基础。原因在于，在成熟市场和新兴市场，由于其性质和特征的不同，决定市场的潜在变量可能也不同。例如，在成熟市场，顾客群体、顾客需求与相关技术变量都是界定市场的主要变量（Abell，1980）。而在中国这一新兴市场，产品类别的发展程度、产品的独特性等可能更值得关注。即使在顾客需求这一变量上，成熟市场的顾客与处于新兴市场的中国顾客的满足程度也是截然不同的。前者在许多产品上具有高满足性，而后者则具有低满足性。正是这种低满足性，为自主品牌的建立蕴藏了大量潜在的市场机会，即使是那些在欧美地区没有增长潜力的产品市场，如饮料、家电等市场也是如此。

## （二）品牌与商标

### 1. 品牌

营销研究者对品牌（brand）的概念早已建立了共识，广为接受的是美国营销协会关于品牌的定义。它认为品牌是一种名称、术语、标记、符号或设计，或是它们的组合运用，其目的是借以辨认某个或某群销售者的产品或服务，并使其与竞争者的产品和服务区别开来（Kotler 和 Keller，2009）。这一定义强调了品牌客观性元素的运用和作用。但是，品牌实际上存在于顾客的心中，离开了顾客的主观认知，品牌就没有意义和相应的营销效应。因此，品牌的真实含义早已超出客观性属性或标识的作用。科特勒曾经综合了 Kapferer、Jennier 和 Aaker 对品牌特性的研究，总结了品牌通常具有的六种意义：（1）属性，即一个品牌首先给予顾客感知的特定属性；（2）利益，包括功能利益、情感利益和象征利益；（3）品牌价值；（4）透过品牌传递的文化；（5）品牌个性；（6）使用者（科特勒，2003）。

上述关于品牌的定义，主要是针对消费者市场即 B2C 市场而言的。对于品牌的建立，尽管 B2B 市场的品牌营销正受到关注，但也主要是以消费者市场为基础建立的概念进行阐述和分析的。而且，在成熟市场，对消费者关于品牌形成了什么样的意义，受"认知—属性"研究范式的局限，研究者一直没有形成一致的概念定义，也未得到一般性的研究结论（蒋廉雄、朱辉煌，2010）。

由于中国顾客的需求和行为存在独特性，在自主品牌建立中需要重视识别中国顾客对品牌形成的特有意义。考虑到现有研究在此方面的缺失，这一研究充满挑战。尽管如此，这是从事自主品牌建立研究需要考虑的基本问题和出发点之一。另外，要全面理解品牌在产业发展和经济增长中的作用，尤其是分析品牌在市场中的驱动作用，必须超越仅仅从消费者市场的视角来理解、界定和分析品牌的限定。为此，本研究将根据分析的需要，从消费者市场、工业品市场等多市场类型的视角来理解自主品牌的含义和营销战略的制定。

2. 商标

商标（brand trademark）体现了一个品牌享有独家专用权并受法律保护的那个部分。世界知识产权组织（World Intellectual Property Organization）认为，商标是对某个商品或服务标明属于特定个人或企业所生产或提供的商品或服务的显著标志。我国商标法对商标的定义是，它能将自己的商品与他人的商品区别开的可视性标志，包括文字、图形、字母、数字、三维标志、颜色以及上述要素的组合。① 商标与品牌的区别在于，商标是一个静态、单一的概念，而品牌是一个多元、动态的概念。前者强调的是法律保护，后者强调的是经营策略。品牌含有商标，而商标不是品牌的全部（何佳讯，2000）。

从定义上看，商标作为法律概念，是对体现品牌的标志的法律保护。尽管在含义上商标不能等同于品牌，但从市场角度上看，在企业将注册的商标赋之于某类或几类产品时，该产品一旦进入市场被顾客认知和购买时，"商标"就成为品牌了。因此，凡注册了商标，并将其赋之于其生产的产品的企业都是拥有品牌的企业。尽管大多数企业，尤其是中小企业，可能没有从事高投入的品牌传播或促销活动，但是，只要其具有商标的产品进入了市场，此时它就是品牌。

---

① 百度百科：商标，http：//baike. baidu. com/view/37392. html？wtp＝tt。

因此，在市场中具有商标的产品，在某种程度上，尤其是在测量的意义上较好地反映了品牌的含义，尽管商标和品牌在设立和管理上具有不同的内容和任务。首先，商标可以表示市场中品牌的数量，市场中的一个商标就是一个品牌。其次，它体现了企业基本的品牌意识和品牌营销活动。一个企业注册商标，需要有品牌建立的动机和意愿作为品牌化行动的驱动力。再次，它可以衡量企业的初级品牌化水平，企业注册商标需要采取行动和投入成本，它表明企业为其产品的品牌化投入了最基本的努力。

理解商标的这一潜在的营销含义对品牌分析大有好处。由于在市场层面上进行全面的品牌统计存在难以操作的问题，此方面的数据一直存在缺失。尤其是在没有全面的自主品牌的统计数据情况下，这一定义可使研究者进行自主品牌的市场测量和分析。

要注意的是，商标不是品牌的全部，它不能摄取品牌的营销性含义，主要体现在它不能反映品牌的意义及其品牌化程度的差异。例如，康佳和TCL，虽然都是家电产品的一个商标，但顾客对其赋予的品牌意义是不同的。高知名度的品牌和低知名度的品牌，国际品牌和地方品牌，以商标的名义来看，它们也都只不过是一个商标，但前后两者在品牌化程度上存在天壤之别。


### （三）自主品牌

在本研究中，非常有必要澄清自主品牌的概念。它事关自主品牌研究是否要考虑其现实基础以及在此基础上建立自有观察视角的问题。自主品牌无疑属于现代品牌的范畴，但它又具有自己的独特性，尤其是可能存在不同于国际品牌的性质。

从演进历程来看，现代品牌的出现约有百余年的历史。19世纪末至20世纪初，欧美地区企业利用工业革命带来的大规模产品制造、交通设施的建立以及大众媒体的出现等条件，从本地产品的制造厂家开始成长为国家品牌（national brand）。至 20 世纪 30 年代初，国家品牌发展为欧美市场中的主导品牌，并在随后的全球化进程中扩展为国际品牌（Low 和 Fullerton，1994）。以北美地区为代表的西方营销学者，就是在欧美地区现代品牌演进的情境中从事营销研究并建立了现代营销战略理论。从理论发展的过程看，它是以欧美成熟市场以及成熟市场中的当地企业，且主要是跨国公司的营销活动为基础，以现有品牌尤其是国际品牌为视角的。①

　　在中国，随着 20 世纪 80 年代改革开放政策的实施，自主品牌开始建立，同时国际品牌也进入中国市场。一方面，在自主品牌的建立中，通过接受现代营销理论和对国际品牌的学习成为中国企业营销者重要的知识发展途径。另一方面，在营销研究中，国内自改革开放后才通过引进的方式建立营销学科，国内营销研究总体上处于向西方学者的模仿学习阶段（李东进等，2010）。在这一过程中，中国营销的实践者和研究者自觉或不自觉地将国际品牌认知为现代品牌的代表，将国际品牌的发展经验等同于现代品牌发展的一般性规律。这样，它有意无意地隐含了一个假定，自主品牌的建立可以采取国际品牌的经验，对自主品牌的研究可以采用以成熟市场为现实基础，以国际品牌为观察视角建立起来的现代营销理论为分析框架。但是，这一假定与自主品牌发展和研究的现实及趋向并不相符。从自主品牌营销的实践看，其成功的关键在于不受常规的，实际上就是国际品牌所发展的营销战略和策略模式的思维约束开展创新（卢泰宏，2004）。在营销研究中，一些研究者看到了应用西方学者建立的现代营销理论对自主品牌采取"强加的客位法"（imposed – etic approach）的研究方式存在难以客观地反映现实的问题，提倡以"主位法"（emic approach）方法开展研究（何佳讯，2006）。可以预知，随着中国市场重要性的凸显，自主品牌

---

① 　关于此方面的详细分析，可参见第一章。

进入快速成长期，在经历了前期的学习和探索后，明确自己的基本战略将成为自主品牌能否成为市场中的领导者的关键问题。对自主品牌建立符合其自身的现实基础和观察视角，并发展相应的概念及理论的"主位法"研究显得越来越重要。就研究发展而言，厘清自主品牌的概念是形成这一共识并采取行动的前提。

自主品牌，在国内也称为自创品牌（卢泰宏等，1996），中国台湾学者将其表述为自有品牌（汪涛，2006）。尽管称谓不同，但其基本含义是一致的，即它是本国企业培育出来的拥有知识产权的专有品牌，或者指企业以自己拥有所有权的品牌来生产、销售产品。由于自主品牌是在国家主张通过自主创新实现中国制造业从OEM向OBM升级的背景下提出来的，因此，研究者在分析时对其赋予了宽泛的意义，认为自主品牌是一个企业及其产品的综合体，涵盖了企业资本、创新能力、管理、产品、质量、自主知识产权、技术、市场、信誉和售后服务等多方面的综合特征，体现了实现和创造企业价值的核心能力和国家综合实力（李青、涂剑波，2008；乌家培，2007）。

国外研究文献没有"自主品牌"这一概念。研究者采用有名产品（named products），品牌产品（brand name products），原始品牌制造商（original brand manufacturer）来表示从事品牌营销的企业或产品。[①] 虽然品牌化决策，即企业决定自己的产品、服务等市场提供物是采用品牌还是不采用品牌是企业营销战略中的基本一

---

① 中国一些研究者，尤其是台湾学者，将"own brand"看作是自主品牌的英文表达。但实际上，在国外营销业界和研究文献中，"own brand"是指零售商经营的自有品牌，类似于"private brand"，它相对的概念是厂家品牌，其英文表达是"manufacturer brand"，其中具有全国性市场地位的称为"national brand"，出现于地方性市场的称为"local brands"（Keller，2008；Low 和 Fullerton，1994）。国外主要是北美的研究者以"Chinese brands"指称中国品牌，且以"local brands"统称新兴市场地区（包括中国）出现的当地品牌（Ewing 等，2002；Ghemawat 和 Hout，2008；Swystun 等，2005）。

环（Kotler 和 Keller，2009），但在西方营销实践者和研究者看来，企业向市场提供的产品或服务采用品牌化经营是营销常识性问题（汪涛，2006）。因此，在发自并成熟于西方的营销管理理论中，关于品牌营销问题主要讨论如何对企业的提供物进行品牌发展（brand developing），基本不涉及非品牌化产品的营销问题。即使在 OEM 方式被西方跨国公司广泛运用的今天，对于发展中国家从事 OEM 的现象和营销问题，营销学者们至今少有关注和涉及。[①]

　　从名称的一般性含义来看，"自主品牌"概念与西方研究者使用的命名产品（named products），品牌产品（branded products）和原始品牌制造商（original brand manufacturer）概念相似。但是，从营销现实上看，自主品牌在其社会环境、成长历程、市场结构、品牌含义及其营销方式上具有一定的独特性。[②] 这种独特性使其与在西方成熟市场完成成长阶段的国际品牌具有性质上的差异。如表 2-1 所示。

---

　　① 尽管 OEM 模式在产业经济和企业战略领域得到了国内外学者的研究，但在营销领域却未受到关注。原因可能在于，对应于企业向市场提供的产品或服务采用品牌化经营是西方企业的营销常识性问题，建立在成熟市场基础上的现代营销理论也是以品牌化经营为前提和中心的。例如，营销学者作为体现营销学理论发展和体系化的各种营销学教材，均未阐述非品牌化产品的营销问题。近年，外国权威的营销学者与中国营销学者开始合作编写营销教材，关于 OEM 企业的营销战略问题的阐述才出现在营销教科书中。参见 Kotler, Philip；Kevin Lane Keller, and Lutaihong；Marketing Management in China，Prentice Hall，2009。

　　② 相对于国际品牌，中国自主品牌在发展和营销中具有的独特性的问题，引起了一些营销研究者的注意，并有零散的阐述，但缺乏专门的系统分析。参见陈曦、胡左浩、赵平《价格领先还是品牌化？——我国制造业出口企业营销战略与出口绩效关系的实证研究》，《营销科学学报》2008 年第 2 期。此外，从自主品牌视角进行的品牌研究也开始出现。具体内容可参见本书的第一章。

表 2 - 1 　　　　　　　　　　　　自主品牌与国际品牌的差异

|  | 自主品牌 | 国际品牌 |
|---|---|---|
| 社会环境 | 品牌建立是国家创新战略的组成部分<br>政府建立扶持制度和政策、包括资源投入支持 | 品牌建立属于企业自身经营行为 |
| 成长历程 | 20 世纪 80 年代建立于中国新兴市场<br>晚发劣势 | 20 世纪 30 年代在欧美市场成为全国性品牌<br>20 世纪 80 年代进入中国市场 |
| 市场结构 | 在多数产品市场落后于国际品牌<br>处于不利市场结构中<br>存在"国际品牌诅咒"现象 | 在进入中国的各产品市场基本处于领导地位<br>成长及扩展期均处于有利市场结构中 |
| 品牌含义 | 许多品牌中的产品具有中国文化含义 | 全球性产品<br>产品本土化存在障碍 |
| 营销方式 | 价格主导<br>未健全的营销体系和不足的营销能力<br>渠道、价格创新 | 研发和品牌主导<br>健全的营销体系和足够能力<br>推—拉模式的规范营销 |

## 1. 社会环境

在社会环境上，自主品牌是作为国家创新战略的一部分而提出的。[①] 从 21 世纪初开始，中央和地方政府在经济发展和产业规划的基础上，对自主品牌的建立，通过战略规划、制度和政策建立、资源配置、直接推广等方式予以"干预式"的支持和投入，[②] 这与西方企业的品牌建立完全属于企业的自身行为不一样。因此，政府

---

① 参见《中华人民共和国国民经济和社会发展第十一个五年规划纲要》，新华网，http：//news. xinhuanet. com/misc/2006 –03/16/content_ 4309517. htm；《胡锦涛在全国科学技术大会上的讲话》，人民网，http：//politics. people. com. cn/GB/8198/4011584. html。

② 参见董秋彤：《中国商务部 6 举措力推自主品牌》，《中国企业报》2005 年 12 月 13 日；商务部：《财政资金将助自主品牌建设》，《经济参考报》2006 年 6 月 15 日；《加快自主品牌建设，商务部启动品牌万里行活动》，中国网，http：//www. china. com. cn/chinese/PI – c/1238585. htm；《中国制造广告 30 秒花数千万　外媒冷看产品质量》，搜狐新闻，http：//news. sohu. com/20091203/n268647370. shtml。

行为构成了自主品牌建立的独特性社会环境。这是国际品牌在发展中未曾经历的发展环境，也是西方研究者在研究中没有遇到过的新现象和新问题。

2. 成长历程

在成长历程上，自主品牌的建立始于 20 世纪 80 年代。中国自此开始推行的市场经济政策，为自主品牌的建立提供了可能性，以及规模巨大、快速增长的市场。相比之下，国际品牌于 19 世纪末至 20 世纪 30 年代在其国内经历了成长时期，在 20 世纪 80 年代开始全球化进程。自主品牌成长历程延迟于国际品牌，并在品牌化的内部能力，例如品牌营销实力、营销体系建立及品牌管理经验等方面较国际品牌落后。因此，在两者相互竞争的市场中，自主品牌总体上呈现出明显的"晚发"劣势。

3. 市场结构

在市场结构方面，自主品牌在其成长历程中遭遇了国际品牌的强势竞争，并处于不利的市场结构中。当自主品牌开始建立之时，国际品牌已席卷中国市场。现在，尽管自主品牌在家电、IT、汽车、饮料、酒类等市场领域得到了迅速发展，甚至个别自主品牌处于领导地位（卢泰宏、贺和平，2003；蒋廉雄，2006），但总体上仍呈现国际品牌占优势，甚至其高度集中的市场结构。这样，自主品牌出生之时即与成熟的国际品牌激烈竞争并在市场上处于弱势地位。① 与此不同，国际品牌在其成长为国内市场的领导品牌时期，其当时市场虽然存在竞争，但仍处于品牌分散甚至品牌空白的市场

---

① 进入中国市场的国际品牌，基本上处于领导地位，例如可口可乐（饮料）、高露洁（牙膏）、箭牌（口香糖）、立顿（茶）等。它们中的多数是伴随着西方工业化和现代商业历程而出现并得到发展的品牌。在 19 世纪末和 20 世纪初，西方市场开始出现全国性品牌（national brands），并在 20 世纪 30 年代就成为当时大众化品牌的领导者（Keller，2008；Low 和 Fullerton，1994）。

结构中。因此，从品牌成长历程及其所处的市场结构看，自主品牌由于存在"晚发"劣势，且相对于国际品牌处于不利市场结构中，不但在市场竞争上处于弱势地位，而且在成长进程中更受困于"国际品牌诅咒"效应，① 难以超越它们成为领导品牌。

4. 品牌含义

在品牌含义方面，自主品牌与国际品牌在所蕴涵的文化意义上不一样。文化影响顾客的品牌意义的建构，继而影响其对品牌的购买态度。尽管在全球化的浪潮下，全球性消费文化影响地区性消费，甚至出现全球性产品（Solomon，2009），例如 iPod、iPhone 产品的全球热销。但在多数产品市场上，消费行为仍受区域亚文化的主导性影响。因此，在中国市场的许多产品，中国消费者赋之于品牌的文化意义与西方消费者不一样，它往往具有中国的独特性（卢泰宏，2004）。品牌文化意义的差异，为自主品牌的发展，例如产品的品牌化、品牌化驱动器的选择等提供了不同于国际品牌所具有的战略资产和成功可能性。例如，凉茶成为中国企业独有的成功品牌化产品。罐装王老吉凉茶在 1995 年面世，在 2002 年后快速成长并处于领导地位。② 与此形成对照的是，作为跨国企业的可口可乐公司，十余年来推出多个基于"茶"和"中药"的产品，如 1998 年推出"天与地"、"岚风"女性蜂蜜茶饮，2002 年推出"阳光"果茶，与雀巢联合推出"雀巢冰爽茶"，2005 年推出"清

① 在中国市场发展进程中，国际品牌与自主品牌的发展存在矛盾。这种矛盾的结果是，国际品牌对自主品牌的建立产生了抑制性影响。这种抑制性影响，是由其市场先发优势所产生的市场效应并利用这种先发优势在中国市场的不同发展进程上通过采取相应策略，如强势竞争、合资、品牌租赁、收购，使自主品牌发展始终处于受其压抑乃至最后被获取状态。本研究将其称为"国际品牌诅咒"效应。关于此方面的专门分析，请见第五章第三节。

② 参见：加多宝公司网页，http://www.jiaduobao.com.cn/cn/new/new_js.asp。

本"、"清妍",即所谓分男女版本的"茶研工坊"。但上述一系列"茶饮料"、"中草药饮料"产品均未取得成功。业界认为的主要原因是,可口可乐公司作为起源于西方文化背景下的企业,难以理解孕育这些产品的中国本土文化。[①]

5. 营销方式

由于发展历程、市场环境和组织内部因素等方面的差异,自主品牌与国际品牌在营销方式上形成了明显的区别。就营销战略而言,国际品牌采取研发和品牌主导的营销方式并在核心市场中占据优势。自主品牌采取低成本的营销方式,多在特定市场,例如乡镇市场、中小城市市场取得优势。对国际品牌而言,自主品牌的低成本营销方式对其市场扩张构成了挑战。而对自主品牌而言,改变低成本的营销方式也成为其未来发展的关键(Ewing 等,2002;Ghemawat 和 Hout,2008;Swystun 等,2005)。在营销策略方面,国际品牌以企业充裕的资金实力作为支持,规范的内部营销系统作为基础,在中国市场采用以高强度广告投放的"拉式"策略,配合高比例的营业促销"推式"策略进行品牌营销。这种"推式"和"拉式"营销成为国际品牌的基本营销方式(Kotler 和 Armstrong,2009)。与此相比,自主品牌大多不具备内部资源从事高强度的营销,包括不具备资金实力大力投放广告,向零售商支付高额入场费用购买货架陈列面等。此外,企业内部的营销基础建设也不完善等(陈春花,2006;陈湘青,2004)。因此,多数中国企业,尤其是那些刚刚从事品牌化的企业,并不具备像国际品牌那样采用成熟的规范营销方式开展营销的能力。为了在市场中生存和发展,它们更

---

① 参见《可口可乐不懂"茶",折戟中国概念差》,中国食品科技网,http://www.tech-food.com/news/2009-5-21/n0261818.htm;刘东凯:《退市可口可乐败走茶饮料市场,原叶茶能否力挽狂澜?》,中国经济网,http://www.ce.cn/cysc/sp/cy 见/200808/19/t20080819_16539900.shtml。

多地考虑自身的资源和特殊性对营销方法进行探索、选择，并主要从渠道、定价等方面进行创新（卢泰宏，2004）。

因此，从多方面来看，自主品牌是一个在中国这一新兴市场出现的，成熟市场没有出现过的新现象。作为概念，它是一个在以西方营销学者发展的现代营销学理论中没有涉及过的新概念。本研究采取这一观点来理解和分析自主品牌的建立。它意味着，自主品牌建立战略的分析应该考虑中国作为新兴市场的现实基础以及适合其自身特点的观察视角，在分析上必须考虑中国作为新兴市场所具有的市场特点和结构、自主品牌内在含义、营销独特性以及政府行为等因素对它的影响乃至决定作用。

### （四）品牌化

品牌化（branding）是企业为其产品和服务赋予品牌能力的所有营销活动（Keller，2008）。从管理过程上看，企业建立品牌的所有相关行为构成了实施品牌化的过程。企业从事品牌化需要其具有基本的品牌化资源和能力。而且，如果企业面对的市场类型不同，所需的品牌化能力也不同。

品牌化的关键是如何在顾客心中建立和强化品牌的心智结构，即帮助顾客形成做出购买决策所需的品牌知识（Keller，2008）。当一个品牌进入市场时，对其目标市场的顾客，首先需要形成一定的品牌知名度（brand awareness），例如顾客在相应的产品市场中能知道、识别甚至记忆品牌。随着品牌化的推进，当品牌成为市场中的强势品牌时，其目标市场的顾客对该品牌产生或形成了特定的品牌形象、品牌质量感知，品牌个性、品牌情感，甚至品牌共鸣。因此，强势品牌是高度品牌化的品牌，它们具有高知名度、优异且稳定的产品表现、鲜明的品牌个性、亲密的顾客—品牌关系，具有比竞争品牌更高的品牌效应（Keller，1993，2008）。

　　如何通过品牌化产生品牌效应涉及品牌化机制的问题。关于这一问题，接下来的一节将会专门阐述。此外，它还与品牌所在的市场类别的性质有关。一般的观点认为，市场类型不同，品牌化的驱动器也不同。在消费品市场，品牌化的成功在于依靠时间和资金的投入建立优异的品牌形象，品牌化的驱动器在于优异的产品、包装、渠道/购买的方便性、沟通和服务。在工业品市场，品牌成功的关键在于提高客户的收益和降低成本，它的驱动器是销售力量、价格、产品性能和公司声誉等，广告并不能起到关键作用（Kotler和Keller，2009）。

　　对于品牌化的衡量，从市场中的商标，到根据品牌地位进行的品牌评价，如品牌排行榜，可提供从低到高的品牌化水平差异的测量。正因为如此，在本研究中，使用商标作为品牌化初级水平的测量，使用被社会广为接受的"广东名牌"、"中国驰名商标"等第三方机构的评价结果，作为品牌化高级水平的测量。

### （五）品牌效应及其发生机制

1. 品牌效应

　　品牌效应也称为品牌的营销效应，即品牌在市场中所产生的效果和反映。广义上，品牌效应可从多层面上体现出来，包括给经营者带来的效应，如利润效应、规模效应、无形资产效应、管理效应、文化效应等；对于社会的品牌效应，包括示范效应（一个品牌成为其他品牌的榜样）、优化效应（品牌对社会资源合理配置）和国力效应（品牌反映一国生产和输出商品、服务的能力）（Kapferer，1992）。大量的研究也证实，无论是消费产品、工业产品及高科技产品，品牌对公司产品的营销表现、公司绩效和公司价值都产生了明显的作用（Michell 等，2001；Shipley 和 Howard，1993；Thomas，1995；Aaker 和 Jacobson，2001；Pahud 等，2003）。

企业通过品牌营销投入建立品牌资产获得以下效应：较高的顾客忠诚、溢价能力、营销沟通效应、品牌延伸的成功性、较低的竞争脆弱性和危机脆弱性、品牌提价的不敏感性等（Keller，1993；2008）。其中品牌的溢价能力是经验上衡量品牌效应的重要指标。例如，考虑同样的功能配置，中国自主品牌的手机市场售价为1200元，但国际品牌的市场售价可能达到2000元。这800元的溢价就是品牌效应的体现。

　　品牌在本质上产生于企业在顾客—产品水平上的营销活动，是企业获得财务回报和竞争优势的战略资产，现有研究主要从产品层面上讨论品牌效应。营销研究者为此建立了品牌资产理论来从事品牌效应的研究。研究者认为，品牌资产是完全归因于品牌而产生的超过产品本身的附加价值（added value）（Aaker，1991；Farquhar，1989；Keller，2008）。国内外关于品牌资产的定义和测量主要有三种视角及方法：财务概念模型、基于市场的概念模型和基于顾客的概念模型（卢泰宏，2000，2002；王海忠，2008）。财务概念模型为公司收购、兼并提供评估品牌无形资产或交易价值的方法。基于市场的概念模型反映品牌的成长和扩张能力，即体现品牌长远发展的潜力。基于顾客的概念模型则探究品牌资产的驱动因素及机制。对品牌管理和战略决策最具有应用价值的，是基于市场的品牌资产概念模型和基于顾客的品牌资产概念模型。

　　基于市场的概念模型，将品牌资产的结构分为品牌忠诚度、认知质量或领导能力、品牌联系或差异化、品牌认知以及市场行为五个维度，这五个维度又再细分为十个要素：（1）品牌溢价；（2）满意度或忠诚度；（3）感知质量；（4）领导品牌；（5）感知价值；（6）品牌个性；（7）组织联想；（8）品牌认知；（9）市场份额；（10）市场价格和分销区域（Aaker，1996）。这十个要素反映了品牌资产所带来的市场效果。

　　基于顾客的概念模型认为品牌资产就是顾客因品牌知识所导致的对品牌营销活动反应的差异化效应（Keller, 2008）。具有正向资产的品牌，更容易引起顾客的购买以及对其营销活动的积极反映，例如顾客更容易接受该品牌的新产品延伸，对品牌更低的价格敏感和广告依赖水平。Keller还形象地提出了品牌资产"积木"概念，认为品牌资产积木的第一层是品牌的杰出性（品牌知名度）；第二层是品牌表现（品牌提供的功能利益）、品牌形象（品牌的无形方面或联想）；第三层是品牌情感（顾客的情感反应）、品牌判断（顾客对品牌的评价，包括品牌质量、信任度、品牌决策域、优越性）；最顶端是品牌共鸣（顾客与品牌的关系及其一致性程度）。这一概念反映了顾客从品牌认知到对品牌忠诚的心理反应层级结构。

　　在现实中，"中国制造"的产品因为缺乏品牌效应而无溢价能力，或者自主品牌的溢价能力过低。这一问题也是引发建立自主品牌及其大讨论的主要原因之一。[①] 尽管如此，中国的政府部门决策者、研究者们从建立自主品牌的意义上来关注、阐释品牌效应，并从综合的视角（从企业、行业直至国家的层面）来讨论品牌效应。研究者认为，自主品牌可增加企业创造价值的能力和市场竞争能力，促使国内产业升级、经济增长，提升国家的实力和国际影响力等（李青、涂剑波，2005；刘志彪，2005；乌家培，2007）。尤其

----

　　① 参见一些被广为援引的案例：（1）《"中国制造"的尴尬：8亿件衬衫才换回一架波音》，新华网，http://news.xinhuanet.com/world/2005 - 11/06/content _ 3738807.htm。（2）西班牙烧鞋事件：在西班牙东部埃尔切城，当地人员不满中国鞋的低价格竞争，闹事并纵火烧毁中国鞋商的仓库，中国鞋商损失了60多万双鞋子。事件引起中国商业界和政府震动，事后经过交涉获得了全额赔偿，但是总额只有约58万欧元，即每双鞋的价值不到1欧元。但在欧美市场，最便宜的鞋为10—20欧元，贵的达到100—200欧元。此案例说明中国产品与国外的产品在市场价值上具有天壤之别。参见《"西班牙烧鞋"惊醒广东制造》，新浪财经，http://finance.sina.com.cn/roll/2004 1014/16061080030.shtml。

是在自主品牌建立讨论中最为积极和最有影响的产业经济学者，更多的是在行业和国家层面来阐释品牌效应，甚至以此作为自主品牌建立的理论构想（刘志彪，2009）。而在产品层面，即如何通过品牌化的营销战略和策略实现自主品牌的品牌效应，以提高企业的市场竞争能力和赢利能力的讨论反而被轻视了。由于品牌的建立本质是企业的营销活动，企业对其产品的品牌化活动是品牌效应产生的必要和充分条件。因此，从品牌营销的角度探讨如何实现自主品牌的品牌效应是自主品牌建立研究的基本关注点。

2. 品牌效应的发生机制

品牌效应的发生机制旨在揭示品牌效应发生的来源、过程和效果。研究品牌效应的发生机制，可识别品牌化的驱动器，进而确定品牌建立的市场战略，并指导营销策略的制定和实施。20 世纪 90 年代，随着品牌价值在企业经营中的作用凸显，品牌资产概念出现并成为品牌研究领域的核心主题。品牌资产理论最早关注品牌效应的测量问题，现在，研究焦点转到品牌效应的来源方面。虽然品牌资产的研究，存在市场、财务和顾客的不同角度及相应的方法（卢泰宏，2002；王海忠，2008）。但就揭示品牌效应的发生机制以及对品牌管理的指导作用而言，顾客视角的研究最具有意义。这一视角的研究者认为，品牌的力量在于品牌在顾客心中驻留了什么。这样，顾客在随时间不断体验的过程中所形成的品牌知识导致其对品牌营销活动做出的差异性反应是品牌效应发生的原因（Keller，2008）。因此，正确理解顾客如何形成和形成怎样的品牌知识，以及顾客怎样根据自己的品牌知识对品牌产生感知、评价并作出反应是建立成功的品牌战略和开展有效品牌营销的基础。

从营销原理上看，研究者如何解释品牌效应发生机制，在很大程度上决定了品牌建立战略的确定。由欧美研究者发展的品牌资产理论主要应用认知心理学的联想网络记忆模型进行分析和解释。它以联想方法在产品类别水平上获得和分析顾客关于某个品牌的属性知识，以此解释和预测品牌效应的发生。例如，顾客对耐克品牌的认知就是其对该品牌形成的相关联想，顾客对耐克的偏好和态度就是由这些联想所引起的。同样，顾客对李宁品牌的认知，则是其形成的关于李宁的相关联想，顾客对李宁品牌的偏好与态度，是由其关于李宁品牌的相关联想所致。其管理含义是，品牌的本质在于差异化，品牌建立的基本战略是基于竞争者从事差异化定位和营销。但实际上，现有研究一直没有建立消费者品牌认知的一般性概念，更未对其品牌认知模式进行有效理论建构。同时，该理论的分析只关注到顾客对品牌的属性水平的知识，忽视了顾客的品牌知识结构具有多水平结构，其形成受顾客的经验、目标、期望、思维方式和文化价值观等影响（蒋廉雄，2008）。

本研究应用作者及其合作者发展的品牌原型理论来整体性地解释品牌效应的发生（蒋廉雄、朱辉煌，2010）。该研究发现，消费者对品牌存在一般性的整体认知——品牌原型（brand prototype）。品牌原型体现了消费者对品牌应该是什么样的基本期望，是消费者在品牌经验基础上形成的关于品牌的共同性知识。作为品牌认知的一般性概念，它具有营销地位、社会名声和表现能力三维意义结构，为消费者提供品牌类别化所需的基本标准。在品牌认知过程中，它作为认知参照点影响消费者对品牌、品牌属性的感知、评价及品牌态度形成。其理论含义是，消费者关于"品牌应该是什么"的期望驱动其品牌认知和评价，基于品牌原型的类别化认知这一知识表征过程体现了消费者的品牌认知模式，品牌原型的"驱动效应"对品牌效应发生的消费者机制提供了新的解释。其管理含义是，营销者需要重新从顾客期望上来理解和发现品牌本质，并建立"期望—原型化"的战略方式，即以顾客对品牌的基本期望为参照，从理解顾客需要出发来定义目标市场，发展产品概念和建立品牌化驱动器开展品牌营销。该研究扩展了品牌理论的概念基础和分析框架，弥补了"认知—属性"范式品牌理论和方法的局限，对自主品牌建立的基本战略分析提供了直接的理论依据。

## 二　基本主题

建立强大的品牌是中国企业现在和未来业务经营的重要目标。以成熟市场为现实基础的营销理论，在分析品牌化战略时，是在企业通常采取品牌化经营的假定下进行的。对企业是否进行品牌化经营，尤其是在新兴市场中什么因素决定品牌建立成功的问题成为未被论及的问题。在中国，个别营销研究者关注到这一问题（汪涛，2006）。但是，其建立分析框架的主要概念仍来自产业组织、资源观理论而不是营销学理论。从营销学的视角，建立自主品牌分析的基本主题，发现什么关键因素决定企业品牌的成功建立是本研究的核心内容。

营销学理论的核心思想在于，企业的经营应当从顾客出发，通过提供满足顾客需求的产品或服务来获得经营收益。为了满足顾客的需要，企业通过对顾客需求的理解和由顾客组成的市场的分析，确定品牌建立战略。本研究根据这一核心思想，并应用上述根据营销学理论界定的各个概念，识别和阐释自主品牌的基本主题，为自主品牌的建立提供基本的理论框架和管理指引。这些基本主题包括：自主品牌建立的市场战略边界和市场选择、自主品牌建立的市场决定机制及自主品牌建立的基本战略。在基本主题分析的基础上，还对代工企业的市场战略、自主品牌建立的途径等关键问题加以分析，并对当前讨论中的一些流行观点，例如品牌化的时机、通过创新、产业集群建立自主品牌等观点进行评价并予以匡正。

## （一）自主品牌建立的市场战略边界和市场选择

中国企业应该选择在哪些最有利的市场建立品牌？除了少数研究者（陈柳、刘志彪，2006；刘志彪、张杰，2009）外，现有的讨论很少关注这一重要问题。根据前面的文献回顾可发现，现有的讨论主要从创新（刘明珍，2007；陶用之，2007）、产业集群（梅述恩等，2006；毛蕴诗、吴瑶，2009）、从 OEM 到 OBM 升级（王海燕、周元，2007；胡军等，2005；朱钟棣等，2005）等策略或途径上来探讨自主品牌建立的。这些策略或路径分析假定的前提是，企业已经确定了合适的目标市场。但实际上，对处于成长市场中的中国企业而言，其面临的市场往往有待界定。因此，企业选择在哪些最有利的市场建立品牌的问题，是分析自主品牌建立的首要问题，而现有研究将这一问题忽视了。

本研究为此提出自主品牌建立的市场战略边界主题，并对其进行重点分析。在该部分分析中，根据市场营销理论的市场和市场界定概念，从地理区域、市场发展水平和市场类型三个角度，回答和分析市场需求特征如何决定了中国自主品牌建立的战略边界，尤其关注市场需求作为决定自主品牌建立的市场战略边界的主要依据和逻辑。在市场需求分析的基础上，识别和确定中国企业在现在和未来相当长的时间进行品牌建立的市场类型。

在明确了自主品牌建立的战略边界后，接下来的问题是，在市场需求特征决定下，中国企业的品牌建立，在不同类型市场存在怎样的选择。在该部分，仍然应用前面建立的市场、市场需求的核心概念，分析如何在成熟—国际市场、新兴—国际市场、新兴—国内市场、成熟—国内市场这四种不同类型市场的需求特征，以及在此基础上分析中国企业如何优先决定品牌建立的目标市场和战略选择。

### （二）自主品牌建立的市场决定机制

在确定品牌建立的目标市场后，企业的品牌建立不一定会必然成功。能否成功取决于企业是否发现和顺应了品牌建立的一般市场规律，即市场决定机制。以成熟市场为现实基础的现代营销理论，尽管建立了市场细分、目标市场确定和定位的 STP 模型，并从基于竞争的差异化上从事品牌基本营销战略的分析，但是将它应用于自主品牌建立的分析时，却未顾及新兴市场具有空白市场和独特性品牌化战略资产等本质特征。因此，对品牌建立的市场决定机制这一问题建立分析框架是自主品牌研究的基础工作。

为此，本研究应用市场、品牌效应及其发生机制的概念，分析自主品牌成功建立的市场决定机制的构成要素及其关系，从顾客—产品角度识别决定中国企业进行品牌建立的市场机会。在此基础上，进一步分析企业的品牌化驱动器。具体的研究内容包括企业在市场中如何根据自己的顾客—产品组合，从研发、产品、包装、价格、渠道、广告和促销等方面选择和实施最可能发挥品牌化效应以建立和增强品牌地位的独特性、持续性优势行动，指导企业识别和选择品牌化驱动器。

在这一主题分析中，本研究通过理解顾客、市场、产品的各种性质和属性建立分析，同时考虑通常被研究者忽视的中国作为成长市场的现实基础，充分关注处于新兴市场中的自主品牌建立，在市场战略要素的概念含义及由此形成的分析框架上具有不同于成熟市场的独特性。此外，与通常的观点不同，没有将竞争作为决定因素纳入自主品牌的市场决定机制进行分析，而是将其作为影响因素予以考虑。原因在于，品牌的收益来自于企业决定的顾客—产品以及对此的营销活动；在自由竞争的市场中，竞争不产生品牌收益，即它不能成为品牌建立战略选择的决定物和品牌收益的来源，而是影

响即降低既有战略下的品牌收益。① 为此，本研究将竞争作为品牌
建立的市场战略的影响而非决定因素进行考虑，故不将其纳入到市
场决定机制的构成要素中予以分析。

### （三）自主品牌建立的基本战略

从顾客出发是现代营销学的基本观点（Kotler 和 Keller，
2009）。但是，在现有理论中，由于采用联想记忆网络模型解释品
牌效应的发生机制，"竞争—差异化"也就被认为是品牌建立的基
本战略。这一战略方式认为，品牌与竞争对手的差异化是品牌的本
质，也是品牌效应发生的前提。同时，实现品牌的差异化涉及产
品、服务、人员、渠道、形象等与产品相关和非产品相关的各个方
面（Keller，1993，2008；Kotler 和 Keller，2009）。"竞争—差异
化"战略方式设定竞争品牌为参照点，其战略努力就是让自己的
品牌与竞争对手如何不同。"竞争—差异化"之所以成为基本的品
牌营销战略，是因为现代营销理论是在成熟市场的现实基础上发展
起来的。在成熟市场，尽管新技术可为其带来新的市场机会，但在
传统产品、服务领域发展新市场的机会相对有限，通过寻求与现有
品牌的差异化进入现有市场的方式被认为是建立品牌的合理战略选
择。但是，从理论发展来看，这一基本战略与营销学从顾客出发的
基本观点不一致，甚至是扭曲的。从实践上看，在中国，以霸王、
王老吉等为代表的自主品牌的成功建立，以及在西方成熟市场中新
建立并取得成功的许多品牌，如 Intel、雅虎、苹果、Google 公司的

---

① 从经验上说，一家企业在进入市场时可在面向不同的顾客/市场、塑造不同的
产品、采用不同的品牌，即企业在建立品牌时，顾客—产品的变化既给企业提供了多种
战略选择，又决定了其不同的收益来源和水平。企业只有在确定面向哪些顾客/哪个市
场、提供何种产品的情况下才能识别和定义谁是它的竞争者，竞争的性质和水平，此时
才对品牌收益水平产生影响。在管理过程中，企业可以选择顾客、决定产品和品牌，但
不能决定，甚至不能有效识别（现有和潜在）竞争者，更不能控制竞争者。

Mac + Mac OS、iPod + iTunes、iPhone、iPad 品牌，都是基于对顾客需求的理解建立全新的产品概念而不是基于竞争对手的差异化取得成功的。

　　本研究在分析品牌建立并关注到市场现实时，看到了"竞争—差异化"被理解为品牌建立的基本战略的问题。为此，在建立顾客—产品—品牌化驱动器这一市场决定机制的分析框架过程中，注重识别中国市场在顾客—产品方面存在的市场机会、战略资产以及具有在本质上不同于成熟市场的品牌建立的基本战略，即自主品牌建立是否存在不同于"竞争—差异化"这一国际品牌采用的基本品牌化战略方式。通过利用市场决定机制概念展开分析，进一步提出中国企业应该采取"期望—原型化"而不是"竞争—差异化"作为自主品牌建立的基本战略，并讨论了如何超越国际品牌的竞争，消除自主品牌发展中的"国际品牌诅咒"问题。①

### （四）自主品牌建立的市场战略的形成

　　上述市场战略的决定机制分析为自主品牌的建立提供了一般性的理论依据。但是，对一家具体的企业而言，还必须考虑其服务的市场的需求类型、市场竞争、内部品牌化能力等相关因素的影响，最终形成适合自身企业的选择性战略方案。本研究通过建立顾客行为—市场竞争—内部品牌化能力这一分析框架进行综合评估。同时，考虑到中国市场特征的独特性，从识别独特的品牌化驱动器，处理与国际品牌的竞争关系和自主品牌建立与突破无序、模仿、低价营销方式等方面，对自主品牌建立的战略的形成进行了专门分析。

---

　　① 关于"国际品牌诅咒"的定义与分析，可参见第五章第三节。

### （五）重点问题探讨

应用上述关于自主品牌基本主题建立的分析框架，本研究还对自主品牌建立中的重大现实问题进行分析。包括代工企业的市场战略、自主品牌建立的途径以及集群、创新与自主品牌建立的关系，自主品牌建立的机会等。

（1）代工企业的市场战略。代工企业是自主品牌发展讨论的引发点和关注点，但现有研究集中于业务转型或升级，尤其是强调将从 OEM 向 ODM、OBM 升级的"阶梯式向上发展"路径作为代工企业的基本市场战略。本研究根据市场需求特征决定市场战略的边界和模式的分析框架，认为转型或升级不是代工企业唯一的市场战略，分析了代工企业存在的合理性、转型的障碍以及可采取的保持性战略、延伸性战略、扩张性战略、转型战略、收缩性战略等多样性选择。

（2）自主品牌建立的途径。品牌建立可以由企业购买或自行创建，这也成为跨国企业建立品牌的两条主要途径。但是，由于中国企业在其所处的市场基础、营销目标和营销能力上具有自己的特点，其品牌建立的途径可能具有更多的选择，例如老字号的振兴是自主品牌建立的重要途径（何佳讯等，2007）。目前对自主品牌的建立途径问题，主要关注"从 OEM 走向 OBM"的代工企业转型、大企业、高新企业的品牌创建等方面，这显然不够全面。在该部分，提出了自主品牌建立的四种途径：自创品牌、从 OEM 走向 OBM、历史品牌的振兴和品牌购买，并应用本研究建立的相关概念和分析框架，对采取每一途径的自主品牌建立的战略选择进行了分析和评估。

（3）对现有观点的讨论。集群、创新与自主品牌建立的关系，自主品牌建立的机会等是自主品牌建立中屡被关注和讨论的重要问题。但由于相关讨论未触及品牌营销的本质，忽视了品牌建立的市场决定机制，导致对它们的分析往往被简单化、扭曲化。本研究应用建立的相关概念，对现有观点一一进行了分析和澄清。

## 参考文献

［1］Aaker, David A. （1991）, Managing Brand Equity. NY：Free Press.

［2］Aaker, David A. （1996）, Building Strong Brands, NY：Free Press.

［3］Aaker, David A；and Robert Jacobson （2001）, "The Value Relevance of Brand Attitude in High - Technology Market," Journal of Marketing research, Vol. 38, Issue 4, pp. 485 - 493.

［4］Abell, Derek F. （1980）, Defining the Business：The Starting Point of Strategic Planing, Englewood Cliffs, NJ：Prentice - Hall.

［5］Ewing, Michael T. Julie Pitt, Leyland F. Napoli, and Alistair Watts （2002）, "On the Renaissance of Chinese Brands," International Journal of Advertising, Vol. 21 Issue 2, pp. 197 - 216.

［6］Farquhar, Peter H. （1989）, "Managing Brand Equity," Marketing Research, RC, pp. 7 - 12.

［7］Ghemawat, Pankaj and Thomas Hout （2008）, "Tomorrow's Global Giants, Not the Usual Suspects," Harvard Business Review, Vol. 80, November, pp. 82 - 88.

［8］Kapferer, Jean - Noel （1992）, Strategic Brand Management, "New Approaches to Creating and Evaluating Brand Equity," London：Kogan Page Limited.

［9］Keller, Kevin Lane, 1993, "Conceptualizing, Measuring and Managing Customer - Based Brand Equity," Journal of Marketing, Vol. 57, Issue 1, pp. 1 - 22.

［10］Keller, Kevin Lane （2008）, Strategic Brand Management, NJ：Pearson Education LTD.

［11］Kotler, Philip and Gray Armstrong （2009）, *Principles of Marketing*, 英文影印版, 北京：清华大学出版社 2009 年版。

　　〔12〕Kotler, Philip and Kevin Lane Keller (2009), Marketing Management, NJ: Prentice Hall.

　　〔13〕Low, George S. and Ronald A. Fullerton (1994), "Brands, Brand Management, and the Brand Manager System: A Critical – Historical Evaluation," Journal of Marketing Research, Vol. 11 May, pp. 173 – 190.

　　〔14〕Michell, Paul; Jacqui King, and Jon Reast (2001), "Brand Values Related to Industrial Products," Industrial Marketing Management, 30 (5), pp. 415 – 425.

　　〔15〕Pahud de Mortanges, Charles and Allard van Riel (2003), "Brand Equity and Shareholder Value," European Management Journal, August, Vol. 21, Issue 4, pp. 521 – 527.

　　〔16〕Reibstein, David J. (1985), Marketing: Concepts, Strategies, and Decisions, Englewood Cliffs: Prentice – Hall Inc.

　　〔17〕Shipley, David and Paul Howard (1993), "Brand – Naming Industrial Products," Industrial Marketing Management, 22 (1), pp. 59 – 66.

　　〔18〕Solomon, Michael R. (2009), Consumer Behavior, NJ: Pearson Education.

　　〔19〕Swystun, Jeff; Fred Burt, and Annie Ly (2005), "The Strategy for Chinese Brands," October, http://www.interbrand.com.

　　〔20〕Thomas, Louis A. (1995), "Brand Capital and Incumbent Firms Positions in Evolving Markets," Review of Economics and Statistics, 77 (August), pp. 522—534.

　　〔21〕〔美〕阿特·文思登:《市场界定:高新技术产业、工业和服务业公司的制胜战略》,付彦译,机械工业出版社1999年版。

　　〔22〕陈春花:《回归基本层面——中国营销问题的思考》,机械工业出版社2006年版。

　　〔23〕陈柳、刘志彪:《代工生产、自主品牌与内生激励》,《财经论丛》2006年第5期。

　　〔24〕陈湘青:《珠三角N市企业品牌建立存在问题及原因分析》,《江苏

商论》2004 年第 8 期。

[25] ［美］道恩·亚科布齐编《凯洛格论营销》，李雪等译，海南出版社 2003 年版。

[26] 何佳讯：《品牌形象策划》，复旦大学出版社 2000 年版。

[27] 何佳讯：《品牌资产测量的社会心理学视角研究评介》，《外国经济与管理》2006 年第 4 期。

[28] 何佳讯：《创新还是怀旧？长期品牌管理"悖论"与老品牌市场细分取向——一项来自中国三城市的实证研究》，《管理世界》2007 年第 11 期。

[29] 胡军、陶锋、陈建林：《珠三角 OEM 企业持续成长的路径选择——基于全球价值链外包体系的视角》，《中国工业经济》2005 年第 8 期。

[30] 蒋廉雄：《自主品牌创新的涵义及其模式选择》，《珠三角现代产业》2006 年 4 月。

[31] 蒋廉雄：《从单向视角到整体视角：品牌知识研究回顾与展望》，《外国经济与管理》2008 年第 6 期。

[32] 蒋廉雄、朱辉煌：《品牌认知模式与品牌效应发生机制：超越"认知—属性"范式的理论建构》，《管理世界》2010 年第 9 期。

[33] ［美］科特勒：《营销管理》，梅清豪译，上海人民出版社 2003 年版。

[34] 李东进、任星耀、李研：《中国营销研究的发展趋势：基于国内外主要期刊论文的内容分析，2000—2008》，《营销科学学报》2010 年第 1 期。

[35] 李青、涂剑波：《我国企业技术创新对自主品牌建设的影响研究》，《北京理工大学学报》（社会科学版）2008 年第 4 期。

[36] 刘明珍：《中国企业自主知识产权和知名品牌发展研究》，《中国软科学》2006 年第 3 期。

[37] 刘志彪、张杰：《从融入全球价值链到构建国家价值链》，《中国产业升级的战略思考》，《学术月刊》2009 年第 9 期。

[38] 卢泰宏：《论品牌资产的定义》，《中山大学学报》（社会科学版）2000 年第 4 期。

[39] 卢泰宏：《品牌资产评估的模型与方法》，《中山大学学报》（社会

科学版）2002 年第 3 期。

[40] 卢泰宏：《解读中国营销》，中国社会出版社 2004 年版。

[41] 卢泰宏、贺和平：《行销中国 2003 报告》，浙江人民出版社 2003
年版。

[42] 卢泰宏、谢彪、罗淑玲、梁志红：《我国自创品牌的进展与展望》，
《中国大学学报》（社会科学版）1996 年第 3 期。

[43] 毛蕴诗、吴瑶：《企业升级路径与分析模式研究》，《中山大学学
报》（社会科学版）2009 年第 1 期。

[44] 梅述恩、聂鸣、黄永明：《区域品牌的全球价值链中的企业集群升
级——以广东东莞大朗毛织企业集群为例》，《经济管理》2006 年第 13 期。

[45] 萨缪尔森、诺德豪斯著：《微观经济学》，萧琛主译，人民邮电出
版社 2008 年版。

[46] 所罗门、卢泰宏、杨晓燕著：《消费者行为学（第 8 版）（中国
版)》，人民大学出版社 2009 年版。

[47] 陶用之：《长三角企业自主创新与企业知名品牌的成长途径》，《社
会科学》2007 年第 9 期。

[48] 汪涛：《影响中国企业自主品牌决策的因素分析》，《中国软科学》
2006 年第 10 期。

[49] 王海燕、周元：《"新型贴牌"与自主创新》，《中国软科学》2007
年第 9 期。

[50] 王海忠：《不同品牌资产测量模式的关联性》，《中山大学学报》
（社会科学版）2008 年第 1 期。

[51] 乌家培：《论我国自主品牌的培育、管理和发展》，《学术研究》
2007 年 4 期。

[52] 朱钟棣、罗海梅、李小平：《中国 OEM 厂商的升级之路》，《南开
大学学报》（哲学社会科学版）2006 年第 5 期。

# 第三章

# 珠三角地区自主品牌现状分析

## 一　引言

　　珠三角地区是中国自主品牌建立的重要区域，也是引发社会关注和探讨自主品牌问题的热点地区。但珠三角地区的自主品牌状况如何，并没有研究者进行过专门的分析。为了弥补这一不足，并考虑到前面提出的自主品牌研究要以中国市场现实为基础、以自主品牌为观察视角的设想，有必要对珠三角地区自主品牌现状进行专门的分析。

　　在始于 20 世纪 80 年代的改革开放中，珠三角地区企业通过采用国际市场导向的外生性产业成长模式，在制造业领域取得了快速发展，并使珠三角地区以世界工厂而著称于全球。这些面向国际市场的企业通过从事 OEM 生产，培养了市场观念，增强了从事制造生产的管理和运作能力（刘志彪，2005）。随着产业环境和市场形势的变化，这些企业现今面临着转型或升级的压力。尽管转型或升级的过程充满艰难和风险，但它们无疑是珠三角地区自主品牌发展的重要来源之一。而且，少数面向国际市场从事品牌化经营的企业，通过多年的营销努力，已成为在国际市场上有较大影响力的品牌，如华为、中兴等。

　　与此同时，通过国内市场导向的内生性产业成长模式，珠三角地区成为国内市场中消费品的重要制造基地。它曾创造了全国喝珠江水，吃广东粮，穿岭南衣，用粤家电的辉煌历史（李惠武，2005），并出现了在全国市场具有影响力的品牌，如饮料产品市场中的健力宝、王老吉，家电产品市场中的 TCL、康佳、美的、科龙、格兰仕等，服装市场中的以纯等。早在 2004 年，珠江三角地区就有 485 个名牌产品，其中中国名牌产品 97 个，省名牌产品388 个，占全省名牌总数的 76.62%（李惠武，2005）。到 2009 年，珠三角地区拥有世界品牌 4 个，中国驰名商标 257 个，广东名牌1099 个。① 因此，珠三角地区不但是广东、中国的经济中心地区，也是自主品牌发展的重要集中地。经过数年的发展，尤其是各地政府根据国家"十一五规划"发展知名品牌的精神，纷纷实施名牌战略，珠三角地区的自主品牌进入了新的发展阶段。

　　为了全面地描述珠三角地区自主品牌的现状，根据第二章建立的基本概念，本章以珠三角地区的商标数据和广东名牌产品数据来进行分析。其中，以商标来测量企业的品牌化初级水平，以"广东名牌产品"评价结果来测量品牌化高级水平。商标数据来自国家工商行政管理总局商标局和商标评审委员会发布的中国商标战略年度发展报告（2009）。② 广东名牌产品数据来自广东省名牌产品（工业类）网站。③ 该网站发布的广东名牌产品为制造性产品，故其品牌包括工业产品品牌和消费者产品品牌。广东名牌产品的认定有效期为三年，故以 2007 年、2008 年、2009 年三年评价结果的合并数据作为市场中现有广东名牌产品（以下简称广东名牌）的统

---

① 世界名牌与广东名牌产品数据来自《广东知识产权年鉴（2010）》。中国驰名商标数据来自中国驰名商标网，统计至 2010 年 10 月，http：//www.21sb.com/brand/index.aspx。

② 中华人民共和国工商行政管理总局商标局和商标评审委员会：《中国商标战略年度发展报告（2009）》。

③ 广东省名牌产品（工业类）网：http：//www.gdsmp.org.cn。

计。由于广东名牌产品数据是采用文字逐个列表的方式呈现的，为了获得本研究所需要的分类统计结果，对品牌所在地区、产品类别进行了相应的编码，并以 SPSS 软件进行描述性分析。此外，在品牌化初级水平的测量中，本研究还使用了市场主体的统计数据进行相关分析。该数据来自广东省工商行政管理局属下的广东红盾信息网。[①]

## 二　品牌化水平分析

### （一）品牌数量

珠三角地区处于初级和高级水平的品牌数量分布如图 3 – 1 所示。

以品牌化初级水平指标衡量，使用国家工商行政管理总局商标局和商标评审委员会发布的中国商标战略年度发展报告（2009）中的累计有效注册商标数量数据进行分析。结果表明，至 2009 年，广东省、珠三角地区、非珠三角地区的累计有效注册商标数量分别为 504704 件、390621 件和 114083 件。珠三角地区的商标数量占广东省的 77.4%，是非珠三角地区有效商标数量的 3.4 倍。可以看出，珠三角地区是广东省品牌建立的主要起源区域。

以品牌化高级水平指标衡量，汇总处于认定有效期（2007—2009）内的广东省名牌产品数据，结果是，广东省、珠三角地区、非珠三角地区拥有广东省名牌数量分别为 1099 个、809 个和 290 个，珠三角地区的广东名牌数量占广东省的 73.6%，是非珠三角地区广东名牌数量的 2.8 倍。可以看出，珠三角地区也是广东省名

---

① 广东红盾信息网：http：//www.gdgs.gov.cn/guifanxingwenjian/tj – bb/2009 – 1.htm。

牌的主要汇集区域。

　　分地区来看，以品牌化初级水平指标衡量，广州、深圳、珠海、佛山、江门、东莞、中山、惠州、肇庆九市拥有的累计有效商标数量分别为 132874 件、96257 件、12043 件、56701 件、13314 件、31061 件、32705 件、11296 件、4370 件，各占珠三角地区总体的 34.0%、24.6%、3.1%、14.5%、3.4%、8.0%、8.4%、2.9% 和 1.1%，各占广东省总体的 26.3%、19.1%、2.4%、11.2%、2.6%、6.2%、6.5%、2.2% 和 0.9%。广州、深圳和佛山是珠三角地区品牌建立的重点起源地。

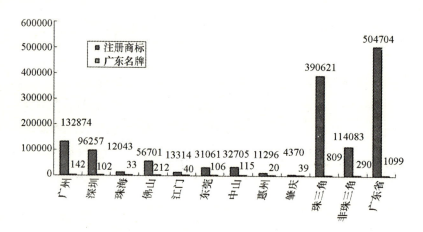

图 3-1　珠三角地区品牌数量与地区分布

　　分地区来看，以品牌化高级水平指标衡量，广州、深圳、珠海、佛山、江门、东莞、中山、惠州、肇庆九市拥有的广东名牌数量分别为 142 个、102 个、33 个、212 个、40 个、106 个、115 个、20 个和 39 个，各占珠三角地区总体的 17.6%、12.6%、4.1%、26.2%、4.9%、13.1%、14.2%、2.5% 和 4.8%，广东省总体的 12.9%、9.3%、3.0%、19.3%、3.6%、9.6%、10.5%、1.8%

和 3.5%。广州、深圳、佛山、中山、东莞是珠三角地区名牌的主要汇聚地。其中，佛山在珠三角地区拥有的广东名牌数量居于首位，并远高于作为名牌会聚地的广州、深圳、中山和东莞。从绝对水平来看，佛山在品牌化发展上走在了珠三角乃至广东省的前列。

### （二）品牌化水平

为了分析珠三角地区品牌化发展水平，本研究根据第二章的相关概念定义建立品牌化初级化水平和高级化水平指标来进行衡量。

1. 品牌化初级水平

品牌化初级水平化是指企业具有了基本的品牌意识，并在品牌建立上投入了初步的行动努力。在此以企业是否注册商标来衡量。因此，一个地区的品牌发展的初级水平就是具有商标的企业在所有企业中所占比重。计算公式如下：

品牌化初级水平＝拥有有效注册商标的企业÷地区企业数量

（1）

但在目前政府主管部门发布的统计信息中，缺乏地区的分企业商标注册数据，但各地区的商标数据是可得的。考虑到此，建立公式（2）如下：

品牌化初级水平＝地区商标有效注册数量÷地区企业数量

（2）

但应用公式（2）时可能存在高估的问题。在营销现实中，一些企业为了保护商标被第三者在其他产品上使用，可能将同一个商标用于注册不同类别的产品，每注册一个类别，此时就被认定为 1 件。企业还在可能根据自己的目标或偏好采用多品牌战略，这样一家企业可能注册了一个以上的商标。尽管如此，在缺乏分企业的商标数据统计的情况下，使用公式（2）评估地区的品牌化初级水平具有一定的有效性。首先，中国企业，包括珠三角地区企业，更倾向采用单一品牌策略。根据现有研究，企业采取多品牌还是单一品牌的战略模式，与企业所在地区的历史传统和亚文化特征有关。中国、日本、韩国的企业，更倾向采用单一品牌策略，而美国企业，更倾向采用多品牌企业（黄胜兵、卢泰宏，2000）。因此，公式（2）计算结果的高估水平可能是不强的。其次，有限的高估倾向不影响地区之间的比较。无论是企业将同一商标在不同产品类别上进行保护性注册，还是采取多品牌或单一品牌战略，虽然受到消费者、市场结构、产品类别的影响，但在进行总体分析时，在同一亚文化地区内部，这些因素都可看作是随机性地对单个企业发生影响。因此，在同一亚文化地区，其总体的选择结果更可能是相近的。根据这一分析，在此假定，在中国，包括珠三角地区，各地企业将商标在多个产品类别上注册的行为，或者是采取多品牌还是单一品牌战略的行为，具体来说，就是企业注册拥有一个商标还是多个商标的总体结果，并不存在明显的地区差别。因此，即使公式（2）存在高估时，各地区的高估倾向是一致的。当进行地区之间的比较时，其结果差别仍可较好地反映地区之间的品牌化发展的差异。

根据公式（2）计算的结果如图 3 - 2 所示。

从总体结果上看，广东省、珠三角、非珠三角地区的品牌化初级水平值分别为 0.50、0.47 和 0.64，珠三角地区的品牌化初级水平值比非珠三角地区低 26.6%。

在珠三角地区内部进行比较，按品牌化初级水平可分为四类地区。很高的品牌化初级水平地区，它是中山市，其值达到 0.96。较高的品牌化初级水平地区，它们是广州和佛山，其值分别达到 0.64、0.56。中等品牌化地区，它们是江门、东莞和深圳，其值达到 0.41、0.36、0.35。较低的品牌化初级水平地区，它们是珠海、惠州和肇庆，其值分别是 0.28、0.27、0.26。

上述结果反映了，珠三角地区尚有过半的企业没有自己的商标，即过半企业尚没有基本的品牌意识和品牌建立行动，而且这一比重较高于非珠三角地区。究其原因，是因为珠三角作为主要的中国制造区域存在大量的 OEM 企业。它们的出现及发展在很大程度上是由跨国公司的生产外包需求所决定的（张杰、刘志彪，2007），因此必须正视非品牌化经营的代工企业占多数以及它们采取 OEM 市场战略模式的现实。尽管政府在努力推动代工企业的升级，且将推动它们从 OEM 市场模式转向 OBM 市场模式作为主要的升级方向，但在珠三角地区过半企业仍未从事初级品牌化的现实下，以推动由代工企业为主体构成的珠三角地区企业的升级作为自主品牌建立的主要策略，总体上需要进行全面的评估。

另一方面，珠三角地区要大力推进自主品牌建立，必须思考各地和不同企业品牌发展基础的差异，进一步考虑品牌建立的不同策略问题。就各市而言，在品牌化初级水平高或较高的地区，其企业已较普遍具有品牌化意识和采取了初步的品牌化行动，而且，这些地区的多数企业更可能是采取或兼具有品牌化市场战略而非单纯代工的企业。因此，这些地区在品牌建立上具有普遍性的现实基础，其下一步任务是通过品牌发展获得品牌成长。对品牌化初级水平较低的地区，如上述分析，其企业而不太普遍具有品牌化意识，也未采取初步的品牌化行动，而且，这些地区的多数企业更可能是采取 OEM 市场战略模式的代工企业。因此，这些地区在品牌建立上并不具有普遍性的现实基础。在这一情况下，这些地区的品牌建立，必须对采取品牌化和 OEM 市场战略模式的企业区别对待。同时，在多数企业采取 OEM 市场战略且存在代工市场需求的情形下，通过外在的因素如政府推动其业务转型是不是有效尚值得进一步研究。

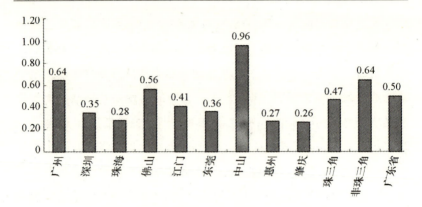

图 3 - 2　珠三角地区品牌发展的初级化水平衡量

### 2. 品牌化高级水平

品牌化高级水平是指企业在初级品牌化的基础上，为品牌发展从事了各种营销活动，并使其品牌在同类产品中具有较高的知名度和市场表现水平。本研究以珠三角地区企业获得广东名牌的认定结果作为品牌化高级水平的测量标准。一个地区的品牌化高级水平就是该地区广东名牌数量占其有效注册商标量的比重。计算公式如下：

品牌化高级水平 = 地区广东名牌数量 ÷ 地区有效商标注册数量

(3)

公式（3）的直观含义是，在珠三角地区的所有品牌（以商标表示）中，发展为地区性著名品牌所占比重。一个地区的该比例值越高，表明品牌化高级水平越高。值得指出的是，目前在自主品牌讨论和媒体的报道上，往往以一个国家或地区进入全球或全国性的品牌排行榜的品牌数量作为一个国家或地区品牌发展的标志。这一做法在比较国家之间的品牌发展时可能有效。但是，在进行珠三角地区的品牌发展分析时这可能不是一个好的选择。理由是，珠三角地区虽然是中国经济增长的核心地区，但仍属于成长市场，多数品牌是处于成长中的地方品牌而非国家品牌乃至国际品牌，而这些排行榜只纳入少数拔尖的品牌。因此，现有的各种全球或国内的排行榜虽然罗列了顶级品牌，但由于未纳入作为多数的地方品牌，故并不能提供考察一个具体地区的品牌发展的充分信息。这是本研究选择广东名牌认定结果而非全球或全国品牌排行榜作为品牌化高级水平测量的考虑。根据公式（3）得到的计算结果如图3－3所示。

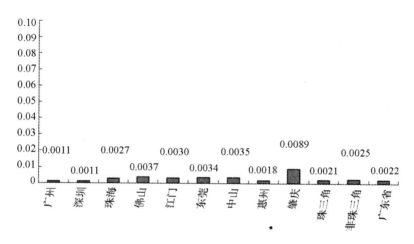

图3－3 珠三角地区品牌发展的高级化水平衡量

从总体结果上看，广东省、珠三角、非珠三角地区的品牌化高级水平值过低，分别为0.0022、0.0021和0.0025，即在10000件注册商标中，只有20个左右的商标发展为广东名牌。与上面分析的品牌化初级水平情形相似，珠三角地区的品牌化高级水平值也比非珠三角地区低16.0%。

在珠三角地区内部进行比较，按品牌化高级水平值的相对差异，仍可分为四类地区。很高的品牌化高级水平地区，它是肇庆，其值达到0.0089。较高的品牌化高级水平地区，它们是佛山、中山和东莞，其值分别达到0.0037、0.0035、0.0034。中等品牌化高级水平地区，它们是江门和珠海，其值达到0.0030、0.0027。

较低的品牌化高级水平地区，它们是惠州、广州和深圳，其值分别是 0.0018、0.0011、0.0011。

上述分析的结果表明，在总体上，珠三角地区尽管在品牌化的绝对量上具有明显优势，但在初级和高级品牌化水平上均低于非珠三角地区。它表明，在现有的企业中，珠三角地区企业建立品牌的行动不如非珠三角地区普遍，在从事品牌化的企业中，品牌的成长的状况也不如非珠三角地区。因此，在珠三角地区，分析企业品牌建立的现实基础和特定影响因素，在此基础上制定确定企业品牌建立的战略是需要重视的战略性问题。

从珠三角地区内部来看，各市之间的品牌高级化水平存在一定差异。结合品牌化初级水平值来看，在某些市，如中山、佛山和东莞，品牌化的初级水平值与高级水平值均较高。或者如惠州，品牌化的初级水平值较低，而高级水平值也较低。它反映了这些地区品牌发展的初级水平与高级水平存在对应性，或者说其品牌的发展水平与其基础水平是相一致的。但在一些市，其品牌发展的初级水平与高级水平的发展表现不一致。如广州、深圳，品牌化的初级水平值较高，但高级水平值相对过低。这反映，这些地区在存在较好的品牌建立基础水平的现实中，品牌发展相对落后了。这些城市中的各个行业中的企业，必须正视落后的现实，分析落后的原因，并采取相应的营销战略加速品牌成长。当地政府和行业机构需要对现有的品牌企业进行追踪，对那些潜在的领先企业需要进一步鼓励和扶持其成长。与此相对的情形是，一些地区的品牌化的初级水平值较低，但高级水平值相对高，如肇庆就是如此。它表明，尽管其整体的品牌建立基础水平并不高，但采取品牌化经营的企业，其品牌发展较快。因此，在经济不太发达地区，尽管经济整体规模和发展水平相对较低，企业数量也有限，但并不意味着品牌发展一定落后。从这点来看，在成长性市场中，自主品牌建立与经济发展水平，并

不简单地存在对应关系。需要破除经济发展水平决定品牌发展的经
验性观点。

　　为了进一步比较各地区的品牌化水平的差异，下面将品牌化初
级化水平值和高级水平值在一张图中显示，两者的差距反映了品牌
化程度的不均衡性，结果如图 3－4 所示。它更清楚地呈现了珠三
角地区各市品牌化的初、高级水平以及两者之间的比较。

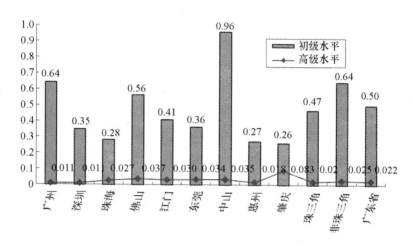

图 3－4　珠三角地区各市品牌化的初、高级水平比较

### 三　品牌发展的行业结构分析

　　品牌发展的行业分析旨在描述珠三角地区品牌发展的行业轮廓和
结构，具体从品牌的行业分布、行业覆盖、品牌化优势行业等方面进
行描述。受数据来源的限制，这里仅以广东名牌数据，从品牌化高级
水平上来分析珠三角地区的品牌行业分布。具体结果见表 3－1。

　　1. 总体的行业分布

　　从表 3－1 可发现，珠三角地区的品牌发展在行业上呈现较大差
异。相对而言，广东名牌数量众多的行业主要是传统制造业，它们是

电器制造（113 个）和建材行业（103 个）。广东名牌数量较多的行业
是电子信息（79 个）、轻工（76 个）、机械产品（65 个）和纺织服装
行业（65 个），上述行业除电子信息业外，其余也属于传统制造业。
广东名牌数量较少的行业是石化（46 个）、家具（43 个）、电工（38
个）、日化（35 个）、食品饮料（24 个）、森工（23 个）、汽车摩托车
（20 个）和珠宝玉石（20 个）等行业，广东名牌数量稀少的行业是有
色金属（17 个）、医疗器械（19 个）、钢铁（10 个）、文体（8 个）、
五金（5 个）等行业。广东名牌数量较少和稀少的行业，既涉及传统
产业，也包括了政府优先支持发展的现代装备和先进制造业。总体上，
上述结果不但描述了珠三角地区品牌的产业分布状况，而且在一定程
度上反映了不同产业在市场中的品牌化程度。

表 3 - 1　　　　　　　珠三角地区广东名牌的行业分布

| | 广州 | 深圳 | 珠海 | 佛山 | 江门 | 东莞 | 中山 | 惠州 | 肇庆 | 珠三角 | 非珠三角 | 广东省 |
|---|---|---|---|---|---|---|---|---|---|---|---|---|
| 食品饮料 | 5 | 2 | 1 | 4 | 1 | 4 | 6 | 0 | 1 | 24 | 5 | 29 |
| 汽车摩托车 | 9 | 1 | 1 | 2 | 1 | 3 | 0 | 0 | 3 | 20 | 10 | 30 |
| 电器制造 | 11 | 6 | 5 | 42 | 3 | 9 | 24 | 9 | 4 | 113 | 24 | 137 |
| 机械产品 | 10 | 10 | 4 | 21 | 2 | 11 | 4 | 0 | 3 | 65 | 20 | 85 |
| 电子信息 | 11 | 27 | 9 | 3 | 2 | 14 | 6 | 3 | 4 | 79 | 12 | 91 |
| 电工 | 10 | 7 | 2 | 9 | 0 | 7 | 1 | 0 | 2 | 38 | 12 | 50 |
| 建材 | 10 | 3 | 0 | 68 | 3 | 6 | 9 | 0 | 4 | 103 | 25 | 128 |
| 纺织服装 | 3 | 5 | 1 | 14 | 8 | 15 | 12 | 3 | 4 | 65 | 33 | 98 |
| 轻工 | 15 | 6 | 3 | 13 | 2 | 7 | 25 | 4 | 1 | 76 | 66 | 142 |
| 日化 | 22 | 1 | 0 | 1 | 0 | 0 | 11 | 0 | 0 | 35 | 11 | 46 |
| 五金 | 0 | 0 | 0 | 0 | 1 | 1 | 2 | 0 | 1 | 5 | 18 | 23 |
| 石化 | 8 | 3 | 3 | 17 | 8 | 4 | 1 | 0 | 2 | 46 | 14 | 60 |
| 森工 | 2 | 1 | 2 | 2 | 3 | 4 | 3 | 0 | 4 | 23 | 7 | 30 |
| 家具 | 4 | 3 | 0 | 8 | 2 | 15 | 9 | 0 | 2 | 43 | 4 | 47 |
| 有色金属 | 3 | 1 | 1 | 5 | 2 | 1 | 0 | 1 | 3 | 17 | 12 | 29 |

| | 广州 | 深圳 | 珠海 | 佛山 | 江门 | 东莞 | 中山 | 惠州 | 肇庆 | 珠三角 | 非珠三角 | 广东省 |
|---|---|---|---|---|---|---|---|---|---|---|---|---|
| 钢铁 | 7 | 1 | 0 | 1 | 0 | 0 | 1 | 0 | 0 | 10 | 10 | 20 |
| 医疗器械 | 8 | 6 | 1 | 1 | 1 | 1 | 0 | 0 | 1 | 19 | 5 | 24 |
| 文体 | 4 | 2 | 0 | 0 | 0 | 0 | 1 | 0 | 1 | 8 | 1 | 9 |
| 珠宝玉石 | 0 | 17 | 0 | 1 | 0 | 2 | 0 | 0 | 0 | 20 | 0 | 20 |
| 橡胶 | 0 | 0 | 0 | 0 | 0 | 0 | 0 | 0 | 0 | 0 | 1 | 1 |
| 合计 | 142 | 102 | 33 | 212 | 40 | 106 | 115 | 20 | 39 | 809 | 290 | 1099 |

## 2. 行业覆盖

行业覆盖从品牌覆盖宽度和品牌覆盖深度两方面来衡量。品牌覆盖宽度定义为各市建立品牌行业占全省所有开展认定广东名牌行业的比重。它反映了一个地区品牌发展所涉及的行业范围；品牌覆盖深度定义为各市在其建立品牌的行业上拥有广东名牌的平均数量，它从总体上反映了一个地区在其所有的品牌化行业中的品牌平均集聚水平。[①]

在品牌化的行业覆盖宽度方面，如图 3 - 5 显示，在广东省从事名牌产品认定的行业中，珠三角、非珠三角地区的品牌化的行业覆盖宽度较宽，其值分别为 95%、95%，即在既有的 20 个行业中，各在其中的 19 个行业都具有广东名牌。与上面分析的品牌化水平情形略有不同的是，珠三角地区的品牌化行业覆盖宽度与非珠三角地区没有差别。

---

① 在品牌化的产品市场上，总体上来看，市场的发展趋势呈现无品牌、较多品牌（品牌较分散）到较少品牌（出现品牌集中现象，即品牌数量减少，少数品牌占据市场的多数甚至大多数市场份额）。因此，品牌覆盖指标对品牌化水平的描述，在不同发展水平的市场中具有不同的含义。在成熟市场，品牌覆盖可能是下降的，它意味着品牌垄断性程度的增加。在新兴市场，品牌覆盖水平总体是上升的，它意味着品牌的发展程度在提高。正因为如此，考虑到中国作为新兴市场，许多产品类别的市场仍在发展中，使用品牌覆盖指标来体现其发展时期的品牌化水平。

在珠三角地区内部进行比较，按品牌化的行业覆盖宽度值的相对差异，可分为三类地区。很高的品牌化行业覆盖地区，它们是深圳、广州、佛山、东莞，其值分别达到 90%、85%、85% 和 80%。较高的品牌化行业覆盖地区，它们是中山、江门和珠海，其值分别是 75%、70% 和 60%。较低的品牌化行业覆盖地区，它是惠州，其值只有 25%。

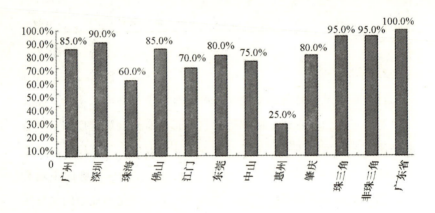

图 3-5　珠三角地区各市品牌化的行业覆盖范围

在品牌化的行业覆盖深度方面，如图 3-6 显示，在广东省从事名牌产品认定的行业中，广东省、珠三角、非珠三角地区的品牌化行业覆盖深度值分别为 55.0、42.6 和 15.3。它表明，珠三角地区和非珠三角地区在已具有广东名牌的行业中，每个行业拥有的广东名牌平均数量有巨大的差异。结合上面的品牌化水平分析来看，尽管珠三角地区在初级化、高级化品牌水平的相对值上低于非珠三角地区，但在品牌化的行业中，珠三角地区仍具有较高的绝对量优势。

在珠三角地区内部进行比较，按品牌化的行业覆盖深度值的相对差异，可分为三类地区。很高的品牌化行业覆盖深度地区，它是佛山，其值达到 12.5。较高的品牌化行业覆盖深度地区，它们是广州、中山、东莞和深圳，其值分别达到 8.4、7.7、6.6 和 5.7。

较低的品牌化行业覆盖深度地区，它们是惠州、江门、珠海和肇庆，其值分别只有4.0、2.9、2.8和2.4。

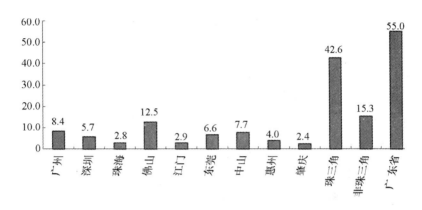

图3-6　珠三角地区各市品牌化的行业覆盖深度

### 3. 品牌化的集聚行业

品牌化的集聚行业从一般性上反映了一个地区具有的品牌化的行业优势。近年来，产业集群成为企业发展和品牌建立的重要载体。由于集群内大型企业的带动作用以及集群形成的品牌效应，进一步带动了区域经济的快速发展（梅述恩等，2006；毛蕴诗、吴瑶，2009）。在珠三角地区，产业集群现象非常明显，形成了家电、IT以及陶瓷、服装、纺织、玩具等为代表的产业集群（陈利华、吴添祖，2005；毛艳华，2009）。就品牌化而言，当一个地区出现集聚乃至集群性的品牌化行业时，该地区更具有行业性的品牌化优势。因此，有必要分析品牌化的集聚水平。

品牌化的集聚行业定义为，某个地区在一般性行业，在这里定义为一半以上地区进入的行业中，相对拥有较多的品牌数量的那些行业。在这里不考虑每个广东名牌所拥有的行业市场规模和其品牌特征的差异，以珠三角地区有5个市进入，一个地区在其中具有5

个以上广东名牌的行业作为判断的标准。它反映了一个地区在哪些行业已进入品牌化快速发展阶段，甚至形成了品牌化集群。① 作为珠三角地区广东名牌会集地的广州、深圳、佛山、东莞、中山五市，不但广东名牌的行业分布比较广泛，而且各自出现了品牌数量相对集聚的行业。广州的广东名牌集聚行业分布在日化（22个）、轻工（15个）、电器制造（11个）、电子信息（11个）、机械产品（10个）、电工（10个）、建材（10个）、汽车摩托车（9个）、石化（8个）、医疗器械（8个）等行业。上述行业少数涉及先进制造、装备产业，但多数属于传统产业，其中日化行业相对更为突出。深圳的广东名牌集聚行业主要在电子信息行业（27个），其次是机械产品行业（10个），再次是电工（7个）、医疗器械（6个）、轻工（6个）和电器制造（6个），显然，高新技术行业的品牌集聚是深圳市品牌化发展的一个重要特征。佛山的广东名牌集聚行业基本分布在传统产业上，它们是建材行业（68个）和电器制造行业（42个），其次是机械产品（21个）、石化（17个）、纺织服装（14个）和轻工行业（13个），再次是电工（9）和家具行业（8）。其中建材和电器制造行业的广东名牌集聚程度较高，在一定程度上反映了这两个行业已成为该市品牌化的产业集群地。东莞的广东名牌集聚行业分布主要在传统产业上，其次才是高新技术等行业。它们具体是纺织服装（15个）、家具（15个）、电子信息（14个）和机械产品（10个）、电器制造（9个）、电工（7个）、轻工（7个）、建材（6个）、森工（6个）等行业。相对上述各市而言，虽然东莞这些行业的品牌集聚度还不是太高，但考虑到该市多数企业采用OEM业务模式的状况，这些行业将成为其转向品牌化市场模式的主要突破口。中山的名牌集聚在行业分布上是轻工

---

① 本书定义集聚为一个地区某个行业的品牌集中水平，当达到较高程度时，形成集群。

（25 个）、电器制造（24 个）、纺织服装（12 个）、日化（11 个）、家具（9 个）、建材（9 个）、食品饮料（6 个）和电子信息（6 个）行业，基本上属于传统产业。

相对而言，珠海、江门两市广东名牌的数量较少，而且没有形成多个品牌化发展的集聚行业。例如，珠海的品牌集聚行业只有电子信息（9 个），江门的品牌集聚行业只有纺织服装（8 个）和石化（8 个）。而惠州、肇庆两市不但广东名牌的数量较少，而且没有形成品牌化发展的集聚行业。尽管这些地区能发展出全国闻名的品牌，如惠州的 TCL，但在行业的品牌化集群方面，这些地区显得相对落后。

为了更直观地描述珠三角地区品牌的行业分布，采用多维对应分析方法（multiple correspondence analysis）分析作图。结果如图 3－7 所示。该图以直观方式呈现了珠三角地区各市广东名牌发展的行业分布。在相对水平上，从各市图标为参照点，与其距离最近

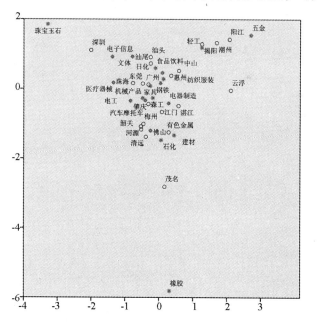

图 3－7　珠三角地区品牌发展的行业分布——多重对应分析结果

的那些行业就其广东名牌相对集聚的行业。

    4. 品牌化的利基行业

    品牌化的集聚行业分析描述了珠三角地区各市在一般性行业品牌化中的市场进入和占据优势。但是，品牌化的集聚行业分析并不能反映那些为少数地区企业所进入的特色行业，即利基行业的品牌化发展状况，包括那些远离中心大都市、经济发展水平相对较低和现代产业结构发育较慢地区的品牌发展特征。这些地区进入一般性行业的能力和机会较低。但它们往往具有不为多数地区所拥有的独特性品牌化资源。在这些特色行业，品牌的总数量可能不多，但仍能拥有表现突出的利基性品牌。这体现了该地区企业从事品牌化发展的优势。因此，仅仅进行品牌化的集聚行业分析并不能全面描述珠三角各地品牌化发展的行业优势，还有必要结合品牌化的利基行业进行互补性分析。

    所谓品牌化的利基行业，就是被少数企业进入并从事利基营销（niche marketing）的行业（Kotler 和 Keller，2006）。在这里将其操作性定义为，低于一半的地区，即在珠三角地区只有四个及以下的市进入且从事品牌化的行业中，一个地区在广东名牌数量上占有相对优势的那些行业。分析发现，在珠三角地区，品牌化的利基行业是五金、文体和珠宝玉石行业。在五金行业，只有中山、江门、东莞和肇庆拥有广东名牌，其数量分别为 2 个、1 个、1 个和 1 个。在文体行业，只有广州、深圳、中山和肇庆拥有广东名牌，其数量分别为 4 个、2 个、1 个和 1 个。在珠宝玉石行业，只有深圳、东莞和佛山拥有广东名牌，其数量分别为 17 个、2 个和 1 个。上述结果表明，广州、深圳、佛山、东莞、中山等在一般性行业具有多个高品牌集聚行业的市，在利基行业也有品牌发展的优势。另外，肇庆、江门市在一般性行业虽没有品牌集聚优势，但在利基行业仍可与其他城市的品牌并立发展。

# 四 与省内非珠三角地区的比较

在品牌数量和品牌化水平方面，前面的分析比较了珠三角地区与省内非珠三角地区（以下简称非珠三角地区）的品牌发展差异。其结果表明，无论在初级水平还是高级水平，从绝对量看，珠三角地区在品牌数量上（有效注册商标数量和广东名牌）较高于非珠三角地区。但在相对量方面，珠三角地区的品牌化初级水平和高级水平却落后于非珠三角地区。在行业分布方面，珠三角地区与非珠三角地区在品牌化行业覆盖宽度上没有差别，但由于珠三角地区在广东名牌的绝对数量方面拥有明显优势，使得在品牌化的行业覆盖深度方面，即每个行业拥有的广东名牌平均数量上，珠三角地区高于非珠三角地区。

下面进一步分析珠三角地区与非珠三角地区品牌发展的行业分布差异。考虑到数据的可得性问题，只比较处于高级水平的品牌行业分布，即广东名牌的行业分布差异。具体结果如图3-8所示。

可以发现，在现有的行业中，除五金、钢铁行业外，珠三角地区的广东名牌数量高于非珠三角地区。其中，分布数量差距最大的行业是作为传统产业的电器制造、建材和高技术产业的电子信息，珠三角地区的广东名牌数量要比非珠三角地区分别多89个、78个和67个。其次是机械产品、家具、纺织服装和石化，珠三角地区比非珠三角地区分别多45个、39个、32个和32个。再次是电工、食品饮料、汽车摩托车、轻工、日化、森工、有色金属、医疗器械、文体和珠宝玉石等行业，珠三角的广东名牌数量比非珠三角地区多5—26个。在五金行业，非珠三角地区的广东名牌数量远高于珠三角地区，前者比后者多13个。在钢铁行业，两者的数量相同。

珠三角地区与非珠三角地区在品牌数量分布上的差异，主要是由两者的产业结构及其企业集群的现实基础所决定。尤其是那些差异较大的行业，如电器制造、建材等行业。但是，这并不意味着珠三角地区在品牌建立上具有必然优势。尽管非珠三角地区在绝大多数行业的品牌数量上低于珠三角地区，但一个行业能否发展出著名品牌，主要取决于企业本身的营销战略和策略。从前面分析的发现看，珠三角地区在品牌化相对水平上已落后于非珠江三角地区。再具体到企业水平来看，珠三角地区的各个企业在品牌建立发展上，也不一定必然地比非珠三角地区的同类企业具有优势。因此，珠三角地区各家企业在其从事的行业中建立品牌，仍然需要投入更大的努力。

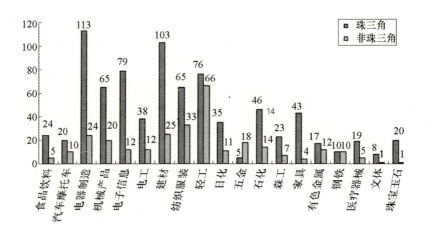

图 3 - 8　珠三角与非珠三角地区广东名牌的行业分布

# 五　小结

本章利用多来源数据，通过建立品牌化测量的相关指标，对珠三角地区的品牌建立状况进行了描述性分析。从绝对量上看，珠三角地区是广东省从事自主品牌建立的主要区域，在作为衡量品牌化初级、高级水平的商标、广东名牌数量上，其数量分别占广东省的

77.4%和73.6%，且近年的增长速度较快。在分布上，行业覆盖较宽，且电器制造、建材、电子信息、轻工、机械产品和纺织服装行业成为自主品牌发展的主要行业，它们主要属于传统产业。广州、深圳、佛山、东莞、中山等地区形成了较宽的品牌化行业覆盖，同时形成了各自品牌化集聚行业，尤其是广州和深圳两市，除了在传统产业上具有较高的品牌集聚外，在先进制造业、高新技术业和现代装备业上也开始出现品牌化集聚。而江门、肇庆等少数市虽然在一般性行业的品牌化水平上逊于其他地区，但在利基行业的品牌化上呈现出优势。但与经济发展相比，珠三角地区的自主品牌发展水平相对落后。其有效商标注册数量和广东名牌数量占全省的比例值，仍低于其 GDP 占全省的比例值，在品牌化高级水平表现上尤甚。从相对水平衡量，无论是在初级水平还是高级水平上，它均低于非珠三角地区。就品牌化初级水平过低而言，其主要原因是珠三角地区存在大量的代工企业。就品牌化高级水平过低而言，珠三角地区从事品牌化经营企业的品牌化能力和成效相对不足。它表明，珠三角地区自主品牌现状与其建立强大品牌的目标尚有一定距离。要实现建立领导品牌的目标，不但需要创造现实条件，而且更要思考和选择品牌建立的战略问题。同时，珠三角地区的自主品牌建立具有自己的现实特点，尤其是在品牌建立中如何分析和确定代工企业的市场战略是需要解决的重要问题。

## 参考文献

［1］Aaker, D. A. (1996), Building Strong Brands, NY: Free Press.

［2］Doyle, Peter H. (1990), "Building Successful Brands: The Strategic Options," *Journal of Consumer Marketing*, Vol. 7, No. 2, Spring: pp. 5 – 20.

［3］Keller, Kevin Lane (1993), "Conceptualizing, Measuring and Managing Customer – Based Brand Equity," *Journal of Marketing*, Vol. 57, Issue 1, pp. 1 – 22.

[4] Keller, Kevin Lane（2008）, Strategic Brand Management, NJ: Pearson Education LTD.

[5] Kotler, Philip; and Kevin Lane Keller（2009）, Marketing Management, NJ: Prentice Hall.

[6] 蔡国田、陈忠暖：《新时期广州"老字号"的困境与发展探讨》，《云南地理环境研究》2004年第1期。

[7] 陈湘青：《珠三角N市企业品牌创建存在问题及原因分析》，《江苏商论》2004年第8期。

[8] 冯邦彦、王鹤：《企业集群生成机理模型初探——兼论珠江三角洲地区企业集群的形成》，《生产力研究》2004年第6期。

[9] 胡军、陶锋、陈建林：《珠三角OEM企业持续成长的路径选择——基于全球价值链外包体系的视角》，《中国工业经济》2005年第8期。

[10] 黄胜兵：《品牌战略结构的选择》，《公司品牌与独立品牌》，《中国流通经济》2000年第4期。

[11] 金碚：《中国产业发展的道路和战略选择》，《中国工业经济》2004年第7期。

[12] 《中国珠江三角洲地区产业集聚和企业间联动》课题组：《当年的9000个品牌哪去了》，《经济研究资料》2001年第10期；转引自刘明珍《中国企业自主知识产权和知名品牌发展研究》，《中国软科学》2006年第3期。

[13] 雷鸣、袁记：《广东中小企业营销困境与对策建议》，《江苏商论》2007年第4期。

[14] 黎友焕、黎友隆：《如何提升珠三角企业自主创新能力》，《商业时代》2007年第6期。

[15] 李惠武：《珠江三角洲必须走自主创新之路》，《广东科技》2005年第10期。

[16] 林炜双：《整合传播——广东服装品牌突破之路》，《广东科技》2010年第7期。

[17] 刘明珍：《中国企业自主知识产权和知名品牌发展研究》，《中国软

科学》2006 年第 3 期。

　　[18] 刘志彪：《全球化背景下中国制造业升级的路径与品牌战略》，《财经问题研究》2005 年 5 期。

　　[19] 卢泰宏、谢彪、罗淑玲、梁志红：《我国自创品牌的进展与展望》，《中国大学学报》（社会科学版）1996 年第 3 期。

　　[20] 毛蕴诗、李田、吴斯丹：《从广东实践看我国产业的转型、升级》，《经济与管理研究》2008 年第 7 期。

　　[21] 梅述恩、聂鸣、黄永明：《区域品牌的全球价值链中的企业集群升级——以广东东莞大朗毛织企业集群为例》，《经济管理》2006 年第 13 期。

　　[22] 孙章伟：《长三角与珠三角大企业"集团"比较研究——以苏州、无锡、宁波和佛山、东莞、中山为例的分析》，《广东经济》2009 年第 6 期。

　　[23] 汪涛：《影响中国企业自主品牌决策的因素分析》，《中国软科学》2006 年第 10 期。

　　[24] 张杰、刘志彪：《需求因素与全球价值链形成——兼论发展中国家的"结构封锁型"障碍与突破》，《财贸研究》2007 年第 6 期。

　　[25] 张宁：《"广东制造"的新生——看广东家电行业的品牌生态圈效应》，《大市场·广告导报》2006 年第 11 期。

　　[26] 中华人民共和国商务部：《中国品牌发展报告（2007）》，北京大学出版社 2008 年版。

　　[27] 《中国珠江三角洲地区产业集聚和企业间联动》课题组：《后危机时代的企业集聚与创新——来自珠三角企业的调查报告》，《南方经济》2010 年第 3 期。

　　[28] 周超：《广东乐百氏集团有限公司的营销策略》，《商业经济与管理》2004 年第 1 期。

　　[29] 朱钟棣、罗海梅、李小平：《中国 OEM 厂商的升级之路》，《南开大学学报》（哲学社会科学版）2006 年第 5 期。

　　[30] 祝合良、王平：《中国品牌发展的现状、问题与对策》，《经济与管理研究》2007 年第 8 期。

　　[31] 陈利华、吴添祖：《从产业集群角度比较珠江、长江三角洲的优

势》,《南方经济》2005 年第 5 期。

　　[32] 毛艳华:《珠三角产业集群成长与区域经济一体化》,《学术研究》2009 年第 8 期。

# 第四章

## 珠三角、长三角地区自主品牌现状的比较分析

### 一 引言

珠三角地区和长三角地区作为全国重要的两个经济中心区域，不但在发展速度和活跃程度上居于全国前列，而且是中国和世界制造业的重要基地，并在许多传统、高新产业的发展上处于领先地位。它们在全国经济社会发展和改革开放大局中具有举足轻重的战略地位和突出的带动作用。[①] 在自主品牌建立上，珠三角、长三角地区也是全国性乃至未来全球性品牌的重要发展基地。到目前为止，关于珠三角、长三角地区的经济发展和产业建构方面已有大量的研究，但对两地自主品牌状况的比较分析却很少。在见到的个别文献中，研究者利用单一来源数据，从品牌化单一水平上对两地区的名牌现状、特点及其行业差异进行了初步的分析（陶用之，2007；卫海英、赵礼民，2005；祝合良、王平，2007），但分析结果尚欠完整，分析过程显得单薄，需要进一步发展。而且，珠三角和长三角地区正处在重要的经济和社会发

---

① 国家发展和改革委员会：《珠江三角洲地区改革发展规划纲要（2008—2020）》，http：//politics. people. com. cn/GB/1026/8644751. html；国家发展和改革委员会：《长江三角洲地区区域规划》，http：//www. china. com. cn/policy/txt/2010 - 06/22/content＿ 20320273. htm。

展的战略机遇期，自主品牌的建立也处于成长阶段。准确评估两地的自主品牌发展状况，不但可为政府部门和企业发展自主品牌提供更可靠的决策依据，而且可进一步加深对自主品牌建立战略这一重大问题的思考。因此，全面地比较珠三角和长三角地区的自主品牌发展状况非常有必要。本研究根据前面建立的品牌化相关概念定义和分析方法，采用多源数据，从品牌化水平、行业结构和市场优势等方面进行多角度、多水平的描述分析。

## 二　品牌化水平比较

### （一）品牌化初级水平比较

品牌化初级水平仍采用前面的定义和测量方式进行计算。在定义上，品牌化初级水平化是指企业具有了基本的品牌意识和品牌建立行动的努力，以企业是否注册商标来衡量。对一个地区而言，其品牌发展的初级水平就是具有商标的企业在所有企业中所占比重。使用 2008 年珠三角地区和长三角地区商标数量和企业数量的统计数据，根据前述的公式（2）进行计算。两地的有效商标注册量数据仍来自中国商标战略年度发展报告（2009）。考虑到难以完整地获得长三角地区各市工商部门发布的市场主体数据，在此采用国家统计局及广东、江苏、浙江各省统计部门在 2010 年发布的第二次全国及各省经济普查（2008）的产业活动单位数据来计算。①

---

① 本研究采用的第二次全国经济普查数据来源如下：国家统计局：http：//www. stats. gov. cn/tjfx/fxbg/t20091225＿402610155. htm；广东省统计局：www. gd. gov. cn/gdgk/gdyw/gdjjpc02. doc 2010 － 1 － 25；江苏省统计局：http：//www. jssb. gov. cn/jstj/tjsj/pcsj/；浙江省统计局：www. zhejiang. gov. cn/gb/zjnew/.. . /userobject9ai12669. html。

根据公式（2）的计算，从总体结果上看，全国、珠三角、长三角地区的品牌化初级水平值，即拥有商标的企业占所有企业中的比例，分别为 0.38、0.69 和 0.39。珠三角地区的品牌化初级水平值比全国、长三角地区高出了约 81.6% 和 76.9%。具体结果如图 4－1所示。

上述结果反映了，在具有基本的品牌意识和采取品牌建立行动方面，珠三角地区企业总体上比全国和长三角地区企业显得更为普遍。

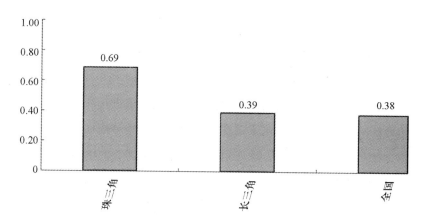

图 4－1　珠二角、长三角地区品牌发展的初级化水平衡量

### （二）品牌化高级水平比较

如第三章所述，品牌化高级水平是指企业在初级品牌化的基础上，为品牌发展从事了各种营销活动，并使其品牌在同类产品中具有较高的知名度和市场表现水平。在这里，以珠三角、长三角地区获得全国性著名品牌认定的结果作为品牌化高级水平的测量标准。考虑到中国名牌产品数据自 2007 年后就没有更新，本研究采用中国驰名商标网（www.21sb.com）公布的中国驰名商标作为品牌化

高级水平的测量。① 一个地区的品牌化高级水平就是该地区中国驰名商标数量占其有效注册商标量的比重。

　　中国驰名商标是由相关机构对"在中国为相关公众广为知晓并享有较高声誉的商标"进行认定的结果。中国驰名商标网发布的数据包括具体的认定名单以及分城市、分行业的统计结果。中国驰名商标采用行政、司法途径而非直接的市场标准进行驰名商标的认定，它在反映品牌的市场地位上不能提供结构性的数据信息，但在目前缺乏来自市场标准衡量的全国性数据的情况下，它仍可在一定程度上反映企业在注册商标后进一步建立更高表现水平的品牌的意愿和行动。这是本研究采用这一数据的主要考虑。本研究下载的数据截至 2010 年 10 月。下面从绝对水平、相对水平两方面进行分析。

　　1. 绝对水平比较

　　本研究使用全国性的品牌数量和占全国比重进行珠三角和长三角地区品牌发展的绝对水平的比较。根据中国驰名商标网发布的数据，截至 2010 年 10 月，珠三角、长三角地区拥有的中国驰名商标数量分别为 257 个、536 个，各占全国当期数量（2525 个）的 10.2%、21.2%。珠三角地区的中国驰名商标数量不足长三角地区的一半。具体结果如图 4 - 2 和图 4 - 3 所示。与经济总量相比，珠三角地区 2009 年的 GDP 为 37382 亿元，长三角地区同年 GDP 为 69838 亿元，珠三角地区当前的 GDP 略过长三角地区的一半。从绝对量上看，珠三角地区与长三角地区的品牌化高级水平与其经济发展总量的匹配水平是基本相当的。

　　但是，品牌化的绝对量比较还不足以具体描述两地品牌化发展水平的差异。下面结合相对量指标进行进一步的比较。

---

　　① 中国驰名商标数据来源：http://www.21sb.com/brand/index.aspx。

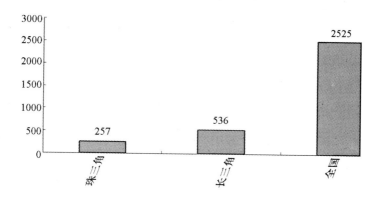

图 4-2 珠三角、长三角地区中国驰名数量

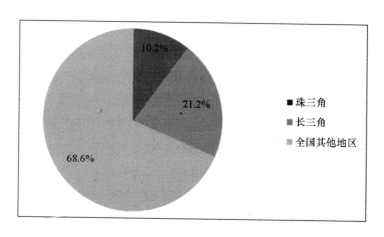

图 4-3 珠三角、长三角地区中国驰名数量占全国比重

## 2. 相对水平的比较

这里仍采用前面关于品牌化高级水平的概念定义，即品牌化高级水平是指企业在初级品牌化的基础上，为品牌发展从事了各种营销活动，并使其品牌在同类产品中具有较高的知名度和市场表现水平。只是在计算上，以珠三角和长三角地区企业的品牌获得中国驰

名商标的认定作为品牌化高级水平的测量标准。在相对水平上，一个地区的品牌化高级水平就是该地区中国驰名商标数量占其有效注册商标量的比重。根据第三章的公式（3），对计算公式调整如下：

地区品牌化高级水平 = 地区中国驰名商标数量 ÷ 地区有效商标注册数量　　　　　　　　　　　　　　　　　　　　　　　　（4）

根据公式（4）得到的结果如图 4 - 4 所示。

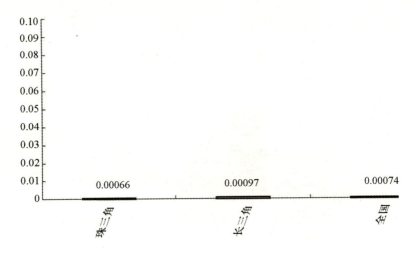

图 4 - 4　珠三角、长三角地区品牌发展的高级化水平衡量

从相对水平结果看，全国、珠三角、长三角地区的相对品牌化高级水平值，分别为 0.00074、0.00066 和 0.00097，即在 10000 个注册商标中，全国、珠三角和长三角地区分别约有 7.4 个、6.6 个、9.7 个商标发展为中国驰名商标。与上面分析的品牌化初级水平情形相反，珠三角地区的品牌化高级水平值比全国、长三角地区分别低 10.8%、32.0%。

品牌化高级水平分析的结果表明，珠三角地区的品牌发展低于全国水平，尤其是明显落后于长三角地区。结合品牌化初级水平值来看，珠三角地区品牌发展的初级水平与高级水平的发展表现不一致。它的初级水平值较高，但高级水平值相对过低。这反映珠三角地区在存在较好的品牌建立初始点的现实中，在品牌成长上相对落后了。珠三角地区的自主品牌在成长为全国性品牌上为何落后，以及如何才能追赶上长三角地区，这些问题值得珠三角地区的企业和政府决策者深思，并尽快采取有效的行动。

　　为了进一步比较两地区的品牌化水平的差异，将珠三角、长三角地区品牌化初级化水平值和高级水平值在一张图中显示，两者在品牌化初级和高级水平的差距反映了品牌化程度的不均衡性。结果如图 4 - 5 所示。

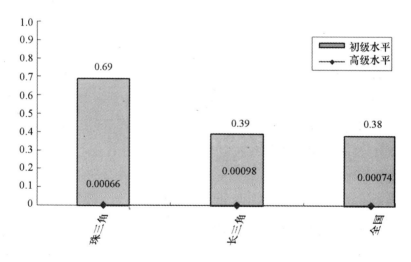

图 4 - 5　珠三角、长三角地区品牌化的初、高级水平比较

## 三　品牌发展的行业结构比较

　　品牌发展的行业分析旨在描述珠三角和长三角地区品牌发展

的行业轮廓和结构差异。具体从品牌的行业分布、行业覆盖、品牌化优势行业等方面进行比较分析。其中，行业分布、行业覆盖的宽度和深度、品牌化集聚行业的定义与第三章第一节中的相关定义是一致的，只是在具体的测量方法上进行了相应调整。

## （一）行业分布

在现行发布的结果中，中国驰名商标网将中国驰名商标覆盖的行业共划分为45个类。但它对其分类并未进行一致性的界定，有些属于行业，有些属于产品类别，而且对它们的归类具有较大的不规则性。为行文和分析方便，本研究姑且将其称为"行业"，在某些地方考虑行文需要也称为"产品类别"。

在行业分布方面，从其公布的结果看，珠三角地区的中国驰名商标分布在34个行业。长三角地区的中国驰名商标分布在39个行业。具体见表4-1。两个地区中国驰名商标最多的行业是第11类，是由照明、加温、蒸汽、烹调、冷藏、干燥、通风、供水以及卫生设备装置等组成的电器、照明等产品和设备行业。从表4-1看，两地的中国驰名商标数量在多数行业上存在很大的差异。值得注意的是，珠三角地区的服装、食品、饮料、家电等行业的产品曾经风靡全国，但除饮料行业（第32类）外，其家电（第11类）、食品（第29类）、副食品（第30类）、服装（第26类）等行业的品牌发展已落后于长三角地区。① 由于类别较多，数据初看起来显得比较芜杂，下面从行业覆盖和品牌化的优势等角度逐一进行分析。

---

① 中国驰名商标网以列举方式描述行业。某个行业的完整内容清单请参见本章附录。文中以括号标注的行业名称，是为行文简洁起见，对其行业分类内容进行了简要性概括的结果。

表 4 – 1      **珠三角、长三角地区中国驰名商标的行业分布**

| 类别 | 珠三角 | 长三角 | 类别 | 珠三角 | 长三角 |
|------|--------|--------|------|--------|--------|
| 1 | 2 | 7 | 24 | 4 | 17 |
| 2 | 26 | 13 | 25 | 9 | 55 |
| 3 | 6 | 10 | 26 | 0 | 0 |
| 4 | 0 | 2 | 27 | 1 | 1 |
| 5 | 9 | 20 | 28 | 1 | 6 |
| 6 | 14 | 23 | 29 | 3 | 6 |
| 7 | 1 | 46 | 30 | 10 | 17 |
| 8 | 0 | 4 | 31 | 0 | 4 |
| 9 | 31 | 48 | 32 | 7 | 5 |
| 10 | 1 | 2 | 33 | 1 | 10 |
| 11 | 63 | 110 | 34 | 1 | 5 |
| 12 | 3 | 22 | 35 | 0 | 2 |
| 13 | 0 | 0 | 36 | 6 | 4 |
| 14 | 15 | 6 | 37 | 1 | 5 |
| 15 | 1 | 1 | 38 | 1 | 0 |
| 16 | 5 | 10 | 39 | 1 | 5 |
| 17 | 1 | 5 | 40 | 0 | 0 |
| 18 | 1 | 2 | 41 | 0 | 2 |
| 19 | 22 | 34 | 42 | 1 | 1 |
| 20 | 4 | 10 | 43 | 2 | 5 |
| 21 | 2 | 5 | 44 | 0 | 0 |
| 22 | 0 | 1 | 45 | 0 | 0 |
| 23 | 1 | 5 | 合计 | 257 | 536 |

说明：关于类别的完整定义请参见本章附录。

## （二）行业覆盖

参照第三章的方法，仍从覆盖的宽度和深度两个指标来比较珠三角和长三角地区在此方面的差异。品牌覆盖宽度定义为珠三角、长三角两地区拥有了中国驰名商标的行业占全国所有拥有中国驰名商标行业的比重，它反映了一个地区品牌发展所涉及的行业范围。品牌覆盖深度定义为珠三角、长三角两地区在其建立品牌的行业上拥有中国驰名商标的平均数量，它从总体上反映了一个地区在其所有的品牌化行业中的品牌平均集聚水平。

珠三角地区具有中国驰名商标的行业为 34 个，覆盖宽度为
75.6%。其中，超过 5 个以上中国驰名商标的行业有 12 个，具有
2—5 个中国驰名商标的行业有 8 个，具有 1 个中国驰名商标的行
业有 14 个。长三角地区的中国驰名商标覆盖了 39 个行业，覆盖宽
度为 86.7%。具体来说，它比珠三角地区的覆盖面略宽，多了 5
个行业。其中，超过 5 个以上中国驰名商标的行业有 19 个，具有
2—5 个中国驰名商标的行业有 16 个，具有 1 个中国驰名商标的行
业有 4 个。具体如图 4-6 所示。

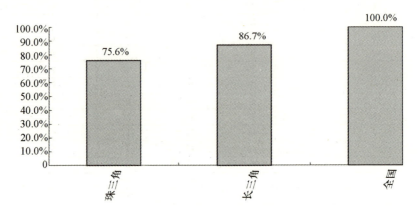

图 4-6　珠三角、长三角地区品牌化的行业覆盖范围

在覆盖深度方面，全国、珠三角、长三角地区每个行业平均具
有的中国驰名商标分别为 7.6 个、13.7、56.1 个。珠三角地区品
牌的行业覆盖深度远低于长三角地区。具体如图 4-7 所示。

在品牌的行业覆盖上，上述结果总体上反映了珠三角地区在品
牌发展所涉及的行业范围上比长三角地区略窄，各行业平均的品牌
集聚水平也比长三角地区要低。当然，以地区讨论品牌的行业覆盖
受到其地理范围大小的影响。尽管如此，该结果对于描述两地区的
品牌行业分布还是具有启发性意义的。

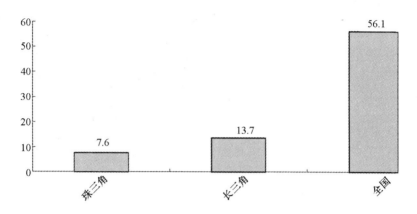

图4-7 珠三角、长三角地区品牌化的行业覆盖深度

## （三）品牌化的优势行业

### 1. 品牌化的集聚行业

如前所述，产业集群成为企业发展和品牌建立的重要载体。通过集群内大型企业的带动作用以及集群形成的品牌效应，它可进一步带动区域经济的快速发展（梅述恩等，2006；毛蕴诗、吴瑶，2009）。在珠三角和长三角地区，产业集群现象非常明显。珠三角地区形成了家电、IT以及陶瓷、服装、纺织、玩具等为代表的产业集群，长江三角洲也形成了汽车、石化、机械、电子、钢铁、纺织、服装、食品等产业集群（陈利华、吴添祖，2005；毛艳华，2009）。就品牌化而言，当一个地区出现集聚乃至集群性的品牌化行业时，该地区在相应市场上更具有品牌化优势。因此，有必要比较分析珠三角和长三角地区品牌化的集聚乃至集群行业。

品牌化的集聚行业定义为，某个地区在一般性行业，在这里定义为，在全国范围内，按中国驰名商标数量排序处于前70%，且其数量超过10个的行业中，该地区相对拥有较多的品牌数量的那些行业。在这里不考虑每个中国驰名商标所拥有的行业市场规模和其品牌特征的差异，以一个地区在其中具有 5 个以上中国驰名商标的行业作为判断的标准。它反映了一个地区在哪些行业已进入品牌化快速发展阶段，甚至形成了品牌化集群，① 从而形成品牌化的整体优势。

可以看到，珠三角地区中国驰名商标分布的集聚行业共有 12 个，它们分别是第 11 类（电器、照明等产品和设备 63 个）、第 9 类（科学应用等 31 个）、第 2 类（油漆颜色产品等 26 个）、第 19 类（非金属建材等 22 个）、第 14 类（贵重金属等 15 个）、第 6 类（金属与合金等 14 个）、第 30 类（副食品等 10 个）、第 5 类（医疗制品等 9 个）、第 25 类（服装鞋帽等 9 个）、第 32 类（饮料等 7 个）、第 3 类（洗涤、化妆等日用品 6 个）、第 36 类（金融保险等 6 个）。尽管它与广东名牌的认定标准不一致，但两者作为品牌高级化水平的度量，珠三角地区中国驰名商标的集聚行业分布与广东名牌的集聚行业分布基本相似。这再次说明珠三角地区在全省和全国水平上的品牌化优势行业的分布上具有一致性。通过上述分析发现，珠三角虽然形成了家电、IT 以及陶瓷、服装、纺织、玩具等为代表的产业集群，但它们中的一些产业，如家电、IT、陶瓷、玩具、纺织并未形成品牌化的集聚，作为闻名全国的广东服装、食品、饮料产品，其品牌化集聚水平也不太高。

长三角地区中国驰名商标分布的集聚行业共有 19 个。它们分别是第 11 类（电器、照明等产品和设备 110 个）、第 25 类（服装、鞋帽等 55 个）、第 9 类（科学应用等 48 个）、第 7 类（机器机床等 46 个）、第 19 类（非金属建材等 34 个）、第 6 类（金属与

---

① 本书定义集聚为一个地区某个行业的品牌集中水平，当达到较高程度时，形成集群。

合金等 23 个）、第 12 类（车辆等运载器 22 个）、第 5 类（医疗制品等 20 个）、第 24 类（其他布料等 17 个）、第 30 类（副食品等17 个）、第 2 类（油漆颜色产品等 13 个）、第 3 类（洗涤、化妆等日用品 10 个）、第 16 类（印刷文具等制品 10 个）、第 20 类（家具等 10 个）、第 33 类（酒类 10 个）、第 1 类（化学品等 7 个）、第 14 类（贵重金属等 6 个）、第 28 类（娱乐玩具用品等 6 个）、第 29 类（家禽、蔬菜、油等食品 6 个）。

与长三角地区相比，珠三角地区的品牌化集聚行业与它基本上是重合的，除了第 32 类（饮料等）、第 36 类（广告等）是长三角地区非集聚的品牌化行业外，珠三角地区其他 10 个品牌化的集聚行业也是长三角地区的品牌化集聚行业，它们是第 2 类（油漆颜色产品等）、第 3 类（洗涤、化妆等日用品医疗制品等）、第 5 类（医疗制品等）、第 6 类（金属与合金等）、第 9 类（科学应用等）、第 11 类（电器、照明等产品和设备）、第 14 类（贵重金属等）、第 19 类（非金属建材等）、第 25 类（服装鞋帽）、第 30 类（副食品等）。

但与珠三角相比，长三角地区除了与珠三角重合的 10 个品牌化集聚行业外，还有多达 9 个为珠三角地区未足够发展的品牌化集聚行业，它们是第 1 类（化学品等）、第 7 类（机器机床等）、第 12 类（车辆等运载器）、第 16 类（印刷文具等制品）、第 20 类（家具等）、第 24 类（其他布料等）、第 28 类（娱乐玩具用品等）、第 29 类（家禽蔬菜油等食品）、第 33 类（酒类）。具体见表 4 - 2。这一结果更加直接反映了珠三角的品牌化发展的优势行业分布不如长三角地区具有多样化和独特性。再结合后面分析发现的它在集聚行业的品牌集中度上也明显低于长三角地区的结果来看，珠三角地区的品牌化集聚水平已明显落后于长三角地区。

表 4 - 2　　　珠三角、长三角地区品牌化的集聚行业分布差异

| 类别 | 珠三角（个） | 长三角（个） | 全国（个） | 珠三角的品牌集中度（%） | 长三角的品牌集中度（%） |
|---|---|---|---|---|---|
| 1 | (2) | 7 | 122 | (1.6) | 5.7 |
| 2 | 26 | 13 | 55 | 47.3 | 23.6 |
| 3 | 6 | 10 | 53 | 11.3 | 18.9 |
| 5 | 9 | 20 | 150 | 6.0 | 13.3 |
| 6 | 14 | 23 | 135 | 10.4 | 17.0 |
| 7 | (1) | 46 | 144 | (0.7) | 31.9 |
| 9 | 31 | 48 | 183 | 16.9 | 26.2 |
| 11 | 63 | 110 | 274 | 23.0 | 40.1 |
| 12 | (3) | 22 | 115 | (2.6) | 19.1 |
| 14 | 15 | 6 | 40 | 37.5 | 15.0 |
| 16 | (5) | 10 | 35 | (14.3) | 28.6 |
| 19 | 22 | 34 | 137 | 16.1 | 24.8 |
| 20 | (4) | 10 | 45 | (8.9) | 22.2 |
| 24 | (4) | 17 | 44 | (9.1) | 38.6 |
| 25 | 9 | 55 | 239 | 3.8 | 23.0 |
| 28 | (1) | 6 | 22 | (4.5) | 27.3 |
| 29 | (3) | 6 | 106 | (2.8) | 5.7 |
| 30 | 10 | 17 | 139 | 7.2 | 12.2 |
| 32 | 7 | (5) | 41 | 17.1 | (12.2) |
| 33 | (1) | 10 | 102 | (1.0) | 9.8 |
| 36 | 6 | (4) | 22 | 27.3 | (18.2) |
| 以集聚行业计 | 242 | 479 | 2461 | 9.8 | 19.5 |

　　说明：表中加括号的数据，表示它是珠三角或长三角地区的非集聚行业。

## 2. 品牌化的利基行业

　　品牌化的集聚行业比较分析描述了珠三角、长三角地区在一般性行业品牌化中的市场进入和占据优势。但正如第三章指出的

那样，品牌化的集聚行业分析并未反映那些为某个地区少数企业所进入的特色行业，即利基行业的品牌化发展状况。在这些特色行业，全国市场中品牌的总数量可能不多，但进入的地区企业因建立利基性品牌取得该行业的市场地位优势。因此，仅仅进行品牌化的集聚行业分析并不能全面比较珠三角、长三角地区品牌化发展的行业结构，仍有必要结合品牌化的利基行业进行互补性分析。

这里仍沿用第三章的定义界定品牌化的利基行业，即它是被少数企业进入并从事营销的行业（Kotler 和 Keller，2009）。考虑到分析对象和资料的特点，在这里对其测量方法进行了适应性调整。具体是，在全国范围内，按中国驰名商标数量排序处于后 30%，且数量不超过 10 个的行业中，一个地区进入且拥有中国驰名商标的那些行业为利基行业。结果见表 4 - 3。

资料分析发现，在珠三角地区，品牌化的利基行业共有 5 个，它们分别是第 10 类（医疗设备、仪器等 1 个）、第 15 类（乐器 1 个）、第 27 类（地毯、席等 1 个）、第 37 类（房屋建筑维修等 1 个）、第 38 类（电信 1 个）。在长三角地区，品牌化的利基行业共有 6 个，它们分别是第 10 类（医疗设备、仪器等 2 个）、第 15 类（乐器 1 个）、第 22 类（缆绳网袋等制品 1 个）、第 27 类（地毯、席等 1 个）、第 37 类（房屋建筑维修等 5 个）、第 41 类（教育文体等 2 个）。两地在其中的 4 个行业是重叠的，它们是第 10 类（医疗设备、仪器等）、第 15 类（乐器）、第 27 类（地毯、席等房屋建筑维修等）、第 37 类（房屋建筑维修等）。两地在多数利基行业的品牌化上是重叠的，只在个别行业上具独特性。但长三角地区的利基行业品牌集中度要显著高于珠三角地区。从平均水平看，珠三角地区利基行业的品牌集中度为 7.8%，长三角地区为 18.8%。

上述结果表明，珠三角地区除了在一般性行业的品牌化集聚水平上低于长三角外，在利基行业的品牌化优势上也弱于后者。

表4-3    珠三角、长三角地区品牌化的利基行业分布差异

| 类别 | 珠三角（个） | 长三角（个） | 全国（个） | 珠三角的品牌集中度（%） | 长三角的品牌集中度（%） |
|---|---|---|---|---|---|
| 10 | 1 | 2 | 9 | 11.1 | 22.2 |
| 13 | 0 | 0 | 3 | 0 | 0 |
| 15 | 1 | 1 | 5 | 20.0 | 20.0 |
| 22 | 0 | 1 | 3 | 0 | 33.3 |
| 26 | 0 | 0 | 9 | 0 | 0 |
| 27 | 1 | 1 | 7 | 14.3 | 14.3 |
| 37 | 1 | 5 | 10 | 10.0 | 50.0 |
| 38 | 1 | 0 | 2 | 50.0 | 0 |
| 40 | 0 | 0 | 5 | 0 | 0 |
| 41 | 0 | 2 | 9 | 0 | 22.2 |
| 44 | 0 | 0 | 2 | 0 | 0 |
| 以利基行业计 | 5 | 12 | 64 | 7.8 | 18.8 |

# 四  市场优势比较

为了进一步比较珠三角和长三角地区的品牌发展，这里新建立了市场集中度和市场相对优势指标来比较各自的市场优势。关于这两个指标的定义和测量，在下面的相关内容中进行介绍。

## （一）品牌集中度

在一个行业或产品市场中，一个地区的品牌越多，表明该地区

在该行业或产品市场中占据较多的市场空间，该地区品牌也就更具有市场优势。这里以品牌集中度来描述一个地区的品牌在市场结构中的这一优势地位，通过计算某个行业中一个地区的中国驰名商标占全国总量的比例来进行测量。与品牌行业覆盖深度从地区总体测量品牌化的集聚水平不同，品牌集中度是从分行业角度测量一个地区品牌在某一行业市场中的集聚，它反映了该地区的品牌在某个行业或产品类别市场中的认知和占有的优势水平。

以进入的行业计算，珠三角地区品牌的品牌集中度平均水平为10.7%，较高的行业共有6个。它们是第38类（电信等50.0%）、第2类（油漆颜色产品等47.3%）、第14类（贵重金属等37.5%）、第36类（金融保险等27.3%）、第11类（电器、照明等产品和设备23.0%）、第15类（乐器等20.0%）。上述行业的品牌集中度在20%—50%之间。具体见表4-4。

值得指出的是，在品牌集中度方面，珠三角地区的12个品牌发展的集聚行业，除第2类（油漆颜色产品等47.3%）、第14类（贵重金属等37.5%）、第36类（金融保险等27.3%）、第11类（电器、照明等产品和设备23.0%）4个行业外，其余8个行业的品牌集中度均低于20%。具体见表4-3。甚至在中国驰名商标数量高度集聚的第11类（电器、照明等产品和设备）、第9类（科学应用等）行业，其品牌集中度也只有23.0%和16.9%，低于长三角地区的40.1%和26.2%。这些结果说明，珠三角地区作为中国经济的重要区域，一方面，在本地区看起来最具有品牌化优势的行业，其在市场中的实力并不高。珠三角地区需要进一步加强品牌化以保持这些现有行业的优势地位。否则，珠三角地区将来在全国核心行业上的市场实力可能显得较弱，这与其作为全国重要经济中心地区的地位将不相称。

表4-4    珠三角地区中国驰名商标的行业分布与品牌集中度

| 类别 | 珠三角（个） | 全国（个） | 品牌集中度（%） |
|---|---|---|---|
| 1 | 2 | 122 | 1.6 |
| 2 | 26 | 55 | 47.3 |
| 3 | 6 | 53 | 11.3 |
| 4 | 0 | 18 | 0 |
| 5 | 9 | 150 | 6.0 |
| 6 | 14 | 135 | 10.4 |
| 7 | 1 | 144 | 0.7 |
| 8 | 0 | 13 | 0 |
| 9 | 31 | 183 | 16.9 |
| 10 | 1 | 9 | 11.1 |
| 11 | 63 | 274 | 23.0 |
| 12 | 3 | 115 | 2.6 |
| 13 | 0 | 3 | 0 |
| 14 | 15 | 40 | 37.5 |
| 15 | 1 | 5 | 20.0 |
| 16 | 5 | 35 | 14.3 |
| 17 | 1 | 18 | 5.6 |
| 18 | 1 | 11 | 9.1 |
| 19 | 22 | 137 | 16.1 |
| 20 | 4 | 45 | 8.9 |
| 21 | 2 | 33 | 6.1 |
| 22 | 0 | 3 | 0 |
| 23 | 1 | 12 | 8.3 |
| 24 | 4 | 44 | 9.1 |
| 25 | 9 | 239 | 3.8 |
| 26 | 0 | 9 | 0 |

续表

| 类别 | 珠三角（个） | 全国（个） | 品牌集中度（%） |
|---|---|---|---|
| 27 | 1 | 7 | 14.3 |
| 28 | 1 | 22 | 4.5 |
| 29 | 3 | 106 | 2.8 |
| 30 | 10 | 139 | 7.2 |
| 31 | 0 | 45 | 0 |
| 32 | 7 | 41 | 17.1 |
| 33 | 1 | 102 | 1.0 |
| 34 | 1 | 30 | 3.3 |
| 35 | 0 | 12 | 0 |
| 36 | 6 | 22 | 27.3 |
| 37 | 1 | 10 | 10.0 |
| 38 | 1 | 2 | 50.0 |
| 39 | 1 | 20 | 5.0 |
| 40 | 0 | 5 | 0 |
| 41 | 0 | 9 | 0 |
| 42 | 1 | 12 | 8.3 |
| 43 | 2 | 34 | 5.9 |
| 44 | 0 | 2 | 0 |
| 45 | 0 | 0 | — |
| 按进入行业计 | 257 | 2406 | 10.7 |

　　下面进行长三角地区的品牌集中度分析。以进入的行业计算，长三角地区品牌集中度的平均水平为 21.4%。较高的行业共有 19 个，它们是第 37 类（房屋建筑维修等 50.0%）、第 23 类（纺织纱线 41.7%）、第 11 类（电器、照明等产品和设备 40.1%）、第 24 类（其他布料等 38.6%）、第 22 类（缆绳网袋等制品 33.3%）、第 7 类（机器机床等 31.9%）、第 8 类（手工用具等 30.8%）、第

16 类（印刷文具等制品 28.6%）、第 17 类（橡胶塑料等制品 27.8%）、第 28 类（娱乐玩具用品等 27.3%）、第 9 类（科学应用等 26.2%）、第 39 类（运输等 25.0%）、第 19 类（非金属建材等 24.8%）、第 2 类（油漆颜色产品等 23.6%）、第 25 类（服装鞋帽 23.0%）、第 20 类（家具等 22.2%）、第 10 类（医疗设备、仪器等 22.2%）、第 41 类（教育文体等 22.2%）、第 15 类（乐器 20.0%）。上述行业的品牌集中度在 20%—50% 之间，其中超过 30% 的有 7 个行业。具体见表 4 - 5。与珠三角地区比较，长三角地区具有较高品牌集中度的行业，数量上约是珠三角地区的 3.2 倍。在其进入的所有行业中，其品牌集中度的平均水平则是珠三角地区的 2 倍。

同样，在长三角的 19 个品牌发展的集聚行业，有 10 个行业的品牌集中度超过了 20%，它们是第 11 类（电器、照明等产品和设备 40.1%）、第 24 类（其他布料等 38.6%）、第 7 类（机器机床等 31.9%）、第 16 类（印刷文具等制品 28.6%）、第 28 类（娱乐玩具用品等 27.3%）、第 9 类（科学应用等 26.2%）、第 19 类（非金属建材等 24.8%）、第 2 类（油漆颜色产品等 23.6%）、第 25 类（服装鞋帽 23.0%）、第 20 类（家具等 22.2%）。有 9 个行业的品牌集中度低于 20%，它们是第 12 类（车辆等运载器 19.1%）、第 3 类（洗涤、化妆等日用品 18.9%）、第 6 类（金属与合金等 17.0%）、第 14 类（贵重金属等 15.0%）、第 5 类（医疗制品等 13.3%）、第 30 类（副食品等 12.2%）、第 33 类（酒类 9.8%）、第 1 类（化学品等 5.7%）、第 29 类（家禽蔬菜油等食品 5.7%）。具体见表 4 - 3。这一结果说明，长三角地区部分核心行业上的市场实力也较弱，但总体上其市场实力较弱的品牌化集聚行业的所占比重仍低于珠三角地区。

表 4 – 5 长三角地区中国驰名商标的行业分布与品牌集中度

| 类别 | 长三角（个） | 全国（个） | 品牌集中度（%） |
|---|---|---|---|
| 1 | 7 | 122 | 5.7 |
| 2 | 13 | 55 | 23.6 |
| 3 | 10 | 53 | 18.9 |
| 4 | 2 | 18 | 11.1 |
| 5 | 20 | 150 | 13.3 |
| 6 | 23 | 135 | 17.0 |
| 7 | 46 | 144 | 31.9 |
| 8 | 4 | 13 | 30.8 |
| 9 | 48 | 183 | 26.2 |
| 10 | 2 | 9 | 22.2 |
| 11 | 110 | 274 | 40.1 |
| 12 | 22 | 115 | 19.1 |
| 13 | 0 | 3 | 0 |
| 14 | 6 | 40 | 15.0 |
| 15 | 1 | 5 | 20.0 |
| 16 | 10 | 35 | 28.6 |
| 17 | 5 | 18 | 27.8 |
| 18 | 2 | 11 | 18.2 |
| 19 | 34 | 137 | 24.8 |
| 20 | 10 | 45 | 22.2 |
| 21 | 5 | 33 | 15.2 |
| 22 | 1 | 3 | 33.3 |
| 23 | 5 | 12 | 41.7 |
| 24 | 17 | 44 | 38.6 |
| 25 | 55 | 239 | 23.0 |
| 26 | 0 | 9 | 0 |
| 27 | 1 | 7 | 14.3 |
| 28 | 6 | 22 | 27.3 |
| 29 | 6 | 106 | 5.7 |
| 30 | 17 | 139 | 12.2 |
| 31 | 4 | 45 | 8.9 |

续表

| 类别 | 长三角（个） | 全国（个） | 品牌集中度（%） |
|---|---|---|---|
| 32 | 5 | 41 | 12.2 |
| 33 | 10 | 102 | 9.8 |
| 34 | 5 | 30 | 16.7 |
| 35 | 2 | 12 | 16.7 |
| 36 | 4 | 22 | 18.2 |
| 37 | 5 | 10 | 50.0 |
| 38 | 0 | 2 | 0 |
| 39 | 5 | 20 | 25.0 |
| 40 | 0 | 5 | 0 |
| 41 | 2 | 9 | 22.2 |
| 42 | 1 | 12 | 8.3 |
| 43 | 5 | 34 | 14.7 |
| 44 | 0 | 2 | 0 |
| 45 | 0 | 0 | — |
| 按进入行业计 | 536 | 2504 | 21.4 |

## （二）区域品牌化的相对优势

品牌集中度虽然描述了一个地区在具体行业或产品市场中的市场优势，但缺乏地区间的直接比较。为了进一步分析地区的品牌化市场优势，这里建立区域相对优势指标来直接描述地区间的市场优势差异。在测量上，品牌化的市场相对优势等于某个行业上一个地区的中国驰名商标数量与比较的那个地区中国驰名商标数量的比值。当比值＝1时，表明两地区在某一行业或产品类别上中国驰名商标数量及由此体现的品牌市场认知和占有水平是相同的，即两个地区在某一行业或产品类别上的市场优势是相当的。由此类推，当比值＞1时，表明某个地区在某一行业中的市场优势高于比较地区。当比值＜1时，表明某个地区在某一行业或产品类别上的市场优势是低于比较地区的。为简明起见，这里只比较分析处于前十位的品牌化集聚行业。

　　以长三角地区为基准，珠三角地区前十个品牌化集聚行业的相对优势比值结果见表4－6。可以发现，只有第2类（油漆颜色产品等）行业、第14类（贵重金属等）行业、第32类（饮料等）行业的比值达到2.00、2.50、1.40，显示珠三角地区比长三角地区在这些行业更具有品牌化的优势。第11类（电器、照明和设备）、第9类（科学应用）、第19类（非金属建材）、第6类（金属与合金）、第30类（副食品）、第5类（医疗制品）、第25类（服装鞋帽）等七个作为珠三角地区集聚的品牌化行业，其相对优势比值在0.16—0.65之间。尤其是陶瓷建材、服装等珠三角地区的传统制造行业，也落后于长三角地区。这一结果再次表明，珠三角地区的多数品牌化集聚行业，相对于长三角地区而言并不具有品牌化的优势。

表4－6　　　珠三角与长三角地区中国驰名商标的行业分布差异

| 行业 | 珠三角（个） | 长三角（个） | 比值 |
| --- | --- | --- | --- |
| 11 | 63 | 110 | 0.57 |
| 9 | 31 | 48 | 0.65 |
| 2 | 26 | 13 | 2.00 |
| 19 | 22 | 34 | 0.65 |
| 14 | 15 | 6 | 2.50 |
| 6 | 14 | 23 | 0.61 |
| 30 | 10 | 17 | 0.59 |
| 5 | 9 | 20 | 0.45 |
| 25 | 9 | 55 | 0.16 |
| 32 | 7 | 5 | 1.40 |
| 前十行业合计 | 206 | 331 | 0.62 |

　　以珠三角地区为基准，长三角地区前十位品牌化集聚行业的相

对优势比值结果见表 4 - 7。可以看到，作为长三角地区前十位的品牌化集聚行业，其相对优势比值均高于 1.5，其中第 25 类（服装鞋帽）、第 7 类（机器机床等）、第 12 类（车辆等运载器）、第 24 类（其他布料等）的比值高达 6.11、46.00、7.33、4.25。上述结果表明，长三角地区的高度品牌化集聚行业，均比珠三角地区具有较强的品牌化市场优势。

表 4 - 7　　　长三角对珠三角：中国驰名商标的行业分布差异

| 行业 | 长三角（个） | 珠三角（个） | 比值 |
| --- | --- | --- | --- |
| 11 | 110 | 63 | 1.75 |
| 25 | 55 | 9 | 6.11 |
| 9 | 48 | 31 | 1.55 |
| 7 | 46 | 1 | 46.00 |
| 19 | 34 | 22 | 1.55 |
| 6 | 23 | 14 | 1.64 |
| 12 | 22 | 3 | 7.33 |
| 5 | 20 | 9 | 2.22 |
| 30 | 17 | 10 | 1.70 |
| 24 | 17 | 4 | 4.25 |
| 前十行业合计 | 392 | 166 | 2.36 |

综合上述分析结果发现，珠三角地区的品牌化集聚行业，实际上在优势水平上多数低于长三角地区，而长三角地区的品牌化集聚的行业，在市场优势水平上普遍高于珠三角地区。因此，从相对优势指标看，珠三角地区的自主品牌建立呈现"两头不硬"的现象：其自身优势行业并未显现真正的发展优势，而对长三角地区的优势行业，也不存在真正的与其竞争的市场实力。作为中国经济增长引擎和中国制造基地之一的珠三角地区，在大力推进产业转型、升级的浪潮下，自主品牌建立的形势显得严峻。

# 五　小结

本章利用多来源数据，通过建立品牌化的相关指标，对珠三角、长三角地区的品牌发展状况进行了多角度和多水平的比较分析。珠三角和长三角地区同时作为中国经济重要的中心区域和未来发展的主要带动者，在自主品牌建立上，两地目前拥有的著名品牌数量与其经济总量的匹配，即两地拥有的著名品牌数量与其 GDP 的总量相比水平是相当的。它表明当前两地的品牌发展与经济发展的匹配水平是一致的。除了这一基本的共同点外，两地区在品牌化的相对水平、行业分布和市场优势方面存在差异。

首先，从品牌化的初级水平上看，珠三角地区高于长三角地区，表明珠三角地区企业在基本的品牌意识和初始行动上要高于长三角地区企业。但是，在经过品牌化的第一步后的品牌成长方面，表现在品牌化的相对高级水平上，即在从事品牌化经营的企业中，其品牌成长为全国著名品牌的比重上，珠三角地区总体上已明显落后于长三角地区。

其次，在品牌的行业覆盖上，珠三角地区在品牌发展所涉及的行业范围上比长三角地区略窄，在占据品牌化的优势行业上也低于长三角地区。它表现在，一是其品牌化的集聚水平比长三角地区要低。并且，在品牌化的集聚行业上，珠三角地区与长三角地区存在高度的重合性，而长三角地区具有较高的独特性。它除了具有与珠三角地区重合的品牌化集聚行业外，还具有区别于珠三角地区的品牌化集聚行业，两者在数量上约各占一半。二是在利基行业即特色行业的品牌建立上，珠三角地区也弱于长三角地区。

最后，从市场优势方面比较，无论是在品牌集中度这一体现地区品牌在一个行业中的市场认知和占有的总体优势指标上，还是在两地直接相比的相对优势指标上，珠三角地区明显落后于长三角地区。

　　作为中国经济发展的两个重点中心区域，珠三角地区和长三角地区正处于战略机遇期。这为自主品牌建立提供了良好的机会。两地意识了这一点，在未来发展规划中，它们都将建立世界级的著名品牌作为其经济、产业发展的重要目标之一。通过两地区的比较分析发现，尽管当前两地在品牌发展与经济发展的匹配上是一致的，但珠三角地区在品牌成长上，具体表现为企业从事品牌化的能力和成效显得相对不足。由于强大品牌的建立将最终决定两地企业在市场中的生存、发展和竞争能力，这一结果意味着，如果不改变品牌成长的相对弱势，珠三角地区企业在未来市场中的表现将存在落后于长三角地区的可能性，并从长远上影响其产业建构和经济发展。

　　上述研究结果对于珠三角和长三角地区的品牌建立提供了战略性思考的启示。对于两地的政府部门而言，在未来根据长期的经济发展计划建构产业时，可根据本研究关于品牌化优势行业的分析结果，考虑对自主品牌的建立进行支持性规划，对该地区的自主品牌的扶持作出行业布局，以确保在重点发展行业中处于市场领导地位。对珠三角地区各级政府而言，需要重视和分析品牌建立中存在的品牌成长落后和如何追赶长三角地区的问题。珠三角地区在 20 世纪 80—90 年代曾经创造了全国喝珠江水，吃广东粮，穿岭南衣，用粤家电的辉煌历史（李惠武，2005），但今天这一状况似乎已不再。除饮料行业外，其食品、副食品、服装行业的品牌发展已落后于长三角地区。仅以服装业为例，它是珠三角地区的重点传统制造业，但在现在全国的 239 个中国驰名商标中，珠三角地区只占了 9 个，品牌集中度仅为 3.8%，而长三角地区占了 55 个，品牌集中度达到 23.%。雅戈尔、杉杉、罗蒙、报喜鸟等来自长三角地区的品牌已成为市场中的常见品牌。如何重现珠三角地区品牌辉煌，可思考建立全局性的品牌振兴计划。

对从事或未来可能从事品牌化经营的企业而言，尽管本研究的分析是在地区水平展开的，但这一宏观性的分析结果，一方面，可为两地区企业从事品牌战略规划提供参照依据。企业通过评估品牌化的现状和行业分布，分析市场竞争格局，明确品牌建立的目标市场。另一方面，两地企业处于中国两个重要的经济中心区域，它们也是未来全国经济发展的主要带动者，因此，两地企业在品牌建立上具有优势性的机遇。但如何利用现有机遇成长为全国乃至全球著名品牌，需要在充分考虑市场的现实基础上确定品牌建立的基本市场战略，并对全国其他地区企业的品牌建立产生示范性作用。

**本章附录：中国驰名商标行业分类标准**

第一类 用于工业、科学、摄影、农业、园艺、森林的化学品，未加工人造合成树脂，未加工塑料物质，肥料，灭火用合成物，淬火和金属焊接用制剂，保存食品用化学品，鞣料，工业黏合剂。

第二类 颜料，清漆，漆，防锈剂和木材防腐剂，着色剂，媒染剂，未加工的天然树脂，画家、装饰家、印刷商和艺术家用金属箔及金属粉。

第三类 洗衣用漂白剂及其他物料，清洁、擦亮、去渍及研磨用制剂，肥皂，香料，香精油，化妆品，洗发水，牙膏。

第四类 工业用油及油脂，润滑剂，吸收、喷洒和黏结灰尘用品，燃料（包括马达用的汽油）和照明材料，照明用蜡烛和灯芯。

第五类 医用和兽医用制剂，医用卫生制剂，医用营养品，婴儿食品，膏药，绷敷材料，填塞牙孔和牙模用料，消毒剂，消灭有害动物制剂，杀真菌剂，除锈剂。

第六类 普通金属及其合金，金属建筑材料，可移动金属建筑物，铁轨用金属材料，非电气用缆索和金属线，小五金具，金属管，保险箱，不属别类的普通金属制品，矿砂。

第七类 机器和机床，马达和发动机（陆地车辆用的除外），机器传动用联轴节和传动机件（陆地车辆用的除外），非手动农业工具，孵化器。

第八类 手工用具和器械（手工操作的），刀、叉和勺餐具，佩刀，剃刀。

第九类 科学、航海、测地、摄影、电影、光学、衡具、量具、信号、检验（监督）、救护（营救）和教学用具及仪器，处理、开关、传送、积累、调节或控制电的仪器和器具，录制、通信、重放声音和形象的器具，磁性数据载体，录音盘，自动售货机和投币启动装置的机械结构，现金收入记录机，计算机和数据处理装置，灭火器械。

第十类 外科、医疗、牙科和兽医用仪器及器械，假肢、假眼和假牙，矫形用品，缝合用材料。

第十一类 照明、加温、蒸汽、烹调、冷藏、干燥、通风、供水以及卫生设备装置。

第十二类 车辆，陆、空、海用运载器。

第十三类 火器，军火及子弹，爆炸物，焰火。

第十四类 贵重金属及其合金以及不属别类的贵重金属制品或镀有贵重金属的物品，珠宝，首饰，宝石，钟表和计时仪器。

第十五类 乐器。

第十六类 不属别类的纸、纸板及其制品，印刷品，装订用品，照片，文具用品，文具或家庭用黏合剂，美术用品，画笔，打字机和办公用品（家具除外），教育或教学用品（仪器除外），包装用塑料物品（不属别类的），印刷铅字，印版。

第十七类　不属别类的橡胶、古塔胶，树胶、石棉、云母以及这些原材料的制品，生产用半成品塑料制品，包装、填充和绝缘用材料，非金属软管。

第十八类　皮革及人造皮革，不属别类的皮革及人造皮革制品，毛皮，箱子及旅行袋，雨伞、阳伞及手杖，鞭和马具。

第十九类　非金属的建筑材料，建筑用非金属刚性管，沥青，柏油，可移动非金属建筑物，非金属碑。

第二十类　家具，玻璃镜子，镜框，不属别类的木、软木、苇、藤、柳条、角、骨、象牙、鲸骨、贝壳、琥珀、珍珠母、海泡石制品，这些材料的代用品或塑料制品。

第二十一类　家庭或厨房用具及容器（非贵重金属所制，也非镀有贵重金属的），梳子及海绵，刷子（画笔除外），制刷材料，清扫用具，钢丝绒，未加工或半加工玻璃（建筑用玻璃除外），不属别类的器皿，瓷器及陶器。

第二十二类　缆，绳，网，帐篷，防水遮布，帆，袋（不属别类的），衬垫及填充料（橡胶或塑料除外），纺织用纤维原料。

第二十三类　纺织用纱、线。

第二十四类　不属别类的布料及纺织品，床单和桌布。

第二十五类　服装，鞋，帽。

第二十六类　花边及刺绣，饰带及编带，纽扣，领钩扣，饰针及缝针，假花。

第二十七类　地毯，地席，席类，油毡及其他铺地板用品，非纺织品墙帷。

第二十八类　娱乐品，玩具，不属别类的体育及运动用品，圣诞树用装饰品。

第二十九类　肉，鱼，家禽及野味，肉汁，腌渍、干制及煮熟的水果和蔬菜，果冻，果酱，蜜饯，蛋，奶及乳制品，食用油和油脂。

第三十类　咖啡，茶，可可，糖，米，食用淀粉，西米，咖啡代用品，面粉及谷类制品，面包，糕点及糖果，冰制食品，蜂蜜，糖浆，鲜酵母，发酵粉，食盐，芥末，醋，沙司（调味品），调味用香料，饮用水。

第三十一类　农业，园艺，林业产品及不属别类的谷物，牲畜，新鲜水果和蔬菜，种子，草木及花卉，动物饲料，麦芽。

第三十二类　啤酒，矿泉水和汽水以及其他不含酒精的饮料，水果饮料及果汁，糖浆及其他供饮料用的制剂。

第三十三类　含酒精的饮料（啤酒除外）。

第三十四类　烟草，烟具，火柴。

第三十五类　广告，实业经营，实业管理，办公事务。

第三十六类　保险，金融，货币事务，不动产事务。

第三十七类　房屋建筑，修理，安装服务。

第三十八类　电信。

第三十九类　运输，商品包装和贮藏，旅行安排。

第四十类　材料处理。

第四十一类　教育，提供培训，娱乐，文体活动。

第四十二类　科学技术服务和与之相关的研究与设计服务；工业分析与研究；计算机硬件与软件的设计与开发；法律服务。

第四十三类　提供食物和饮料服务；临时住宿。

第四十四类　医疗服务；兽医服务；人或动物的卫生和美容服务；农业、园艺或林业服务。

第四十五类　由他人提供的为满足个人需要的私人和社会服务；为保护财产和人身安全的服务。

（资料来源：中国驰名商标网站，http：//www. 21sb. com/search/search/date_ list_ fl. php？brandtypeid＝1）

## 参考文献

［1］Keller, Kevin Lane（1993）, "Conceptualizing, Measuring and Managing Customer – Based Brand Equity," *Journal of Marketing*, Vol. 57, Issue 1, pp. 1 – 22.

［2］Keller, Kevin Lane（2008）, Strategic Brand Management, NJ: Pearson Education LTD.

［3］Kotler, Philip and Kevin Lane Keller（2009）, Marketing Management, NJ: Prentice Hall.

［4］Michell, Paul, Jacqui King and Jon Reast（2001）, "Brand Values Related to Industrial Products," Industrial Marketing Management, 30（5）, pp. 415 – 425.

［5］Thomas, Louis A.（1995）, "Brand Capital and Incumbent Firms Positions in Evolving Markets," Review of Economics and Statistics, 77（August）, pp. 522 – 534.

［6］Shipley, David; and Paul Howard（1993）, "Brand – Naming Industrial Products," Industrial Marketing Management, Vol. 22, Issue 1, pp. 59 – 66.

［7］Aaker, David A.; and Robert Jacobson（2001）, "The Value Relevance of Brand Attitude in High – Technology Market," Journal of Marketing research, Vol. 38, Issue 4, pp. 485 – 493.

［8］Kapferer, Jean – Noel（1992）, Strategic Brand Management: New Approaches to Creating and Evaluating Bran d Equity, London: Kogan Page Limited.

［9］李惠武:《珠江三角洲必须走自主创新之路》,《广东科技》2005 年第 10 期。

［10］梅述恩、聂鸣、黄永明:《区域品牌的全球价值链中的企业集群升级——以广东东莞大朗毛织企业集群为例》,《经济管理》2006 年第 13 期。

［11］毛蕴诗、吴瑶:《企业升级路径与分析模式研究》,《中山大学学报》（社会科学版）2009 年第 1 期。

［12］祝合良、王平：《中国品牌发展的现状、问题与对策》，《经济与管理研究》2007年第8期。

［13］陈利华、吴添祖：《从产业集群角度比较珠江、长江三角洲的优势》，《南方经济》2005年第5期。

［14］毛艳华：《珠三角产业集群成长与区域经济一体化》，《学术研究》2009年第8期。

［15］陶用之：《长三角企业自主创新与企业知名品牌的成长途径》，《社会科学》2007年第9期。

［16］卫海英、赵礼民：《珠三角与长三角品牌建设现状比较分析》，《统计研究》2005年第2期。

# 第五章

# 自主品牌建立的成效与问题

## 一 引言

在对珠三角和长三角地区自主品牌现状进行分析后，还有必要对自主品牌建立的成效和问题进行讨论。考虑到此，本章应用品牌效应与品牌营销方面的基本概念，通过进一步收集相关资料来进行综合性评估分析，力图发现中国自主品牌建立需要解决的主要问题。

## 二 成效分析

### （一）经济效应

促进经济增长是品牌效应的重要体现（Kapferer，1992）。珠三角地区多数面向国际市场从事 OEM 的企业缺乏自主品牌，在承接 OEM 生产中只能赚取加工费，未能获得产品在市场中的溢价。但这些企业通过利用国内的成本、地理位置、政策等优势参与全球价值链分工创造的经济价值是珠三角地区经济增长的重要来源。20世纪 90 年代，全国 9 万家加工贸易企业，广东约占了 7 万家，它们催生了广东加工贸易的迅猛发展，将广东外贸带入一个辉煌的时

代。自 1986 年至今，广东进出口总值一直在全国各省区市位居第
一。① 但自主品牌的出现和成长，正在改变珠三角地区经济增长的
方式。那些通过品牌化经营满足国内市场和国际市场尤其是前者的
珠三角地区企业，作为自主品牌发展的主体群，不但在参与激烈的
市场竞争中获得成长，也开始成为珠三角地区经济增长的重要动
力。2005 年，广东省规模以上名牌产品工业企业 1057 家，占全省
规模以上工业企业数的 3%，完成工业总产值 7401 亿元，占全省
工业总产值的 18%，对全省工业总产值增长贡献率达 15.7%，拉
动全省工业经济增长 2.76 个百分点。②

　　不言而喻，珠三角地区企业的自主品牌对经济增长的贡献是明
显的。多年来珠三角地区 GDP 的增长率平均都在 15% 以上，高于
长三角地地区，也高于香港、台湾和中国大陆的平均增长水平。
2007 年，珠三角地区的 GDP 增长率达到 16.12%，远高于全国平
均水平的 11.19%。2008 年，珠三角地区以占全省 23% 的国土面
积，创造了全省 83% 的产出。珠三角地区成为广东和全国经济活
动的集聚地区和全国经济增长的引擎之一（课题组，2010）。可以
预见，随着自主品牌进一步发展，自主品牌在珠三角地区经济发展
中所产生的驱动效应将变得越来越大。


## （二）品牌化意识的普及

　　与西方地区建立品牌只属于企业自身经营行为不同，珠三角地
区的自主品牌建立得到了各方的重视。其中社会、政府和企业界树

---

　　① 参见《企业内迁趋势渐显，珠三角代工产业 "地震"》，《新民晚报》，转引自
搜狐网：http://news.sohu.com/20100702/n273229906.shtml。
　　② 质检总局驻广东省质监局工作组、广东省质量技术监督局：《广东省积极实施
名牌带动战略促进经济社会又好又快发展》，http://bgt.aqsiq.gov.cn/xxgkml/ywx x/
zcyj/wjbgqc/jhgh/。

立的较强烈的品牌化意识是主要表现之一。随着国家创新战略的提出和名牌战略的实施，尤其是对珠三角地区产业升级、业务转型问题的关注和讨论，建立自主品牌增强企业的整体经营水平，转变经济增长方式成为社会、政府和企业界的一致性共识。这种一致性的意识激发了自主品牌建立的行动。

在政府层面，广东省政府在2002年4月设立了由省政府领导主持，省经贸委牵头，省财政厅、质检局、农业厅、工商局等14个成员单位建立组成了"广东省实施名牌带动战略联席会议制度"，指导全省的自主品牌发展。2009年广东省政府质量奖设立，它是经省人民政府批准设立的最高质量奖项，用以表彰和奖励质量管理成效显著，对全省经济社会发展作出卓越贡献的企业，以引导和激励企业加强质量管理，提高产品、服务和经营质量，增强自主创新能力和国际竞争力，促进地方经济社会的发展。[①] 此外，珠三角地区的各个市级政府，制定了扶持、激励企业建立自主品牌的相关政策。[②]

在企业层面，珠三角地区的多数企业具备了品牌意识，它们已认知到品牌对企业经营的重要性以及现实中的品牌化不足的问题。几年前一项针对珠三角某市企业的调查显示，59.4%的企业受访者认为，有必要实施品牌战略，其中32.3%的受访者认为很有必要，仅有15.6%的受访者认为没有必要。而且，有26.5%的受访者认为品牌意识淡薄是当地缺乏名优品牌的最重要的原因之一，其中44.7%的受访者将其作为归诸于第一位原因（陈湘青，2004）。而最新的一项针对珠三角地区外资和民营企业的调查表明，产品质

---

① 《关于做好首届广东省政府质量奖申报工作的通知》，http：//www. gdsmp. org. cn/shownews. asp？id＝288。

② 例子可参见《珠海市质监局创名牌工作"五个抓"措施获珠海市领导批示》，http：//www. gdsmp. org. cn/shownews. asp？id＝319。

量、产品差异化、市场营销等与品牌营销相关的核心问题被认为是
影响企业竞争力的重要因素。在调查列出的企业所注重的影响企业
竞争力的各种因素中，产品品质被认为是影响企业竞争力的最重要
因素。63%的企业受访者认为，产品品质是影响公司竞争力的首要
因素。其次则是基于技术水平的产品差异。13%的企业受访者认为
基于技术水平的产品差异是影响竞争力的第一重要因素，21%的受
访者认为是第二影响因素。价格和营销也被认为是影响公司竞争力
的重要因素，23%和22%的企业受访者分别认为，价格和营销是
公司竞争力的第二重要因素（课题组，2010）。

### （三）品牌化水平的明显提升

如前所述，品牌化水平表现在采用品牌营销的企业占比（即
品牌化初级水平），以及它们在产品市场中进一步发展为强势品牌
的比重（即品牌化高级水平）。无论从哪个层面看，珠三角地区的
品牌化水平都在不断提升。

从品牌化初级水平来看，在 2000 年，广东省的有效商标注册
数量为 26914 件，2009 年达到了 128175 件，不到 10 年，约增加了
3.8 倍。从品牌化高级水平来看，珠三角地区出现了华为（程控交
换机）、格力（空调）、中兴（程控交换机）、中集（集装箱）等
一批有影响力的世界名牌，中国名牌和广东名牌。[①] 就全国范围而
言，珠三角与长三角一起，成为中国自主品牌建立的集聚地。另
外，自主品牌的建立已覆盖珠三角地区的主要产业领域。在电器制
造、建材、轻工、电子信息、机械等行业中涌现出了一大批广东名
牌。在针对广东中小企业一项 946 家企业的调查也表明，83%的企

---

① 广东省知识产权局：《广东知识产权年鉴（2009）》，中国年鉴出版社 2010
年版。

业从事品牌化经营。其中 43.6% 的的企业采用了单一品牌战略，37.2% 的企业采用了多品牌战略（雷鸣、袁记，2007）。

地区品牌蓬勃发展。以专业镇/区域等方式呈现的产业集群是珠三角地区经济发展的重要特征。佛山的陶瓷、顺德的家电产品、中山的灯饰、东莞的电脑配件制造业、江门的造纸等产业集群区闻名全球。尤其是珠三角地区根据"一村一品、一镇一业"的政策发展了大量的产业集群特定区域——专业镇，例如东莞清溪的电脑配件产业、虎门的服装、中山古镇的灯饰、狮岭的皮革制品、盐步的内衣制造等（冯邦彦、王鹤，2004；梅述恩等，2006；王珺，2005）。随着这些专业镇或区域的知名度和市场地位的不断扩大，以产业集群为基础的地区品牌开始形成。以服装为例，珠三角地区形成了深圳的女装，虎门的时装，惠州的男装，中山、园洲的休闲服，南海、小榄的内衣，普宁的衬衫，佛山的童装，新塘、开平、均安、大涌的牛仔服，潮州的晚礼服，大朗、澄海的毛衣，张槎的针织等（林炜双，2006）。这些专业化的集群形成了珠三角地区的专业区域品牌，同时每一个专业镇又是其中的子品牌。就现有经验来看，当在产业集群内的企业采取品牌营销的模式时，这种产业集群将有利于促进企业自主品牌的发展。反过来，自主品牌的建立，又推进了产业集群品牌的发展。一些专业镇已意识到这一点并采取了区域品牌营销活动。①

### （四）领先性品牌的出现

领先性品牌的建立，体现了企业、地区、乃至国家在相应产品市场中开始出现影响力和控制力。经过改革开放 30 余年的努

---

① 《广州市质监局开展"质量兴业"引领花都狮岭皮具产业优化升级》，广东名牌产品（工业类）网，http://www.gdsmp.org.cn/shownews.asp?id=350；李英：《广东虎门：打响区域品牌》，《纺织服装周刊》2008 年 7 月。

力，珠三角地区在国际市场的个别产品类别领域里开始建立领先性品牌，如在通信设备市场中的华为、在第三代移动通信市场中的中兴；在国内市场，作为中国最早的家电产业群形成于珠三角地区，电冰箱、洗衣机、空调、电风扇的产量占全国总产量 1/3 强，TCL、康佳、美的、科龙等家电品牌在国内外具有高的知名度和美誉度（张宁，2006）。在饮料市场，健力宝等饮料品牌在 20 世纪 90 年代已成为国内市场中的一线品牌。近年，随着品牌化领域的扩展，王老吉罐装凉茶通过对地方传统产品的品牌化取得了空前成功，不但开创了新的品牌化领域，更为中国企业从事本土产品的品牌化创新提供了可借鉴的模式（蒋廉雄，2010）。

上述领先性品牌的建立，尽管在数量上有限，但标志着珠三角地区的自主品牌发展开始进入强势品牌的行列。在总体实力上，它们自创立开始与国际品牌同台竞技，并在某些领域中，如 IT、家电、饮料、酒类等，甚至取得了超越国际品牌市场表现的成效。

# 三　问题分析

## （一）品牌化水平过低的整体格局尚未改观

### 1. 缺乏全球性的领导品牌

从全球经济发展与品牌建立的关系看，经济发达国家或地区往往也是全球性企业和全球性品牌的集中地。因此，是否拥有世界级品牌已经成为衡量一国市场经济发达程度的重要标志（祝合良、王平，2007）。在 2006 年美国《商业周刊》与国际品牌评估机构联合发布的《全球最有价值品牌》评估报告中，经济总量依次排名世界第一、第三至第六的美国、日本、德国、英国和法国，分别拥有 50 个、8 个、9 个、5 个和 8 个全球最有价值品牌。中国在此的数据尚为空白（祝合良、王平，2007）。到 2010 年，经济总量已升居世界第二的中国，仍没有一个品牌进入这一榜单。[①] 从知名品牌对经济发展的直接推动作用看，我国知名品牌所创造的价值占国民经济的份额严重偏低，大约不足20%。而发达国家的美国，品牌经济占国民经济的份额高达60%（祝合良、王平，2007）。因此，中国被认为是"制造大国，品牌小国"（汪涛，2006）。作为中国经济增长引擎和产业集聚地的珠三角地区，近年其经济总量占全国的10%，广东省的80%左右，具有举足轻重的地位（黎友焕、黎友隆，2007），但"强制造，弱品牌"的整体格局仍未发生根本性变化。从其拥有的全国、全球闻名的品牌数量和品牌化覆盖的行业上看，其品牌化水平与其经济地位仍不相称。与国内其他地区企业相比，品牌领导地位相形见绌，TCL和美的的品牌价值之和只与海尔品牌相当。

2. 区域企业的品牌化水平落后于其经济发展

首先，从品牌绝对量占比与GDP的占比看，珠三角地区的自主品牌发展水平，仍相对落后于经济发展。其有效商标注册数量和广东名牌数量占全省的比例值，仍低于其GDP占全省的比例值（82.1%）。尤其是在品牌化高级水平上，广东名牌占全省比例值比GDP占全省比例值相差近10个百分点。

其次，从拥有的全国知名品牌的影响力看，到2010年10月，珠三角地区拥有的中国驰名商标数量为257个，占全国的10.2%，[②] 尽管在全国的数量占比上与其GDP占比相当，但驰名商标的市场影响力仍不足。这表现在，超大规模的品牌过少（孙章伟，2009），许多品牌还未真正走向全国，世界级的品牌更寥寥可数。以珠三角地区某市为例，2004年该市有大小企业8万余

---

① 参见 Interbrand Company：Best Global Brands，http：//www.interbrand.com/zh－CHT/best－global－brands/best－global－brands－2008/best－global－brands－2010.aspx。

② 资料来源：中国驰名商标网，http：//www.21sb.com/brand/index.aspx。

家，但全国驰名商标和中国名牌产品数在当时均为零（陈湘青，2004）。到现在，"只有星星，没有月亮"的现象一直没有改变。再从新兴发展地区看，广州的花都区狮岭镇经过多年的发展，成为全国最大的皮具原辅材料集散地和皮具生产销售基地，并有"中国皮具之都"之称。目前，在狮岭镇从事皮革皮具生产的企业 4300 家，原辅料商铺 6200 多家，从业人员 25 万人，年产皮具超过 5 亿只，年产值超过 100 亿元。狮岭镇皮具产品的市场份额占广东的 60%、全国的 30%。欧洲中低档箱包有一半出自狮岭制造。但是，该镇仅有一个广东省名牌产品。这一状况与其庞大规模和高度集聚的产业相比，显得极不相称。①

再次，如本书前面分析发现，珠三角地区品牌化的初级水平和高级水平相对值均低于非珠三角地区。这一结果表明，珠三角地区的品牌发展整体上也存在不足的问题。作为中国制造的基地，珠三角地区存在大量的代工企业。它们为珠三角地区的经济发展作出了卓越的贡献，但由于这些企业缺乏自主品牌，面临着转型或升级的压力（毛蕴诗等，2008）。在未来采取何种市场战略发展，包括如何建立成功的自主品牌，是珠三角地区自主品牌发展中需要解决的重要问题。

### （二）产品质量缺陷和产品创新不足

一般认为，优异的产品品质和服务以及产品创新是企业实施品牌化战略成功的重要因素（Aaker，1996；Doyle，1990）。但是，珠三角地区企业的产品质量表现仍存在明显问题，成为满足顾客需要的障碍。而在创新方面，由于缺乏核心或原创性技术，使产品竞

---

① 《广州市质监局开展"质量兴业"引领花都狮岭皮具产业优化升级》，广东名牌产品（工业类）网，http://www.gdsmp.org.cn/shownews.asp?id=350。

争力不足。

1. 产品质量问题

在产品质量方面，虽然总体的产品质量水平在不断提高，但仍存在参差不齐现象，一些行业的产品质量甚至过低。广东省质监局公布的 2009 年第一季度全省食品机械、五金、插座等 11 类产品的抽检结果表明，合格率高于 90% 的有 2 类产品（危险品包装容器、变压器产品），合格率介于 80%—90% 的有 3 类产品（不锈钢、插头插座、干电池），合格率在 70%—80% 的有 4 类产品（断路器、高压成套开关、五金产品和蓄电池），合格率在 60%—70% 的有 2 类产品（食品机械、塑料机械）。其中低合格率产品产生质量问题的主要原因是，部分企业对产品安全等相关标准认识不足，企业过分追求利润而偷工减料。① 国家质检总局在 2009 年第一季度产品质量监督抽查情况的通报中也指出，作为我国主要的玩具生产基地之一的汕头市澄海区，在该次抽查中发现其玩具产品质量水平过低。在抽查的澄海区 42 种塑胶玩具、电玩具产品中，有 6 家生产企业的 6 种产品质量不合格。存在的主要问题是可预见的合理滥用，测试中的尖端项目、标识和使用说明项目不合格。② 此外，即使是高知名度的品牌，例如美的、霸王，也发生了假紫砂煲、含致癌成分等质量事件（余明阳，2011）。如何提升自主品牌的产品质量以及消费者对自主品牌的质量信念，是决定珠三角地区企业进行成功品牌建立的一个关键因素。尽管企业对产品质量问题已形成了高度认知（课题组，2010），但在品牌营销中如何进行顾客的感知

---

① 《广东省质监局通报食品机械等产品质量监督抽查结果（2009 – 03 – 05）》，http://www. foodqs. cn/news/gnspzs01/2009424144017835. htm。

② 国家质量监督检验检疫总局：《关于 2009 年第一季度产品质量国家监督抽查情况的通报》（国质检监函 [2009] 437 号），http://www. chinatt315. org. cn/cpcc/2009 – 1. htm。

质量管理,对大多数未建立营销系统的企业而言,仍是有待完成的基本任务。

2. 创新不足

在产品创新方面,企业缺乏核心技术。而核心技术的缺乏使产品没有溢价能力,或者在新产品发展上难以摆脱不利的境遇。由于珠三角地区的制造业是在改革开放后承接周边国家和地区的劳动密集型产业转移中发展起来的,许多产品核心技术一直掌握在外方手中,且这一局面一直没有得到改变。以前几年的 DVD 出口为例,当时的产品售价为 39 美元,除向外国公司平均支付 19.7 美元的专利使用费外,占成本 70% 的机芯、解码器等关键部件也要依靠进口(李惠武,2005;黎友焕、黎友隆,2007)。在装备制造业方面,以近年快速发展的汽车产业为例,日本三大汽车品牌日产、本田、丰田均在广州建立了合资厂,但中方仍没有取得核心技术和自主创新的主动权,发展自主品牌汽车困难重重。广州汽车集团从2005 年决定研发自主品牌汽车,至 2007 年研发生产基地才奠基,2010 年产品才终于面世。①

产品创新能力不足的主要原因在于技术创新不足(李青、涂剑波,2008)。珠三角地区多数企业的技术创新主要集中在非核心技术领域,原创性科技开发薄弱。这样,被动引进和模仿是广东企业获取新技术的普遍方式。根据有关统计,在广东出口的高新技术产品中,77.3% 的产品是通过国外或港澳台地区的订单在粤企加工生产的,产品的关键核心技术和设备,如 CPU、集成电路、通用软件等依赖着进口。到目前为止,80% 以上的集成电路芯片制造装

---

① 凤凰网:《广汽集团的发展历史:从 1 法郎到产值千亿》,http://auto.ifeng.com/culture/culcomposite/20090930/118043.shtml。广州市政府网站:《广汽集团自主品牌汽车研发生产基地奠基》,http://www.guangzhou.gov.cn/special/2007/node_1846/node_1858/2007/11/20/1195544949221205.shtml。

备，100% 的光纤制造装备，76% 的石化装备为外国产品所占领。在知识产权方面，通信、半导体、计算机等行业中的外国公司获得的专利数占 60%—90%（李惠武，2005；黎友焕、黎友隆，2007）。

而技术创新不足的一个重要原因在于研发投入不足。日本、韩国企业在工业成长时期，每花 1 元钱引进技术，花 4—5 元进行消化、吸收和创新，但国内的水平只有 0.07 元。根据对 2600 多家大中型工业企业的调查，技术创新投入只占企业销售总额的 1.6%。近年广东省研发投入占 GDP 比重仅为 1.2%，低于全国 1.4% 的平均水平，更低于北京、上海、陕西、天津、江苏、浙江等省市的投入水平。[①] 遍布珠三角各地的外资企业，以港资为主体，[②] 它们多数只是将这里作为加工基地。在珠三角地区，建立研发基地的外资企业少之又少（李惠武，2005）。

### （三）营销管理与营销策略落后的问题尚未得到解决

自主品牌的发展，不但在市场结构处于不利位置，在企业内部，营销管理与营销策略落后的问题也一直没有得到解决。作为品牌集聚地区的珠三角地区，在这一问题上也不例外。

#### 1. 缺乏营销战略规划

企业对品牌含义和品牌战略缺乏正确的理解。虽然企业现在比以往任何时候都重视品牌建设，但基本停留在品牌是一种标识的初级水平阶段（祝合良、王平，2007）。因此，缺乏从消费者

---

① 广东省经济贸易委员会：《千百亿名牌培育工程实施方案》，http：//www. gdei. gov. cn/zwgk/tzgg/2008/200810/t20081022_ 71909. html。

② 根据香港工业总会每四年一度的调查，其 2007 年发布的调查报告称香港企业占珠三角外资企业的 72% 。参见《香港工业总会：珠三角制造：香港工业的挑战与机遇（调查报告）》，http：//www. industryhk. org/sc_ chi/news/news_ press/pr_ 070419_ 023. php。

和市场角度来理解品牌的真正含义并以此为出发点来建立品牌战略和开展营销。其一，品牌化中存在老板意志。在一些中小企业，品牌往往成为"老板"的化身，品牌营销标识、口号成为"老板"个人性格的体现。其二，品牌识别设计的粗放化。珠三角地区的许多企业品牌设计不合理，多数企业品牌设计带有很强的随意性，片面性，甚至互相模仿，形式雷同，这些问题给以后品牌的发展造成先天性障碍（陈湘青，2004）。其三，企业缺乏明确的品牌发展战略。很多企业还没有超越做"生意"的理念，导致无法迈开做"品牌"的步子。对于许多中小企业而言，企业经营者为追求生意走一步看一步，导致企业经营活动的随意性大，甚至出现盲目性。调查显示，24.9%的广东中小企业尚没有制定年度市场营销计划和目标。大多数企业缺乏品牌营销的战略性投入。在这样的情况下，企业很难建立自己的品牌（陈湘青，2004；雷鸣、袁记，2007）。

2. 未建立品牌管理的基本体系和制度

与日益重视品牌建设极不协调的是，企业目前普遍缺乏品牌营销管理知识和制度。其表现是营销管理的基本职能、流程和规范缺失。调查发现，过半的企业还没有专门从事市场研究的人员（雷鸣、袁记，2007）。这样的结果进一步强化了营销管理的老板意志和随意性，也分散了企业创办者的管理精力。以广告战略决策流程为例，笔者接触的一家外资公司和一家著名的珠三角本土企业，其决策流程和方式存在明显差异，具体见表 5-1。这种差异体现了本土企业在品牌管理基本体系上存在严重的问题（蒋廉雄，2006）。品牌管理基础体系的缺乏不但导致出现品牌成长瓶颈、品牌短命的问题，更让企业难以实现建立世界级品牌的梦想（祝合良、王平，2007）。

表 5 - 1　　　　　　　中外企业的广告决策流程差异

| 任务 | 某外资公司 | 南方某家著名本土电子企业 |
|---|---|---|
| 选择广告公司 | 跨部门采购小组 | 企业家 |
| 广告战略规划 | 市场部品牌经理及其小组 | 企业家 |
| 广告创意 | 广告公司 | 企业家指定 + 广告公司配合 |
| 物色导演 | 广告公司 | 企业家指定 + 广告公司配合 |
| 物色演员 | 广告公司 | 企业家指定 + 广告公司配合 |
| 广告效果前评估 | 调研公司测试 | 企业家看片 |
| 是否投放 | 品牌经理依公司常模（norm）和测试结果决定 | 企业家依观后感决定 |
| 广告效果后评估 | 调研公司 | 企业家评估拍板 |
| 广告公司评估 | 跨部门专业小组 | 企业家拍板 |

资料来源：蒋廉雄，《中国式管理的菜单》，《销售与市场》（战略版）2006 年第 3 期。

　　对企业没有建立品牌管理的基本体系和制度问题，很多研究者将其归诸于品牌营销教育不足和人才的缺乏（胡军等，2005；商务部，2008，2011；祝合良、王平，2007）。这一观点本身没有错，尤其对中小企业来说，缺乏足够的薪资吸引力难以招聘到高素质的营销管理人才是其品牌建立中的一个重要问题。但是，根据研究者对珠三角地区企业管理者的接触和访谈，高层管理者尤其是企业创始人的管理观念以及由此决定的企业营销基础建设问题的轻视更是根本性的。许多跻身行业前列的珠三角地区大型企业，招募到高水平的营销管理人才已不是问题。但是，由于高层管理者缺乏现代管理理念，当企业发展壮大后仍不重视建立规范的营销管理体系和制度。例如，霸王是中药洗发水市场中的领导者，但其不规范的品牌建立策略和营销方式仍令人震惊。[1]

---

　　[1]　参见石兆《消费者没哭"霸王"为啥先哭了》，千龙网，http：//quyu. qian-long. com/44348/2010/08/03/4703@5952366. htm。《"霸王"洗发水营销迷途，形象存在误区》，中国证券网，http：//www. cnstock. com/08zqjg/2009 - 03/28/content_ 4174239. htm。

### （四）营销不足与过度广告营销

#### 1. 营销不足

对于多数珠三角地区的企业而言，由于资金有限和缺乏规划，在自主品牌的建立中存在营销不足的问题。首先是基本的营销投入不足。一般而言，企业的销售费用占销售额的比例值在 30% 左右，企业的广告投入占销售额的比例值在 5%—30%。对全省的中小企业调查发现，47.3% 企业的销售费用占销售额的比例值在 10% 以下，82% 的企业销售费用占销售额的比例值在 20% 以下。另一项针对珠三角某市企业的调查显示，有 38.7% 的企业从来没有做过广告。而在做过广告的企业中，有 68.5% 的企业的广告投入占销售额的比重在 1% 以内（陈湘青，2004）。二是无法利用主流媒体开展营销。对于缺乏实力的企业，户外广告是企业采用最多的广告方式，达到 29.8%。对作为主流的电视广告的采用率只有 2.4%。只有 5% 左右的企业利用过新闻媒介等公关手段进行品牌宣传（陈湘青，2004）。营销投入不足，影响品牌的市场渗透和扩展，导致品牌成长乏力。

#### 2. 过度广告营销

少数成长较快的企业，在具备了一定营销实力后，过度依赖广告方式进行品牌营销。广告是品牌营销的基本策略之一，但在没有建立基本的品牌管理体系和制度时过度依赖广告进行轰炸式营销时，企业可能沉醉于品牌一时的高知名度和热销，忽略新产品研发和产品质量管理，并导致品牌在取得短期的成功后因缺乏营销基础而走向衰落。据调查，国内企业广告投入年平均增长率达 30%，某些特殊行业如食品和保健品的广告投入年增长率高达 60% 乃至 80% 以上（刘明珍，2006）。而且，国内企业将广告费用主要投放在产品和品牌的发布，较少用于市场调研、创意和制作（商务部，

2008）。这一现象在珠三角地区的某些企业也同样存在。爱多曾在
1998 年以 2.1 亿元获得中央电视台黄金资源广告招标的标王，步
步高曾在 1999 年、2000 年分别以 1.59 亿元、1.26 亿元获得中央
电视台黄金资源广告招标的标王。① 前者在市场上早已匿迹，后者
除电话机外，其推出的电脑学习机、电话机、手机、豆浆机等多种
电子、电器产品很少进入领导品牌行列，例如其手机品牌未进入市
场前十名，② 豆浆机的品牌市场份额只有 2.4%，远低于排在第一
位的九阳 65.2% 市场占有率水平③。

### （五）"国际品牌诅咒"

得益于中国改革开放政策进入中国市场的国际品牌，为满足中
国消费者迸发的需求作出了巨大的贡献，并为自主品牌的营销提供
了学习的范例。但是，正如一些研究者很早就指出的那样，国际品
牌进入中国后，它们与自主品牌的发展存在矛盾（卢泰宏等，
1996）。这种矛盾的结果就是国际品牌对自主品牌的建立产生了抑
制性影响。而且，这种抑制性影响，是由其市场先发优势所产生的
市场效应，以及利用这种先发优势在中国市场的不同发展进程上采
取相应策略，例如强势竞争、合资、品牌租赁、收购，使自主品牌
发展始终处于受其压抑乃至最后被获取状态。本研究将其称为
"国际品牌诅咒"现象。

1. 国际品牌的先发优势

国际品牌成长于欧美成熟市场，在 19 世纪欧美地区市场的商

---

① 资料来源：《央视 1995—2009 年度广告招标中标的"标王"名单》，新华网，ht-tp：//news. xinhuanet. com/fortune/2009 – 11/18/content_ 12484929_ 4. htm。

② 参见 IT168 网站：2010 手机排行榜，http：//product. it168. com/top/mobile_ lo-go. shtml。

③ 资料来源：零售排行，中国市场调查研究中心，http：//rm. cmrc. cn/sorts/month/2010 – 9/210 – 5. html。

业化进程中开始品牌化，历经一百多年的发展，这些品牌在其国内和国际市场均处于领导地位。它们建立了优异的产品、规范的品牌管理制度、完备的营销运作体系和成熟的营销方式。当中国实行改革开放时，国际品牌已凭借其在产品、营销、资源和能力等方面的先发优势，率先占据了中国当时相应的空白市场，例如碳酸饮料、洗发水、高档家电等市场。随着改革开放的推进，越来越多的国际品牌进入相应的产品市场。与此相比，最早的自主品牌在二十世纪80年代开始出现。从品牌演进进程看，它们是后来者。当自主品牌与国际品牌在市场中相互竞争时，国际品牌的先发优势使自主品牌在竞争中总体上处于不利地位。

2. 国际品牌对自主品牌的获取

凭借上述优势以及中国政府的政策取向，国际品牌进入中国市场后，通过合资、租赁、收购等方式，对自主品牌的发展采取了相应的"获取战略"。

在90年代初，随着引进外资政策大门打开，国内当时在消费品市场上处于领先的国有企业纷纷与外资公司组建合资公司。中方公司纷纷以厂房、品牌等资产入资，品牌作为无形资产被低估并划入合资公司。1993年，作为当时全国八大饮料品牌之一的广州亚洲汽水与可口可乐合资。① 1992年，高露洁公司通过与广州洁银日用化工厂及广州经济技术开发区工业发展总公司合资成立了广州高露洁有限公司，美方投资超过4000万美元，占65%的股权。"洁银"商标仅折价200万美元作为中方出资。合资以后，洁银牙膏1993年的产量为4200吨，比合资前1991年的7200吨降低很多。同时，公司用于高露洁的广告费用比"洁银"高2—3倍。在中国

① 参见百度百科：广州亚洲汽水厂，http：//baike. baidu. com/view/2875663. htm。

大陆、东南亚和香港一带都拥有相当知名度的"洁银"品牌,现已从市场中消失。广州啤酒厂在 1991 年与生力啤酒合资。之后曾经家喻户晓的双喜啤酒、广生啤酒在市场中不复存在。作为我国年产 8 万吨以上的 4 家洗衣粉厂之一,广州"菊花"品牌与外商合资后也已销声匿迹(卢泰宏等,1996)。在外资进入市场的初始阶段,为了全面、快速地进入中国市场,以"合资"形式"控制"然后"冷藏"当时在市场中处于领导性地位的中方品牌是外资公司进入后参与中国市场竞争的主要策略。

进入 20 世纪,随着民营经济的发展壮大,一批民营公司建立的品牌在中国市场快速成长,并与国际品牌展开竞争。为了保护自身的市场份额和地位,外资公司采取收购中方企业的方式控制新兴的自主品牌。先后出现了 SEB 公司收购苏泊尔、吉列收购南孚、达能入资娃哈哈、凯雷入资徐工、可口可乐收购汇源、强生公司收购大宝、拜尔斯道夫公司收购丝宝日化公司及其舒蕾、美涛、风影、顺爽四个知名品牌、壳牌公司收购统一润滑油等事件。① 而在珠三角地区,这种收购已早于中国其他地区相继发生。作为当时国内食品和饮料行业的知名品牌乐百氏(Robust)在乳酸饮料和饮用水市场处于领先地位,并被国家商标局认定为中国驰名商标(周超,2004),但在 2000 年被法国达能公司收购,几年后乐百氏品牌的产品几乎在市场消失。2003 年,法国欧莱雅公司收购了公司所在地位于深圳的"小护士"品牌。作为生产护肤品的自主品牌,"小护士"创立于 1992 年,经过十余年成长,在中国市场建立了较高的知名度和市场占有率。根据 AC·尼尔森公司当时的调查,其品牌认知度高达 99%,2003 年的市场份额达到 4.6%,是中国本土第三大护肤品牌。

---

① 上述收购,凯雷入资徐工、可口可乐收购汇源引起了强烈的社会关注,最终因未能通过商务部的审批而放弃,但其余收购均成功。

但在被收购后,"小护士"品牌的市场表现水平急剧下降。[①]

跨国公司通过租赁、收购中国自主品牌的具体情况见表 5 - 2。

表 5 - 2　　　　　　自主品牌被并购或租赁的情况统计

| 本土企业 | 创立时间 | 出售时间 | 收/并购/合作方式 | 收/并购/租赁价格 | 本土企业特征 | 外方并购企业 |
|---|---|---|---|---|---|---|
| 汇源 | 1992 年 | 2008 年 | 全资收购 | 196.47 亿港元 | 民营 | 美国可口可乐 |
| 大宝 | 1999 年 | 2008 年 | 全资收购 | 23 亿元 | 公有 | 美国强生 |
| 丝宝 | 1989 年 | 2007 年 | 收购85% 股权 | 3.17 欧元 | 民营 | 德国拜尔斯道夫 |
| 统一润滑油 | 1993 年 | 2006 年 | 收购75% 股份 | 未披露,猜测10 亿元 | 民营 | 壳牌 |
| 苏泊尔 | 1994 年 | 2006 年 | 收购61% 股份 | 23.72 亿元 | 民营 | 法国 SEB 公司 |
| 白猫 | 1948 年 | 2005 年 | 收购75% 股份 | 逾1 亿元 | 国有 | 香港和黄 |
| 光明 | 1952 年 | 2005 年 | 持股20.01% | 不详 | 国有 | 法国达能 |
| 正广和 | 1995 年 | 2004 年 | 收购50% 股份 | 不详 | 国有 | 法国达能 |
| 乐凯 | 1958 年 | 2003 年 | 收购20% 股权 | 4500 万美元 | 国有 | 美国柯达 |
| 三笑 | 1989 年 | 2003 年 | 合资三年后全资收购 | 1.7 亿元人民币+30% 股份的3 倍溢价 | 民营 | 美国高露洁 |
| 南孚电池 | 1988 年 | 2003 年 | 收购72% 股份 | 未披露 | 陆港合资 | 美国吉列 |
| 小护士 | 1992 年 | 2003 年 | 收购 | 未披露,估计2.5 亿 | 民营 | 法国欧莱雅 |
| 乐百氏 | 1992 年 | 2000 年 | 收购92% 股权 | 23.8 亿元 | 民营 | 法国达能 |
| 益力 | 不详 | 1996 年 | 54.2% 股权 | 未统计 | 民营 | |
| 活力28 | 1950 年 | 1996 年 | 合资 | 未统计 | 国营 | 德国美洁时 |
| 美加净 | 1962 年 | 1994 年 | 合资 | 未折价 | 国营 | 联合利华 |

① 参见百度百科:小护士,http://baike.baidu.com/view/89595.htm。《"欧莱雅"收购"小护士"》,新浪网,http://news.sina.com.cn/c/2003 - 12 - 14/10151336632s.shtml。刘琼:《小护士凋零之谜:欧莱雅的阴谋还是水土不服》,《第一财经日报》,转引自腾讯财经,http://finance.qq.com/a/20110114/000567.htm。

| 本土企业 | 创立时间 | 出售时间 | 收/并购/合作方式 | 收/并购/租赁价格 | 本土企业特征 | 外方并购企业 |
|---|---|---|---|---|---|---|
| 天府可乐 | 20世纪80年代 | 1994年 | 收购 | 350万元 | 国营 | 美国百事可乐 |
| 熊猫 | 1958年 | 1994年 | 成立合资公司 | 品牌租赁50年 | 国营 | 宝洁 |
| 中华牙膏 | 1954年 | 1994年 | 合资 | 未折价 | | 联合利华 |
| 金鸡鞋油 | 20世纪50年代 | 1993年 | 合资 | 未统计 | 国营 | 美国莎莉集团 |
| 洁银牙膏 | 20世纪70年代 | 1992年 | 收购 | 不详 | 国营 | 美国高露洁 |

资料来源：笔者对互联网上资料的收集和整理。


### 3. 获取战略的性质和特征

可以发现，以 2000 年为分界点，外资公司从初期的租赁"国企"品牌转变为新一轮的并购"民营企业"品牌，国际品牌对自主品牌的获取方式发生了重大变化。2000 年前，外资企业以合资形式租赁的品牌主要是中国在计划经济年代形成的名牌。在改革开放初期的 90 年代，民营企业尚处于导入期，主导品牌是计划经济留下的传统名牌，少数跨国公司进入中国后的市场扩展第一步就是要并购这些主导品牌，扫清市场道路，以租赁控制并冷处理传统品牌是其主要竞争策略。进入 21 世纪后，民营企业进入成长期，在相关领域，民营自主品牌成为挑战品牌。在跨国公司的市场扩展中，收购成长性的民营自主品牌不但可扫清市场道路，而且能满足其长期战略目标的需要。

（1）并购对象的变化。从租赁"国企"品牌到并购"民营企业"品牌。以 2000 年为分界点，本土企业被外资企业并购的对象发生了本质的转折。2000 年前，外资企业通过合资方式租赁的品牌主要是中国在计划经济年代形成的名牌。由于在改革开放初期的

90 年代，民营企业尚处于导入期，主导品牌是计划经济留下的传统名牌，少数跨国公司进入中国后的市场扩展第一步就是要并购这些主导品牌，处理好竞争者。进入 21 世纪后，民营企业进入成长期，在相关领域，民营品牌成为国际品牌的挑战者。在跨国公司的市场扩展中，民营品牌自然成为被并购的对象。从租赁主导品牌到并购挑战品牌，表明了外资公司扫清市场道路的动机越来越强。

（2）被并购品牌的规模越来越大。并购的价格间接反映了这一点。例如，1994 年百事可乐全资购买天府可乐只花了 350 万元，但可口可乐并购汇源的股份需动用 196.47 亿港元资金。这一方面反映了本土品牌价值的增长，但另一方面，这也表明，本土公司在相应市场领域的营销成效对外资公司的吸引和威胁均越来越大，并购的战略意义也越来越重要。

（3）被并购的行业越来越宽。现有国际品牌在中国并购的品牌集中在消费品行业，但值得注意的是，并购涉及的消费品行业从洗衣粉、可乐饮料等成熟行业扩大到果汁、电池、润滑油等成长性行业。此外，假如徐工的并购没有受到阻挡，这个结果还要改变，外资并购冲破了消费品品牌的界限，进入了中国工业品领域。这一方面反映了自主品牌在不同领域的发展，但另一方面也表明，中国作为新兴市场，外资获取本土品牌的范围越来越宽，领地越来越深。

（4）被并购业务的战略性质的变化。可口可乐对汇源的并购，不像以往外资公司在其核心业务领域对中国公司的并购，而是在当前非核心业务领域的果汁饮料这一产品类别业务进行并购。这表明，外资并购的战略性越来越强。

（5）并购涉及的市场竞争范围从国内市场扩展到国际市场。苏泊尔的并购方法国 SEB 公司是国际性的小家电公司，而苏泊尔的 40% 销售量在出口市场。法国 SEB 公司称，如并购苏泊尔将保持苏泊尔品牌，但限制或降低其出口是太容易的事情，类似的事情早已发生在吉列收购南孚电池的案例上。这一点说明国际品牌并购自主品牌的战略性意义已超越了中国市场的范围。

（6）并购方全部来自全球成熟市场企业。自2000年后，并购方企业的来源地从美国、英国扩展到法国、德国。这表明，随着中国市场全球化的程度提升，中国企业受关注和被并购的潜在可能性越来越多。如果不采取有效对策，国际品牌对自主品牌的获取现象将会越来越多地发生。

值得注意是，对在合资中丢失名牌、外资收购中国品牌等问题，更多的是社会层面的关注。在自主品牌建立的讨论中，很少有研究者将这一问题纳入讨论。这是重大的研究缺失。中国的自主品牌在现代市场进程中属于后来者，在市场竞争中受困于迟发劣势，当其少数在取得突破和成长时又往往难逃被国际品牌收购的命运。在珠三角地区，这一问题也比较突出。但"国际品牌诅咒现象"始终没有引起研究者的足够关注。

### （六）"老品牌"的消失

以老字号和改革开放前后的知名品牌为代表的老品牌的发展是自主品牌建立的途径之一，但由于企业体制约束，内部管理较弱和缺乏营销创新，一些"老品牌"在激烈的市场竞争中趋于消失。根据国家质量监督部门统计，1993年，全国29个省、市、区的40个行业主管部门和一些中介组织曾推荐过9000多个知名品牌，其中省级认定和推荐的近4000个，但这些品牌到21世纪初时绝大多数销声匿迹（课题组，2001）。这一情况在珠三角地区同样存在。例如，广州原有100来家老字号企业，2002年进入中国老字号名单的有27家，经营状况较好的只是该名单中的少数企业，如宝生园、王老吉、陈李济、潘高寿、敬修堂等。以饮食行业为例，广州市饮食集团公司属下的 11 家老字号酒楼，有 3 家严重亏损，2 家停业，2 家保本或微利，只有 4 家效益相对较好，但营业额和利润额近年处于快速下滑状态（蔡国田、陈忠暖，2004）。2006 年商务部重新公布了"中华老字号"认定名单，广东省只有 22 家老字号入选，其中珠三角地区 17 家。[①]

## 四　小结

珠三角地区的品牌化取得了好的成效。品牌化经营企业正在有力地促进珠三角地区经济的增长。同时企业的品牌意识开始普遍建立，品牌化水平明显提升，领先性品牌也开始出现。综合本章与前面第三、四章的分析，从总体上看，自主品牌处于成长期。但是，存在品牌化水平过低、产品质量缺陷和创新不足、营销管理、策略落后、"国际品牌诅咒"和历史品牌振兴等问题。

通过扩展性地收集数据，本章的分析对了解中国自主品牌建立的现状、成效和问题也提供了参照。珠三角地区乃至中国的自主品牌的建立任重而道远。在中国经济仍呈现快速增长，社会处于迅速变化的情形下，中国企业已经具有普遍化的品牌意识与基本行动，下一步的目标是进一步地提升品牌化水平，并尽快建立领导品牌。但在品牌化的成长过程中，仅仅具备基本的品牌化意识和行动已不足够，品牌战略的形成和实施成为关键。因此，自主品牌要实现成为中国市场乃至全球市场的领导者的目标，需要在理解中国市场的性质和特征基础上，确定品牌建立的基本战略和实施方案。

---

①　商务部：《商务部公示首批"中华老字号"》，http：//syggs. mofcom. gov. cn/aarticle/ao/aw/200610/20061003350675. html。

## 参考文献

［1］ Aaker, David A. （1996）, Building Strong Brands, NY: Free Press.

［2］ Doyle, Peter H. （1990）, "Building Successful Brands: The Strategic Options," *Journal of Consumer Marketing*, Vol. 7, No. 2, Spring: pp. 5 – 20.

［3］ Kapferer, Jean – Noel （1992）, Strategic Brand Management: New Approaches to Creating and Evaluating Bran d Equity, London: Kogan Page Limited.

［4］ 蔡国田、陈忠暖:《新时期广州"老字号"的困境与发展探讨》,《云南地理环境研究》2004 年第 1 期。

［5］ 陈湘青:《珠三角 N 市企业品牌创建存在问题及原因分析》,《江苏商论》2004 年第 8 期。

［6］ 冯邦彦、王鹤:《企业集群生成机理模型初探——兼论珠江三角洲地区企业集群的形成》,《生产力研究》2004 年第 6 期。

［7］ 胡军、陶锋、陈建林:《珠三角 OEM 企业持续成长的路径选择——基于全球价值链外包体系的视角》,《中国工业经济》2005 年第 8 期。

［8］ 蒋廉雄:《中国式管理的菜单》,《销售与市场》（战略版）2006 年 3 月。

［9］ 蒋廉雄、朱辉煌:《品牌认知模式与品牌效应发生机制:超越"认知—属性"范式的理论建构》,《管理世界》2010 年第 9 期。

［10］ 课题组:《当年的 9000 个品牌哪去了》,《经济研究资料》2001 年第 10 期, 转引自《中国企业自主知识产权和知名品牌发展研究》, 刘明珍,《中国软科学》2006 年第 3 期。

［11］ 雷鸣、袁记:《广东中小企业营销困境与对策建议》,《江苏商论》2007 年第 4 期。

［12］ 黎友焕、黎友隆:《如何提升珠三角企业自主创新能力》,《商业时代》2007 年第 6 期。

［13］ 李惠武:《珠江三角洲必须走自主创新之路》,《广东科技》2005 年第 10 期。

［14］ 李青、涂剑波:《我国企业技术创新对自主品牌建设的影响研究》,

《北京理工大学学报》（社会科学版）2008 年第 4 期。

[15] 林炜双：《整合传播——广东服装品牌突破之路》，《广东科技》2010 年第 7 期。

[16] 刘明珍：《中国企业自主知识产权和知名品牌发展研究》，《中国软科学》2006 年第 3 期。

[17] 卢泰宏、谢彪、罗淑玲、梁志红：《我国自创品牌的进展与展望》，《中国大学学报》（社会科学版）1996 年第 3 期。

[18] 毛蕴诗、李田、吴斯丹：《从广东实践看我国产业的转型、升级》，《经济与管理研究》2008 年第 7 期。

[19] 梅述恩、聂鸣、黄永明：《区域品牌的全球价值链中的企业集群升级——以广东东莞大朗毛织企业集群为例》，《经济管理》2006 年第 13 期。

[20] 孙章伟：《长三角与珠三角大企业"集团"比较研究——以苏州、无锡、宁波和佛山、东莞、中山为例的分析》，《广东经济》2009 年第 6 期。

[21] 王珺：《衍生型集群：珠江三角洲西岸地区产业集群生成机制研究》，《产业经济评论》2005 年第 2 期。

[22] 汪涛：《影响中国企业自主品牌决策的因素分析》，《中国软科学》2006 年第 10 期。

[23] 余明阳：《中国品牌报告》（2011），上海交通大学出版社 2011 年版。

[24] 张宁：《"广东制造"的新生——看广东家电行业的品牌生态圈效应》，《大市场·广告导报》2006 年第 11 期。

[25] 中华人民共和国商务部：《中国品牌发展报告（2007）》，北京大学出版社 2008 年版。

[26] 中华人民共和国商务部：《中国品牌发展报告（2008—2009）》，北京大学出版社 2011 年版。

[27] 课题组：《中国珠江三角洲地区产业集聚和企业间联动》，《后危机时代的企业集聚与创新——来自珠三角企业的调查报告》，《南方经济》2010 年第 3 期。

[28] 周超：《广东乐百氏集团有限公司的营销策略》，《商业经济与管

理》2004 年第 1 期。

　　[29] 祝合良、王平:《中国品牌发展的现状、问题与对策》,《经济与管理研究》2007 年第 8 期。

# 第六章

# 自主品牌建立的市场决定机制

## 一　引言

如前所述，国内研究者们对如何成功地建立自主品牌进行了许多研讨，但并未触及自主品牌建立成功的内在决定机制这一决定品牌建立战略的核心问题。另外，以欧美成熟市场为现实基础、以跨国公司国际品牌为视角建立的现代营销理论，也没有对品牌建立的市场决定机制问题从事过专门的分析。

考虑到品牌建立的市场决定机制是决定品牌建立战略的核心问题，本章为此对它建立一般性的分析框架。本章利用第二章建立的相关概念，尤其是自主品牌的概念定义，对自主品牌采取了与国际品牌具有不同含义的假定，在此基础上探讨自主品牌建立的市场决定机制。在该部分，通过建立"顾客—产品—品牌化驱动器"的概念模型展开具体分析。

## 二　理论基础与概念模型

关于企业业务经营活动的基本常识是，企业通过满足顾客需求而获利。接受这一常识是开展营销活动和从事营销战略分析的前提。依据这一常识，营销学对市场建立了不同于日常经验和经济学的概念定义。在日常经验中，市场是指商品交换的场所。在经济学中，市场被定义为买者和卖者相互作用并共同决定商品或劳务的价格和交易数量的机制（萨缪尔森、诺德豪斯，2008）。而营销学认为，顾客即市场，即具有特定欲望和需求的顾客构成了市场。由于顾客需求具有相应的性质及特征，由顾客构成的市场也具有不同的类型、性质和特征（Kotler 和 Keller，2009）。这意味着，顾客需求性质和特征的差异，一方面为公司的业务经营提供了定义、选择目标市场的机会，另一方面它要求公司在相应目标市场的业务遵循由它所决定的品牌化战略逻辑，在这一逻辑下的相关要素及其关系构成了品牌化战略的市场决定机制。

根据营销学依据的基本常识，顾客的需求及其特征决定了市场战略的边界和基本模式。对一个具体的企业而言，其品牌建立首先需要符合市场需求决定市场战略方式的这一前提。在此基础上，品牌建立能否成功，在于其是否识别了市场决定机制并在评估自身对其的适应性的基础上作出恰当的战略决策。对研究者而言，如何理解和解释市场决定机制并在此基础上发展品牌建立的基本战略理论，取决于其立足的现实基础和选择的观察视角。

以西方研究者主导建立的现代营销理论，尤其是其发展的"STP"模型及在此基础上提出的"竞争—差异化"的品牌营销基本战略，主要是为构成其经验来源的成熟市场企业的品牌营销战略提供理论和方法上的指引（Kotler 和 Keller，2009）。西方营销研究者在其本土市场经历第二次世界大战后快速发展并进入相对成熟的现实基础上，建立了市场相对成形的假定，并认为品牌建立的基本战略就是在现有的市场边界之内通过相互竞争获得市场机会。在这一特定假定下，他们建立了市场细分、目标市场确定和定位的"STP"模型，并发展了"竞争—差异化"这一品牌营销基本战略的分析框架（Kotler 和 Keller，2009）。可以发现一个显而易见但被中国研究者忽略的事实是，现代营销学建立这一分析框架的重要概念和方法就是欧美市场在 20 世纪 60 年代开始步入成熟阶段时，跨国企业的营销人员在对既有市场的分析中提出并经过营销研究者的发展而被一般化的。例如，市场细分的核心方法利益细分（benefit segmentation）、情境细分（occasion – based segmentation），品牌定位分析的传统工具多维尺度和权衡测量方法（multidimensional scaling and trade – off）均是美国营销行业内机构，如企业、广告公司人员在 20 世纪六七十年代提出的（Wells，1993）。这些方法从既定的产品类别上来识别和测量消费者的需求，以竞争品牌及其所共有的属性作为模型分析的基本维度。定位理论也由原来在广告公司工作的里斯和特劳特两位年轻人在 1972 年提出。他们发现美国市场开始出现产品、媒体"爆炸"这一成熟市场特征，因此需要进行营销变革。正是在这一背景下他们提出了品牌定位的概念和各种竞争取向的定位策略（Ries 和 Trout，1981）。

　　因此，当对自主品牌的基本战略建立适合自身的现实基础和观察视角后，理论发展的内在逻辑要求研究者必须重新回到市场决定机制的理解上来，并考虑这一主位法的要求，对品牌化战略的市场决定机制并在此基础上发展的品牌基本战略理论进行分析。根据营销学依据的企业通过满足顾客需求而获利的基本常识，以及公司在相应目标市场的业务经营遵循由顾客需求的性质和特征所决定的品牌化战略逻辑，在此对品牌营销的市场决定机制作如下理解：公司决定为谁提供，即识别和定义目标顾客以满足其需求；提供什么，即公司根据目标顾客的需要发展相应产品；如何提供，即如何让目标顾客更好地认知和购买品牌，从营销角度看即是如何最大化影响目标顾客对品牌的认知、选择和评价，最大化地发挥品牌效应。在研究中，如何识别和定义为谁提供、提供什么和如何提供的三个核心问题及其关系，是品牌化战略市场决定机制分析的核心问题。在此建立顾客—产品—品牌化驱动器的概念模型对其进行具体分析。如图 6—1 所示。

在市场决定机制的概念模型中，顾客方面的分析聚焦于顾客需求的性质与特征如何决定企业经营业务的目标市场界定，以识别决定企业进行品牌建立的潜在市场机会。产品方面的分析聚焦于顾客如何定义产品类别、产品属性和产品意义并决定了品牌的产品定义的可能性和方向。其目的则包括两个方面，一是结合顾客分析进一步识别品牌建立的潜在市场机会，二是识别决定品牌建立时可利用的战略性的品牌化资产。品牌化驱动器的分析则在上述基础上，聚焦于分析企业可计划和控制、且能产生品牌效应的营销因素，从研发、产品发展、意义扩展、包装、价格、渠道、广告、促销、服务、互动和体验等方面评估和选择最可能发挥品牌化效应的主路径。考虑到本书的研究目的是进行自主品牌的基本战略的分析，具体的分析思路是，首先分析顾客—产品—品牌化驱动器作为市场决定机制的概念和内在逻辑，其次在此基础上评估中国企业对它的适应性，最后评估自主品牌战略决策的依据。在上述基础上，发现自主品牌在顾客—产品—品牌化驱动器构成的这一市场决定机制上所呈现的要素特点及其关系，进一步分析自主品牌建立的基本战略及相关影响因素。

值得指出的是，企业的内部品牌化能力、市场竞争和政府介入是品牌化战略的重要影响因素。对它们的分析，将在后面的相关章节中进行。

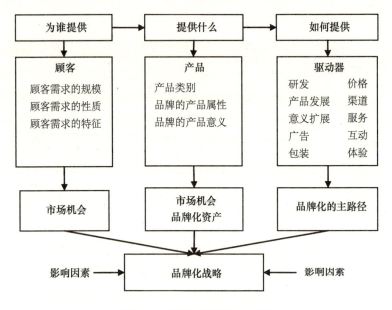

图 6-1　品牌化的市场决定机制

## 三　市场决定机制分析

### （一）顾客

顾客构成了市场，顾客的特征和需求状况决定了市场的类型、性质和特征。因此，顾客不但决定了公司业务为谁开展从而取得收入来源，而且暗含了公司在市场中需要采取针对性的营销战略。对顾客的分析可从顾客的多样性和差异性、需求量、需求增长、需求满足程度等方面来定义。顾客的多要性和差异性就是指根据顾客特征和需求性质不同所形成的各种类型和差别。需求量就是需求水平的度量，所有顾客的需求量构成了市场规模。需求增长性即是需求随时间变化发生的增量。需求的满足程度是指顾客在其期望下需求实现的程度。根据这些变量分析，中国企业面对的顾客明显不同于成熟市场。①

（1）顾客的多样性及差异性。在多样性方面，存在个人、家庭、企业、政府等顾客，它们构成了消费产品、工业产品和机构产品等市场类型。另外，中国幅员辽阔，地理和区域文化存在较大差异，它们使中国顾客的需求形成了多样性特征，产生了诸如城市市场和农村市场等类型，在城市市场中还存在一线城市市场、二线城市市场、三线城市市场等。在差异性方面，受东方文化影响的中国顾客与受西方文化影响的成熟市场顾客具有不同的需求偏好。例如，即使对手机这样一个全球性的产品，中国顾客在消费利益认知和使用偏好上，形成了明显不同于成熟市场顾客的消费行为和心理。在消费利益上，除了关注通信功能外，还看重手机对身份、个性的体现。在购买方面上，由于追求身份和个性的体现，显得更频繁地更换手机。在使用方面，由于崇尚节日问候，更偏好使用短信（卢泰宏等，2005）。顾客类型多样性及差异性，暗含着丰富的从事品牌化的战略机会。

（2）需求量与需求增长。中国人口规模巨大，意味着巨大的潜在消费需求量。在实行改革开放后，国家经济发展所带来的消费能力和居民消费意愿的提升所产生的市场需求规模，在现在和未来均是巨大的。目前，中国的 GDP 总量位居全球第二，年增长速度超过了 10%，再过 40 年左右，人均 GDP 可赶上发达国家水平。②这一由巨大需求规模及持续增长速度构成的新兴市场为自主品牌的建立提供了巨大的市场空间。

（3）需求的满足程度。由于改革开放初期经济发展的起点较

①　关于中国顾客的需求的独特性及其差异的详细分析，可参见卢泰宏等的《中国消费者行为报告》，中国社会出版社 2005 年版。

②　中国发展门户网：《中国现代化国家前景分析 2050 年基本实现现代化》，http：// cn. chinagate. cn/zhuanti/sjxdh/2010－03/05/content_ 19533970. htm。

低，中国市场的品牌化产品以及顾客的购买能力有限，故顾客总体的需求满足程度相对较低。这种较低满足程度的需求在中国高速增长经济发展的驱动下会不断被激发和释放，呈现为显性需求。自20世纪80年代推行改革开放以来，中国居民对饮料、化妆品、电视机（80年代中—90年代初）、电冰箱（90年代中—21世纪初）、空调（90年代末—21世纪初）、电脑（21世纪初）、汽车（21世纪初），这些在发达国家早已普及的产品先后呈现爆发式的需求。①现在，在成熟市场已出现过的奢侈品需求正在中国流行。可以预见，随着经济的发展，许多潜在的隐性需求将会陆续地被激发出来。这些大量存在的且可激发的隐性需求表明，相对于成熟市场国家，作为新兴市场的中国存在大量的潜在空白性市场，它为企业的品牌化提供了比成熟市场更多的市场机会。

（4）需求的特殊性。在需求的特殊性方面，主要是指来自跨国公司外包业务的显性需求形成了特殊市场。之所以将跨国公司的业务外包需求构成的市场称之为特殊市场，首先是因为这一需求是由起源于成熟市场的跨国公司通过将研发、生产和营销分离，并将其生产向具有成本优势的中国输出而产生。其次，对中国企业而言，这种需求具有阶段性。如上述分析，随着中国经济水平的进一步发展，当进入发达国家水平时，随着参与全球价值链分工地位、城市化水平以及劳动力、土地等资源要素价格的上升，这一需求将基本消退。

总体而言，对顾客的分析表明，除了第四点之外，中国市场具有规模巨大、多样性和空白性的性质和特征，这意味着多种市场在未来有待出现和成形，为自主品牌的建立提供了丰富的战略机会。

---

① 上述分析结果的数据来自《中国统计年鉴》中的"人民生活"部分的统计。1990—2008年度的数据，可参见《中国统计年鉴（2009）》。

对于某个中国企业而言，它首先要明确，企业应该去界定和建立市场，而不是在既有的市场中选择某些顾客，即所谓对现有市场进行细分选择其服务的顾客。对市场的界定和塑造是决定自主品牌能否成功建立的首要因素（Reibstein，1985）。由于顾客通过类别化认知形成对品牌的评价，选择最具空白性的市场建立品牌，并为此建立顾客的品牌类别化认知，可最大化地发挥品牌效应（蒋廉雄、朱辉煌，2010）。因此，识别空白性市场是中国企业进行品牌建立并能取得成功的优先市场。中国企业的品牌化历程也表明了这一点。20世纪80年代，随着改革开放政策的实施，国内居民对当时的新型家电产品如风扇、冰箱、电视机的需求，对企业而言形成了巨大的空白市场。珠三角地区出现的第一批品牌化企业，例如美的、科龙、TCL、康佳就是在当时的空白市场中取得成功的产品。① 在中国市场的需求特殊性方面，这一特殊性的市场需求尽管具有阶段性，但由于其需求的巨大和相对稳定性，这一特殊性市场对当前的许多中国企业仍可能具有很大的吸引力。由此来看，对于从事OEM业务的中国企业转型问题，也不能简单地予以否定。

## （二）产品

产品是满足顾客功能、情感和社会象征等需要的基本提供物。就品牌化战略而言，产品不但是品牌的载体，而且进一步界定了公司进入的市场，并是品牌效应产生的重要来源。原因在于好的产品容易被顾客接受并形成强烈偏好和忠诚。在品牌水平下，产品由通

---

① 参见提及的各家公司网站中的公司大事记或发展历程网页。《美的集团大事记》，http：//www.midea.com.cn/zh/app/pressreleasecategory/295；《科龙公司发展大事记》，http：//www.kelon.com/gywm/fzdsj/。《TCL发展历程》，http：//www.tcl.com/index.php/News/history/id/86.html；《康佳集团大事记》，http：//www.konka.com/cn/AboutDsj.aspx？type=about_dsj。

过产品类别、产品属性、品牌的产品意义的定义来实现。在成熟市场中，由于市场中的现有品牌建立了既有的产品类别，通过寻求产品属性的差异化被认为是从事品牌建立和维持市场竞争优势的关键（Kotler 和 Keller，2009）。但在作为新兴市场的中国，由于顾客的需求满足程度和产品的品牌化程度较低，甚至存在一定程度的空白性，在品牌的产品发展方式上，也可能不同于成熟市场。对中国企业而言，需要从产品类别、产品属性和产品意义建构等方面考虑自身的适应性。关于它们的定义和分析见表 6 - 1。

表 6 - 1　　　　　　　　　　产品与品牌化的市场机制

| 驱动器 | 概念与作用机制 | 自主品牌的适应性 |
|---|---|---|
| 产品类别 | 存在客观定义与主观定义<br>在品牌化中产品更多地是主观定义的<br>决定了企业可优先在什么市场领域从事品牌建立 | 具有空白性和多样化特征，这提供了更多的品牌化市场机会<br>特有的产品领域存在丰富的建立新的产品类别的品牌化战略资产<br>在技术演变中建立新产品类别 |
| 品牌的产品属性 | 构成品牌的物理特征<br>品牌能否成功并成为类别市场的领导品牌，在于其能否建立高的产品典型性 | 通过建立高的产品典型性成为领导品牌的可能性更高 |
| 品牌的产品意义 | 品牌的产品意义是顾客定义的，主要包括品牌的独特性、先进性、优异性、正宗性<br>品牌的产品意义是重要的品牌化战略资产 | 在品牌的先进性、优异性方面相对不足<br>在品牌的独特性和正宗性方面相对突出 |

### 1. 产品类别

产品类别（product class；product category）有两个含义。一是对各种满足顾客需求的供应物按其特征区分的产品类型，例如工业产品、农业产品、无形产品如服务，等等。二是顾客主观上将满足其不同需求的各种产品认知为不同的类别。例如，顾客将罐装王老吉产品认知为凉茶饮料，将果汁制品认知为天然饮料等。在市场战略决策中，企业首先确定选择对何种类型的产品进行品牌化，然后识别顾客将其认知为何种产品类别。产品类别的识别和选择不但决定了企业进入何种行业，并明显影响其盈利能力（Bhattacharya 和 Michael，2008）。在品牌化方面，由于不同的产品类别具有不同的引发品牌效应发生的产品属性和意义，产品类别的选择成为影响品牌能够在市场生存、成功的关键因素之一。因此，一些研究者认为，产品类别是决定企业的市场战略能否成功的基础（亚科布齐，2003）。就现有情形而言，中国企业在全球和中国市场中取得成功的品牌，主要是依靠非广告和创新驱动的产品类别的品牌，而跨国公司的品牌，主要是依赖研发和高强度广告驱动的产品类别的品牌（Ghemawat 和 Hout，2008）。

对自主品牌的建立而言，产品类别对其成功的决定性作用在以下几方面。首先，产品类别决定了企业可优先在什么市场领域从事自主品牌的建立。就成熟市场的经验来看，在产品、服务领域呈现高度品牌化状况后，品牌化的对象已扩展到组织、零售渠道、在线商务、人员、地区和创意等方面，并形成了相应的领先品牌，甚至领导性品牌（Keller，2008）。例如，在组织的品牌化方面，各种非营利性组织已成为西方社会中的主要力量之一。一些组织机构如奥委会、红十字会，早已成为大众知晓的著名品牌。在零售渠道的品牌化方面，沃尔玛、家乐福在 20 世纪 60 年代就已建立，并成为全球、欧洲最大的连锁零售商。[①] 在地区品牌化方面，区域或城市营销在 20 世纪 80 年代开始得到大量应用（蒋廉雄、卢泰宏，

---

① 参见《沃尔玛公司历史》，沃尔玛公司网页，http：//walmartstores. com/AboutUs/297. aspx。《家乐福公司历史》，家乐福公司网页，http：//www. carrefour. com/cdc/group/。

2005；蒋廉雄等，2006）。在创意产品的品牌化方面，迪斯尼公司的动画影片及其唐老鸭、米老鼠形象，在 20 世纪年二三十年代已成为全球闻名的品牌。① 但在中国市场，如前所述，由于中国顾客的满足程度较低，在实体产品及服务领域，仍存在许多空白的产品领域。在零售渠道、在线商务、人员、地区和创意等领域，自主品牌的建立正在起步。因此，在中国市场从事自主品牌的建立，比起成熟市场，由于其在产品类别上具有后者不具有的空白点和多样化特征，可获得更多的市场机会。

其次，在选择产品类别从事品牌化时，中国存在的独特性资源为自主品牌的建立提供了丰富的品牌化的机会和资产。其中一个主要的品牌化资源就是文化相关产品。对中国企业而言，在文化相关产品领域寻求品牌化具有内在的成功基础。原因是，首先，中国在其历史长河中积累了丰富的文化性遗产，包括文化相关产品，例如有特色的地方性制造、种植、养殖、中餐、中药、保健等，它们中的一些曾经是传统性的老字号，这些都是创建产品类别的机会所在。其次，文化相关产品具有独特性和不可复制性，它们可以改变全球现代品牌的生产模式（Anholt，2003），成为中国企业从事品牌建立的重要战略资产。以产品和服务为代表的现代品牌在很大程度上是工业化进程的伴随物，并依靠在此进程中获得的经济实力和技术水平获得发展。发达国家和地区因此在产品和服务领域占据了品牌化的资源优势，例如，全球多数知名的产品和服务品牌主要来自美国、欧洲及日本等地区和国家，而发展中国家与它们形成了较大的差距。在这一情形下，发展中国家尤其是那些相对落后的国家

---

① 参见百度百科：米老鼠，http：//zhidao. baidu. com/q？word＝%C3%D7%C0%CF%CA%F3&lm＝0&fr＝search&ct＝17&pn＝0&tn＝ikaslist&rn＝10。唐老鸭，http：//zhidao. baidu. com/q？word＝%CC%C6%C0%CF%D1%BC&lm＝0&fr＝search&ct＝17&pn＝0&tn＝ikaslist&rn＝10。

或地区可通过文化产品领域的独特性优势建立品牌，并以此改变在品牌领域的落后格局。经验表明，对文化相关产品的营销使一批自主品牌在市场中开始成长，像王老吉成为与可乐品牌并立的品牌。中国一些边远地区利用文化资源的品牌化发展旅游经济，提升了区域知名度，建立了区域形象，并以此带动了区域经济的发展。

再次，在技术演变中出现的新产品类别是自主品牌建立的重要机会。在传统工业产品领域，如汽车、电器、IT 产品、化妆品、食品饮料等，主流品牌基本上是国际品牌。在这些产品市场，中国企业处于追赶型的角色，目前成为市场领导者少。[①] 进入 21 世纪，互联网、物联网、环保、能源、生物等新技术发展使新的产品类别不断出现。[②] 例如，电动汽车的出现已使中国企业建立品牌成为可能。[③] 由于该市场中没有现存的品牌，根据后面分析的类别化认知过程可知，在这些市场中品牌建立成功的机会也较高。因新技术带来的新的产品类别在不断地被创造，它提供了源源不断的新的品牌化对象。

因此，对产品类别的理解，可为识别新的品牌化机会提供重要思路。对中国企业而言，中国现有市场中大量存在的空白性产品领域，加上未来随新技术可能产生的新产品类别，使自主品牌建立的市场机会更加丰富。也正因为如此，产品类别的选择，尤其是产品类别的创建已成为自主品牌建立中的优先考虑因素。

---

① 参见 Interbrand Company "Best Global Brands," http：//www. interbrand. com/zh - CHT/best - global - brands/best - global - brands - 2008/best - global - brands - 2010. aspx。

② 麦肯锡全球研究院：《云计算、海量数据和智能设施：值得关注的十种由技术带动的商业趋势》，https：//china. mckinseyquarterly. com/High_ Tech/Strategy_ Analy-sis/Clouds_ big_ data_ and_ smart_ assets_ Ten_ tech - enabled_ business_ trends_ to_ watch_ 2647。

③ 新华网：《中国将成电动汽车中心》，转引自慧聪网，http：//info. auto. hc360. com /2008/10/090838295985. shtml。

## 2. 品牌的产品属性

品牌的物理特征构成了品牌的产品属性。当一个品牌进入市场被消费者所接受，品牌的物理特征如形状、成分、味道等就会被消费者认知为构成该产品类别的基本属性。产品属性是顾客寻求实现产品或服务功能的必要成分，即它是顾客认为的构成产品的具体成分或完成服务的要素。它不但满足顾客对产品或服务的功能性需要（Keller，1993），而且也提供非功能性利益（蒋廉雄等，2012）。

因此，一个进入市场并被消费者接受的品牌，必须具备一组基本的产品属性。当前欧美品牌研究者的基本观点是，一个品牌若要在市场中取得成功，必须具备与竞争者处于同一表现水平的属性（等同点）和不同于竞争者的属性（差异点）。但消费者行为的研究却发现，当选择在某一产品类别上从事品牌化时，其品牌能否被认知为市场中的强势品牌，取决于其产品典型性的高低。产品典型性（product prototypicality）是指顾客认知的某个品牌的产品对其所在的产品类别的代表水平。高产品典型性的品牌，不但是顾客购买的首选品牌（Nedungadi 和 Hutchinson，1985；Ward 和 Loken，1986），而且可作为其他品牌的产品评价的参照点，即那些典型性水平高的品牌的产品，更有可能成为顾客评价市场中其他品牌的产品的标准（reference points）（Peracchio 和 Tybout，1996；Ward 和 Loken，1986）。例如，顾客在很高程度上将可口可乐作为碳酸饮料产品的代表性品牌，而其对自主品牌如非常可乐的评价，是以可口可乐作为认知参照点而作出的。这一认知过程使非常可乐处于不利的认知境地。因此，品牌建立后能否成功成为领导品牌，首先在于其产品能否被认知为这个产品类别的主要代表，即一个品牌要成为领导品牌，必须在顾客心中建立高的产品典型性。而要建立品牌的高产品典型性，选择或创建产品类别是战略成功的关键。

对自主品牌建立而言，由于中国市场中的产品品牌化程度较低，发现、定义和创建产品类别是建立品牌的高产品典型性，即在顾客心中建立代表性品牌认知的最有效途径。而在既有的产品类别市场，跨国公司作为第一行动者早已在其中建立了品牌的产品典型性。在这些产品类别市场，如果以国际品牌为参照，采取模仿或者与其相差异的产品概念，要超过它们并改变顾客的认知需要付出巨大的投入，且机会微小。因此，即使在既有产品市场，自主品牌超过现有领导品牌的有效方式仍然是理解顾客期望，通过利用独有的品牌化资产定义产品概念进而创造新的产品类别，从而建立品牌的高产品典型性。以化妆品市场为例，作为成熟的产品类别，国际品牌在中国市场占据了领导地位，自主品牌如大宝、小护士等，虽然在市场中取得了不俗的表现，但是一直未能超过国际品牌。一些具有成长性的品牌则被国际品牌收购。尽管被收购的原因有多方面，但未能建立品牌的高产品典型性难以在一定时间内超过国际品牌，从而导致企业创始人经营信心不足的问题是内在原因之一。与其形成对比的是，霸王公司通过建立中药洗发水的新产品概念成功地突围，成为该类别市场中的领先品牌。

3. 品牌的产品意义

以往对品牌的产品特征的界定主要局限于物理属性。但进一步的研究扩展了这一边界。消费者除了对品牌的产品属性形成知觉外，还在品牌的物理特征、原料、制造、工艺等基础上建构系统的品牌的产品意义。品牌的产品意义超越了管理者定义的品牌物理特征，它被进一步解释为品牌的独特性、先进性、优异性、正宗性等概念。影响顾客对品牌的功能利益、情感利益和社会利益的认知以及对品牌的态度和选择（蒋廉雄等，2012）。因此，进行品牌的产品意义的分析可在更抽象和集中水平上进一步发现产品在品牌化机制中的作用来源。对自主品牌而言，它可识别中国企业在品牌的产品方面所具有的品牌化战略资产。

（1）品牌的独特性。品牌独特性（brand uniqueness）是顾客在品牌认知、选择时通过直接或间接比较其他品牌而发生的认知，它涉及与其他品牌相区别的产品属性。具体来说，它是其他品牌所不具有的产品相关方面，或者是相对于其他品牌的高诊断水平的产品相关的表现。它是顾客对品牌的功效，用途、原材料、工艺、配方、款式设计等与竞争品牌所比较而具有的差异性水平的感知结果。品牌独特性影响顾客对品牌的功能评价和非功能评价（蒋廉雄等，2010；蒋廉雄等，2012）。尤其重要的是，顾客对品牌独特性意义的建构，与品牌的状况如品牌地位，公司相关信息如规模、历史、实力、所在地无关。就自主品牌的建立而言，由于存在不同于西方成熟市场的文化背景和产品类别资源，通过塑造品牌的独特性为建立成功的品牌提供了优先的选择。而且，利用独特性这一产品属性建立自主品牌的选择，可以适合于各种规模企业，尤其是对于占多数的中小型和新成立的中国企业。这些中小企业的内部营销能力有限，利用独特性作为品牌建立的战略性资产，可使它们避开在规模、历史、实力等方面具有优势的国际品牌的竞争压力。

（2）品牌的先进性。品牌先进性（brand sophistication）是顾客通过对品牌的产品质量和品牌功能的感知来判断、推导的品牌技术、制造、工艺等发展水平（蒋廉雄等，2010；蒋廉雄等，2012）。就自主品牌建立而言，塑造品牌的先进性存在一定潜在的困难。这首先表现在自主品牌的创新能力存在事实上的整体不足（李玉刚，2001；季六祥，2002；刘明珍，2006）。其次，在认知方面，顾客普遍认为自主品牌的先进性低于国际品牌，并成为其购买自主品牌的障碍。此外，先进性感知还与顾客对品牌归属的公司背景，如地位、规模、历史或品牌本身的状况、营销能力等认知有关（蒋廉雄等，2012）。而在此方面，自主品牌也被认为逊于国际品牌。因此，除了在少数领域，例如在电动汽车方面，[①] 运用品牌的先进性建立品牌尚不是自主品牌普遍具有的战略资产。对于一些跟风品牌，更需要回避利用品牌先进性这一产品意义来建立品牌。

（3）品牌的正宗性。品牌正宗性（brand authenticity）是顾客认知的品牌当前产品生产的原料、工艺、技术、功效与来源地或其起源时相比保持稳定的状况，即它们在顾客的感知上没有发生改变（蒋廉雄等，2010；蒋廉雄等，2012）。正宗性体现了顾客关于品牌认知的一致性动机（Beverland，2006）。顾客的品牌正宗性影响品牌优异性和功能表现评价（蒋廉雄等，2010；蒋廉雄等，2012）。在中国，塑造品牌正宗性不但是定义品牌的产品意义的可行性选择，而且可成为抑制国际品牌扩展、促进自主品牌建立的有利战略资产。首先，中国许多传统产品如老字号等，存在利用传统特性的原料、制造工艺塑造品牌正宗性的大量资产。其次，国际品牌在正宗性方面的劣势为自主品牌的建立提供了相对优势。这可从两方面来看，一是当国际品牌进入中国独特性的产品领域，例如凉茶、中药产品领域时，中国顾客会对其形成"非正宗性"的认知，影响其品牌的接受度。例如，可口可乐推出的草本饮料、宝洁公司推出的汉方洗发水产品，一直未能取得如愿的市场目标，更未能撼动王老吉、霸王等自主品牌在此方面的领导地位。[②] 二是当国际品牌将原产地从当地改为国内生产时，顾客会对其正宗性作出偏低倾向的评价（蒋廉雄等，2012）。因此，品牌正宗性是建立自主品牌的重要品牌化资产，是中国企业在品牌战略建立中需要重视的

---

[①]　参见新华网《中国将成电动汽车中心》，转引自慧聪网，http：//info. auto. hc360. com/2008/10/090838295985. shtml。

[②]　参见《中国凉茶真的打败美国可乐了吗》，《中国经营报》2008 年 6 月 22 日，转引自新华网，http：//news. xinhuanet. com/fortune/2008 – 06/22/content_ 8416051. htm。崔丹：《做中草药洗发水第一，霸王凭什么让宝洁害怕》，慧聪网，http：//info. service. hc360. com/2009/11/16133480930. shtml。

问题。

（4）品牌的优异性。品牌优异性（brand superiority）是顾客为实现自己的目标，对不同品牌的产品属性和产品功能表现的比较评价。顾客对品牌优异性的认知涉及原材料、生产工艺、生产加工质量、做工、使用效果水平等方面。与先进性一样，顾客感知的优异性与品牌的背景信息有关。这些背景信息涉及公司的规模、历史、所在地等，它们成为影响品牌先进性的先行性因素。就自主品牌建立而言，中国消费者往往认为外国品牌在质量、服务上比自主品牌具有更高的优异性（蒋廉雄等，2010；蒋廉雄等，2012）。因此顾客对自主品牌优异性过低的认知成为其市场发展的障碍。但是，品牌优异性是品牌建立成功的必要条件之一。重视并提升品牌的优异性，既是自主品牌需要解决的基本问题之一，又是未来从事品牌建立的潜在机会。

总体而言，比起国际品牌，自主品牌在产品发展上具有独特性的机会。除了当前在塑造品牌的先进性、优异性上存在一定程度的不足外，产品类别的建立、品牌的独特性和正宗性的塑造成为为其定义品牌产品的潜在优势。而且，通过建立产品典型性成为领导品牌的可能性也更高。因此，它们是自主品牌从事品牌化的战略性资产。

## （三）品牌化驱动器

在定义顾客—产品的基础上，品牌建立能否成功还取决于选择何种品牌化的驱动器。品牌化的驱动器是指企业在市场中根据自己的顾客—产品组合，选择和实施最可能发挥品牌化效应以增强品牌地位和竞争优势，产生最大化品牌附加价值的持续性行动的主路径。对品牌建立而言，企业必须理解品牌化驱动器来自何处。在营销管理中可计划和控制的、且能影响消费者感知和评价，进而产生品牌效应的各种因素都可成为品牌化驱动器。一般而言，可成为品牌化驱动器的因素包括研发、产品、意义扩展、包装、价格、渠道、促销、广告和服务、互动体验等。关于其基本的定义、特征与自主品牌的适应性分析见表 6 - 2。

表 6 - 2　　　　　　　　　　　**品牌化的驱动器**

| 驱动器 | 定义与特征描述 | 自主品牌的适应性 |
|---|---|---|
| 研发 | 利用创新建立产品研发优势<br>通过实现更快的市场反应速度及建立品牌先进性获得和保持市场优势 | 大多数自主品牌受制于研发能力，很难启动和维持这一品牌化驱动器 |
| 产品发展 | 从类别建立、产品属性、产品意义方面塑造品牌的产品优势 | 自主品牌在先进性、优异性方面存在劣势,但在独特性、正宗性方面存在优势,还存在丰富的创建产品类别的机会 |
| 意义扩展 | 提升品牌感知档次,建立使用者形象、品牌个性来扩展品牌意义,强化品牌提供的情感、社会象征等利益 | 产品方面的弱势表现和意义扩展管理的相对落后使自主品牌在此方面不具有优势 |
| 广告 | 通过广告信息影响顾客形成品牌认知和品牌态度<br>广告促进品牌的销售<br>建立品牌形象、品牌个性以发展品牌的扩展性意义 | 中小企业不具备投放广告的经济实力通过寻求产品、渠道等方面的驱动器,尽快在地方市场获得营销成功,积累营销资金,然后转向广告驱动器 |
| 包装 | 包装提供产品的保护,同时提供使用的方便性及建立品牌形象和品牌个性 | 在广告资源有限的情况下,利用包装提升品牌的认知和吸引力是企业从事品牌建立的可行选择 |
| 价格 | 价格不但决定了品牌性价比的高低,而且在很大程度上确定了品牌档次的高低,以及品牌可吸引的顾客的特征和规模 | 价格目前作为销售驱动器使用<br>是自主品牌尚未加以运用但是可潜在选择的驱动器 |
| 渠道 | 品牌建立的另一重要基础<br>企业通过强化渠道在市场战略中的重要地位实现品牌建立 | 在企业内部没有研发、产品、广告等能力和资源优势的情况下,利用渠道作为建立品牌的驱动器是可选择的策略 |
| 服务 | 服务不但是营销的提供物,而且通过强化服务在营销中的地位和表现,让服务增品牌的吸引力和竞争力 | 受制于研发、制造水平,品牌的产品方面表现落后,提供优异服务是重要的权衡策略 |
| 互动与体验 | 通过建立互动平台,强化品牌体验,形成品牌社区 | 自主品牌具有开展互动和体验营销的条件和潜力 |

（1）研发。在研发方面，企业可通过发展创新能力建立研发优势，实现更快的市场反应速度和品牌先进性获得和保持市场优势，Intel、Microsoft、Google 等高新技术产品市场中的国际品牌通常选择这一驱动器。但如前所述，大多数自主品牌的建立，由于受制于研发能力很难启动和维持这一品牌化驱动器。

（2）产品发展。产品是品牌的核心（Keller，2008）。企业在业务经营中，发展产品是品牌建立的基础性活动。以往对品牌的产品方面的研究主要关注物理特征认知和感知质量（Garvin，1983；Zeithaml，1988）。但本研究认为，产品发展不仅仅涉及提高感知质量，还可通过建立产品类别，定义和强化产品属性和意义，形成品牌的产品方面优势，更好地满足目标顾客的需求，从而为品牌化提供驱动器。例如，宝洁公司的飘柔、潘婷等洗发水品牌，通过塑造产品的独特性和优异性，在全球市场中取得和维持其领导地位。对自主品牌建立而言，尽管多数企业需要解决品牌优异性不足的问题，但将产品作为自主品牌建立的驱动器仍是可行的选择。根据市场决定机制部分的分析，中国企业可通过优先创建产品类别，运用丰富的独特性和正宗性的产品相关的品牌化战略资产，既是自主品牌建立中的得天独厚的条件，也是相对于跨国公司的竞争优势。王老吉凉茶、霸王洗发水通过创建新产品类别，并运用产品的独特性满足顾客需求建立了新的市场并在其中保持领导地位。①

（3）意义扩展。品牌具有产品属性与非产品属性（Keller，1993，2009），它们向消费者提供不同的利益。其中产品属性是顾客寻求实现品牌功能的必要成分，给消费者提供实用性利益。而品牌的非产品性属性是指影响购买但不直接影响品牌功能的属性，包

---

① 李军：《霸王：品牌创新的获益者》，全球品牌网，转引自中国品牌总网，200http：//www.ppzw.com/Article_ Show_ 74689. html？ ArticleID =74689&ArticlePage =2。

括档次、使用者形象、品牌个性等。它主要依靠价格、包装、广告等塑造（Keller，1993）。品牌的非产品属性与非产品属性在构成品牌时并非呈并列关系，而是呈依附的关系。即品牌的产品属性是基础性的，品牌的非产品属性附着于品牌的产品属性之上（蒋廉雄、朱辉煌，2010；蒋廉雄等，2012）。原因可能在于，第一，没有品牌的产品属性，非产品属性无所依附。这正如一些研究者所说的，没有品牌之茎，品牌之花也就不存在（卡菲勒，2000）。第二，品牌的产品属性不但提供实用性利益，而且也提供非实用性利益（蒋廉雄等，2012）。第三，与品牌的产品意义类似，品牌的非产品属性本身是营销者和消费者主观赋予或者说是他们共同建构的（蒋廉雄、朱辉煌，2010）。考虑这些，在此将品牌的非产品属性定义为品牌的扩展性意义，即它附着于产品但其含义已超越于产品本身的认知。大量的研究发现，品牌扩展性意义如档次、使用者形象、品牌个性为消费者提供情感满足、社会地位象征等利益。它们影响顾客对品牌的认知和态度。因此，意义扩展成为实现品牌建立的新的重要战略途径。品牌扩展意义的塑造在于营销者如何识别顾客的消费动机，通过产品、包装发展、广告创意、沟通等途径并影响消费者对它们的感知和解释。就当前的整体表现来看，自主品牌不但在品牌的产品评价方面如感知质量、先进性、优异性方面落后于国际品牌，在品牌个性、档次等塑造上与国际品牌也存在差距（蒋廉雄等，2012；王海忠、赵平，2004）。原因在于，自主品牌当前在此方面的管理和运用上逊于国际品牌。例如，国际品牌在消费者调研、广告创意、制作等方面往往与大型营销机构如国际性公司合作，但自主品牌企业受资金限制，多数不具备这一条件。更重要的是，作为被依附的产品本身的表现存在一定落后性，导致将意义扩展作为品牌化的驱动器存在一定障碍。

（4）广告。广告被认为是促进品牌销售的主要策略（Kotler 和

Keller，2009）。对于品牌建立而言，广告也是品牌化的主要驱动器。已有的研究表明，广告信息是影响顾客形成品牌认知和品牌评价的重要来源（Hoeffler 和 Keller，2003；Yoo 等，2000）。在营销实践中，广告已作为建立品牌形象、品牌个性，进而达成品牌建立的主要策略之一（Kotler 和 Keller，2009）。在品牌化早期阶段，广告更是驱动品牌成长的重要方式。那些历年不衰的国际品牌，在本土市场的成长阶段，利用了适逢大众媒体和广告出现的机遇并将其普遍性地加以运用，从而促成了它们从地方品牌成长为国家品牌（national brand）（Low 和 Fullerton，1994）。在中国市场，顾客将企业的广告作为建立由营销地位、社会声名和表现能力构成的品牌原型的重要线索（蒋廉雄、朱辉煌，2010），因此，在自主品牌的建立中，利用广告作为品牌化的驱动器，尤其在发展品牌的扩展性意义如品牌个性和品牌使用者形象上，应更加受到重视。但在应用广告作为品牌化驱动器时，需要企业具有可持续的营销资金。对中国许多企业，尤其是从事品牌建立的中小企业而言，它们并不具备这一条件。一个可采取的策略是，通过寻求产品、渠道等方面的驱动器，尽快在地方市场获得营销成功，并积累一定的营销资金和管理能力，然后转向以广告为驱动器的全国性品牌的建立。王老吉的品牌建立就经历了这一路径。它早期以产品和渠道作为品牌化的驱动器，在珠三角地区和浙南地区逐渐吸引了有规模的顾客群，销售额达到了 1 亿元。在由此积累了一定的营销能力和资源后，继而在中央电视台密集投放广告，迅速成为全国性品牌。①

（5）包装。包装不但提供产品的保护，而且通过提供使用的方便性及传递品牌形象吸引顾客购买。同时，包装是顾客评价品牌

---

① 参见成美公司：《红罐王老吉品牌定位战略》，http：//www. chengmei - trout. com/achieve - 4. asp。

的外部线索，影响顾客对品牌的评价（Rao 和 Monroe，1989）。因此，通过包装可让顾客形成独特的品牌个性和品牌形象，甚至提升品牌的市场可见性，使顾客形成对品牌地位的感知（蒋廉雄、朱辉煌，2010）。在广告资源有限的情况下，利用包装提升品牌的认知和吸引力，符合中国企业从事自主品牌建立时资源不足的现实。位于珠三角地区的女性护理品牌 ABC，在广告资金有限的情况下，通过独特的包装设计，最终在该成熟的产品类别市场中脱颖而出。① 因此，包装是中国企业值得重视运用的品牌化驱动器。

（6）价格。品牌的价格不但决定了公司向顾客提供的品牌性价比的高低，而且在很大程度上确定了品牌档次的高低（Kotler 和 Armstrong，2009），以及品牌可吸引的顾客的类型、特征和规模。国际品牌除了充分运用研发、产品作为品牌化的驱动器外，根据目标顾客需求与价格感知的关系确定价格定位而非为单纯追求销售量采取低价策略也是其品牌化成功的关键。目前，自主品牌因普遍采取低价营销策略处于低端市场，并让全球顾客形成了质低价廉的品牌形象（Swystun 等，2005）。实际上，由于中国企业长期使用低价策略，使得价格成为企业的产品销售而非品牌化的动力。因此，价格是中国企业在品牌建立上尚未加以运用但却是潜在可选择的驱动器。但将价格作为品牌化的驱动器，中国企业需要改变普遍存在的低价营销策略问题。首先，企业应根据其顾客—产品组合，确定不同的产品价格，而不是不分顾客需求和产品特点，让所有的产品为追求销售量跌入"去品牌化"的陷阱。其次，在建立品牌这一长远目标和获得市场生存的短期目标里进行权衡，逐步运用价格作为品牌化的驱动器从事品牌的建立。在国际品牌多以高价建立高端品牌定位满足顾客需求的情形

① 陈静、黄颖川：《ABC 卫生巾无广告营销》，《新营销》2007 年第 10 期。

下，自主品牌可通过采取中高价格的策略，在短期的销售目标和长期战略目标即生存与发展之间取得平衡，取得品牌建立的成功。已有的研究表明，在洗发水、沐浴露等产品类别市场，自主品牌的这一策略正在走向成功（Ewing 等，2002）。

（7）渠道。如产品一样，营销渠道也是品牌建立的基础，而且企业还可通过确定渠道在市场战略中的地位为品牌化提供驱动器。在企业内部没有研发、产品、广告等能力和资源优势的情况下，利用渠道作为建立品牌的驱动器是可选择的策略。例如，戴尔公司在建立初期无研发优势的情况下，通过建立直销模式成为个人计算机市场的领导品牌之一。① 中国的一些企业也早已意识到渠道在建立品牌中的驱动器作用。例如，格力公司在意识到第三方零售渠道对品牌发展的障碍后，通过营销创新，自建零售终端强化品牌地位。② 而另一家从事家庭电器生产的华帝公司，是珠三角地区家电企业较早地通过建立专卖店，发挥渠道在品牌建立中的驱动作用的企业。③ 但就其作为品牌化驱动器的潜力和现实运用相比而言，它还有待进一步得到认识和开发。

（8）服务。在制造性品牌的营销中，服务一般作为产品的延伸部分，例如企业为购买其产品的顾客提供维修服务（Kotler 和 Keller，2009）。但是，企业也可以进一步提升服务在品牌中的作用地位，使其成为品牌化的驱动器。对自主品牌建立而言，当企业受制于研发能力、制造水平的限制而在品牌的产品方面不能形成品牌优异性或先进性优势时，可通过向顾客提供优异服务来弥补品牌的

---

① 〔美〕迈克尔·戴尔：《创造不可复制的直销模式》，《国际金融报》2005 年 12 月 25 日，转引自网易网站，http：//tech. 163. com/05/1025/05/20SRGHUV00091M0T. html。

② 孙先锋：《厂商矛盾再演 格力自建渠道显效》，《中国联合商报》2010 年 7 月 5 日，http：//www. cubn. com. cn/News3/news_ detail. asp？id＝8146。

③ 陈静：《华帝年内拟新增 600 家专卖店》，中证网，http：//www. cs. com. cn/ssgs/02/201008/t20100802_ 2536234. htm。

产品方面的不足，进而将其作为品牌建立的驱动器。海尔在品牌建立初期就成功运用了这一策略。

（9）互动与体验。建立消费者与营销者、消费者与消费者等方面的互动，进而实现品牌体验，发展品牌社区，已成为品牌塑造的新途径（周志民等，2011；Muniz 和 O′Guinn，2001）。而且，互联网的普及为通过互动与体验营销建立品牌提供了良好的线上平台。中国是全球互联网用户规模最大的国家，互联网的普及率也处于较高水平，在互动与体验营销上具有较好的条件。但使用互动与体验营销作为品牌建立的驱动器，要求企业具有新的营销理念和较高的管理能力。中国一些互联网公司在此方面取得了品牌建立的成功。这为其他品牌营销提供了成功的经验借鉴。

在理论上，品牌化驱动器是多样性的，但对于具体的品牌而言，其选择某个品牌化驱动器作为品牌建立的主路径能否成功，需要考虑其所在市场性质和相对于竞争者的内部品牌化能力。通过上述分析可发现，自主品牌在品牌化驱动器的选择上，存在不同于国际品牌的选择范围。这表现在两方面，一方面是它在利用品牌先进性、优异性、广告等这些国际品牌通常作为品牌化驱动器的选择上存在一定的约束。这主要受到企业内部现有的品牌化能力，如研发水平、营销管理能力和营销资金实力的影响。另一方面自主品牌在品牌化的驱动器的选择上存在许多国际品牌所不具有的新机会。这种新的战略机会，首先表现在前面分析过的以产品类别的建立作为驱动器方面。例如，王老吉品牌从发现消费者消费动机出发建立凉茶饮料这一产品类别是其获得成功的重要原因之一。其次，它也表现在应用促销等非产品的营销驱动器方面。例如，在欧美市场，国际品牌通过广告和经销商促销的"推"与"拉"策略开展品牌营销。但舒蕾等自主品牌，在其成长时期根据中国零售点的顾客密度高、喜欢购买过程中的销售人员服务等特点，制定了设立店面人员直接面对顾客推销的策略作为重要的品牌化驱动器并取得成功，一度超越长期居于第一位的宝洁公司的飘柔成为当时市场占有率最高的品牌。① 从现实基础来看，自主品牌选择和塑造品牌化驱动器，可主要从中国市场具有的空白性、多样化、差异性特征以及独特的品牌化战略资产来考虑。

### （四）分析结论

考虑到中国市场现实基础并建立自主品牌的观察视角，对由顾客—产品—品牌化驱动器构成的品牌化市场决定机制的分析发现，自主品牌的建立在市场界定、产品定义和品牌化驱动器的选择上具有不同于发展自成熟市场的国际品牌的独特性。总结起来就是，自主品牌的建立具有丰富的潜在市场机会、特有的品牌化的战略资产以及成功品牌化的可能性；在品牌化驱动器的选择上，也具有特定的选择范围。见表6-3。它不但表明，利用上述建立的顾客—产

表6-3　　　　　　　自主品牌建立的市场决定机制分析结果

| 顾客 | 水平 | 产品 | | 驱动器 | 水平 |
|---|---|---|---|---|---|
| 类型的多样性 | + | 定义产品类别机会 | + | 研发 | |
| 顾客的差异性 | + | 定义产品属性与建立产品典型性 | | 产品发展 | + |
| 需求量与增长 | + | 产品意义建构 | + | 意义扩展 | |
| 待满足程度 | + | 独特性 | + | 价格 | |
| | | 正宗性 | + | 渠道 | + |
| | | 先进性 | - | 广告 | - |
| | | 优异性 | - | 促销 | + |
| | | | | 服务 | + |
| | | | | 互动与体验 | + |
| 市场机会 | + | 市场机会 | + | 内部品牌化能力 | - |
| | | 特有的战略性资产 | + | 选择范围的特定性 | + |

说明：对某个指标而言，"+"表示强的程度，"-"表示弱的程度。

---

① 吴志刚：《舒蕾成功与中国洗发水演进》，销售与市场杂志网站，http://www.cmmo.cn/article-4446-1.html。

品—品牌化驱动器模型在理解品牌化的市场机制上获得了新的洞察，而且为自主品牌建立的市场战略分析提供了基本依据，即它总体上决定了自主品牌建立的市场战略的选择方向。

# 四　小结

对如何建立自主品牌，研究者多在产业和业务水平上展开探讨，未能全面和深入地关注它的市场决定因素这一本质问题。以成熟市场为现实基础的现代营销理论也未对此建立适应性的分析框架。本章通过对自主品牌的性质和特征进行定义，在考虑了通常被研究者忽视的中国作为成长市场的现实基础上，建立了"顾客—产品—品牌化驱动器"的概念模型来理解、分析品牌建立的市场决定机制。通过发现顾客、产品的各种性质和属性，指出处于新兴市场中的自主品牌在市场战略要素的含义及由此形成的战略分析框架上具有不同于成熟市场的独特性，识别了中国市场在顾客—产品水平上存在的市场机会、可供品牌化的战略资产、品牌化驱动器的选择范围以及具有本质上不同于成熟市场的品牌建立的基本战略方式的可能性。为后面提出和分析中国企业应该采取何种基本战略提供了直接的理论基础和分析依据。

## 参考文献

[1] Anholt, Simon (2003), "Elastic brand," Brand Strategy, February. pp. 59 – 60.

[2] Beverland, Michael (2006), "The Real Thing: Branding Authenticity in the Luxury Wine Trade," *Journal of Business Research*, Vol. 59, Issue 2, pp. 251 – 258.

[3] Bhattacharya, Arindam K. and David C. Michael (2008), "How Local

Companies Keep Multinationals at Bay," Harvard Business Review, March, pp. 85 - 95.

[4] Carpenter, G. S., and Nakamoto, K. (1989), "Consumer Preference Formation and Pioneering Advantage," Journal of Marketing Research, 26, August, pp. 285 - 298.

[5] Carson, Stephen J., Jewell, Robert D. and Joiner, Christopher (2007), "Prototypicality Advantages for Pioneers Over Me - Too Brands: the Role of Evolving Product Designs," Journal of the Academy of Marketing Science, Vol. 35, Issue 2, pp. 172 - 183.

[6] Ewing, Michael T. Julie Pitt, Leyland F. Napoli and Alistair Watts (2002), "On the Renaissance of Chinese Brands," International Journal of Advertising, Vol. 21, Issue 2, pp. 197 - 216.

[7] Garvin, David A. (1983), "Quality on the Line," Harvard Business Review, Vol. 61, Issue 5, pp. 64 - 75.

[8] Ghemawat, Pankaj and Thomas Hout (2008), "Tomorrow's Global Giants, Not the Usual Suspects," Harvard Business Review, Vol. 80, November, pp. 82 - 88.

[9] Hoeffler, Steve and Kevin Lane Keller (2003), "The Marketing Advantages of Strong Brands," Journal of Brand Management, Vol. 10, No. 6, pp. 421 - 445.

[10] Keller, Kevin Lane (1993), "Conceptualizing, Measuring and Managing Customer - Based Brand Equity," Journal of Marketing, Vol. 57, Issue 1, pp. 1 - 22.

[11] Keller, Kevin Lane (2008), Strategic Brand Management, NJ: Pearson Education LTD.

[12] Kotler, Philip and Gray Armstrong (2009), *Principles of Marketing*, 英文影印版, 清华大学出版社。

[13] Kotler, Philip and Kevin Lane Keller (2009), *Marketing Management*, NJ: Prentice Hall.

[14] Low, George S. and Ronald A. Fullerton (1994), "Brands, Brand Man-

agement, and the Brand Manager System: A Critical – Historical Evaluation," Journal of Marketing Research, Vol. XXXI, May, pp. 173 – 190.

[15] Nedungadi, Prakash J. and Wesley Hutchinson(1985), "The Prototypicality of Brands: Relationships with Brand Awareness, Preference and Usage," *Advances in Consumer Research*, Vol. 12, Issue 1, pp. 498 – 503.

[16] Peracchio, Laura A. and, Alice M Tybout(1996), "The Moderating Role of Prior Knowledge in Schema – Based Product Evaluation," Journal of Consumer Research, Vol. 23, Issue 3, pp. 177 – 192

[17] Rao, Akshay R. and Kent B Monroe(1989), "The Effect of Price, Brand Name, and Store Name on Buyers' Perceptions of Product Quality: An Integrative Review," Journal of Marketing Research, Vol. 26, Issue 3, pp. 351 – 357.

[18] Reibstein, David J. (1985), Marketing: Concepts, Strategies, and Decisions, Englewood Cliffs: Prentice – Hall Inc.

[19] Ries, Al and Jack Trout(1981), Positioning: The Battle for Your Mind, New York: McGraw – Hill Book Company.

[20] Swystun, Jeff, Fred Burt and Annie Ly(2005), "The Strategy for Chinese Brands," October, http://www. interbrand. com.

[21] Ward, James and Barbara Loken (1986), "The Quintessential Snack Food: Measurement of Product Prototypes," Advances in Consumer Research, Vol. 13, pp. 126 – 131.

[22] Yoo, Boonghee, Naveen Donthu and Sungho Lee(2000), "An Examination of Selected Marketing Mix Elements and Brand Equity," Academy of Marketing Science. Journal, Vol. 28, Issue 2, pp. 195 – 211.

[23] Zeithaml, Valarie (1988), "Consumer Perception of Price, Quality, and Value: A Mean – End Model and Synthesis of Evidence," Journal of Marketing, Vol. 52, July, pp. 2 – 22.

[24] 陈宏辉、罗兴:《"贴牌"是一种过时的战略选择吗——来自广东省制造型企业的实证分析》,《中国工业经济》2008 年第 1 期。

[25] 陈曦、胡左浩、赵平:《价格领先还是品牌化?——我国制造业出

口企业营销战略与出口绩效关系的实证研究营销》，《科学学报》2008 第 2 期。

[26] ［美］道恩·亚科布齐编《凯洛格论营销》，李雪等译，海南出版社 2003 年版。

[27] 韩中和、胡左浩、郑黎超：《中国企业自有品牌与贴牌出口选择的影响因素及对出口绩效影响的研究》，《管理世界》2010 年第 4 期。

[28] 季六祥：《品牌竞争力战略的全球化定位》，《中国工业经济》2002 年第 10 期。

[29] 蒋廉雄、冯睿、朱辉煌、周懿瑾：《利用产品塑造品牌：品牌的产品意义及其理论发展》，《管理世界》2012 年第 5 期。

[30] 蒋廉雄、卢泰宏：《地区形象研究的背景、视角及其概念发展》，《工业技术经济》2005 年第 7 期。

[31] 蒋廉雄、朱辉煌、吴水龙：《消费者如何对品牌功能做出评价：基于品牌原型的产品意义建构模型》，《JMS 中国营销科学学术年会论文集》，2010 年。

[32] 蒋廉雄、朱辉煌：《品牌认知模式与品牌效应发生机制：超越"认知—属性"范式的理论建构》，《管理世界》2010 年第 9 期。

[33] 李玉刚：《非核心技术创新战略》，《中国工业经济》2001 年第 11 期。

[34] 刘明珍：《中国企业自主知识产权和知名品牌发展研究》，《中国软科学》2006 年第 3 期。

[35] 刘志彪、张杰：《从融入全球价值链到构建国家价值链》，《中国产业升级的战略思考》，《学术月刊》2009 年第 9 期。

[36] 卢泰宏等：《中国消费者行为报告》，中国社会出版社 2005 年版。

[37] 毛蕴诗、姜岳新、莫伟杰：《制度环境、企业能力与 OEM 企业升级战略——东菱凯琴与佳士科技的比较案例研究》，《管理世界》2009 年第 6 期。

[38] 毛蕴诗、汪建成：《基于产品升级的自主创新路径研究》，《管理世界》2006 年第 5 期。

［39］毛蕴诗、吴瑶邹、红星:《我国 OEM 企业升级的动态分析框架与实证研究》,《学术研究》2010 年第 1 期。

［40］［美］萨缪尔森、诺德豪斯:《微观经济学》,萧琛主译,人民邮电出版社 2008 年版。

［41］汪涛:《影响中国企业自主品牌决策的因素分析》,《中国软科学》2006 年第 10 期。

# 第七章

# 自主品牌的市场战略边界、
# 市场选择与建立途径

## 一 引言

企业选择哪些最有利的市场建立品牌？这是分析自主品牌市场战略的首要问题，但现有研究几乎都将它忽视了。根据前面的文献回顾可发现，现有的讨论主要从创新、产业集群、从 OEM 到 OBM 升级等策略或途径方面来探讨自主品牌建立的，不关注它的目标市场决策问题。考虑到这一问题的重要性，本研究对自主品牌建立的市场战略边界、市场选择及自主品牌建立途径进行分析。同时，应用这些分析所建立的概念及得到的相关结论，对现有讨论中热议的通过创新、产业集群推进自主品牌建立的问题进行探讨。

## 二 需求特征决定的市场战略

### （一）市场需求与市场战略的关系

自主品牌建立的问题是企业的基本市场战略问题之一。根据营销学依据的基本常识，企业的业务经营是从顾客出发，通过塑造营销提供物满足顾客的需求来获得收益（Kotler 和 Keller，2009；Reibstein，1985）。这对中国企业建立品牌的启示就是，市场需求及其特征决定了中国企业品牌建立的战略边界和方式。

在任何市场中，品牌的建立是在市场需求可以识别，且决策者预期其可保持相对稳定、甚至增长的前提下发生的。对决策者而言，其中已呈现的高度可识别的市场需求可看作是显性需求，而有待识别或低程度可识别的市场需求可看作是隐性需求。当然，显性需求和隐性需求的划分是相对的而非绝对的，它受到进入的市场环境如自然、技术、文化以及企业管理者的学习经验的影响。例如，顾客对互联网的需求在 IT 和网络技术发展的早期更多具有隐性性质。在互联网的第一次浪潮中，许多新建立企业和传统企业纷纷进入互联网行业，但多数以失败告终，只有 Yahoo、Google、You-tube、新浪、搜狐、163、腾讯、淘宝、阿里巴巴、盛大等少数企业成功获得了互联网这一新技术所带来的市场机会。在互联网行业中，这些企业成功的一个重要原因，就是识别了隐性需求从而建立有效的业务模式（蒋廉雄、吴水龙，2009）。学习经验对市场战略的影响也是如此。在中国实行改革开放后，对跨国公司而言，由于其决策者和管理者在以往的生活和工作经验中缺乏对中国市场的直接体验和了解，中国的市场需求对他们来说更多的是隐性的，因此能否理解和识别中国市场的需求是其进入中国市场面临的基本问题。国际公司的本土化以及适应性创新就是基于理解中国市场而作出的。① 同样，对于现在进入国际市场的中国企业而言，由于目标地区在文化、地理、生活基础条件和顾客行为等方面存在不同于国内市场的特点，其市场需求相对于国内也往往具有更高的隐性程度。例如，海尔在非洲开拓冰箱市场时遇到当地高温、自来水不清洁等国内不常见的情况，并成为当地居民购买和使用冰箱的障碍。

---

① 关于此方面的相关内容，可参见卢泰宏主编《跨国公司行销中国》（上），贵州人民出版社 2002 年版。卢泰宏、贺和平主编《营销中国 2003 年报告》，浙江人民出版社 2003 年版。

营销人员通过现场观察、调研，决定通过改变产品标准和设计来消除障碍，激发需求。① 在目标市场的选择中，决策者受信息可得性和风险回避偏好的影响，在既有企业内部资源下，多数企业决策者一般会首先选择满足显性市场需求获得经营收益。或者说，首先在显性需求的市场中采取现有方式获利和成长会被企业决策者认知为最稳妥的战略。在中国企业的市场战略中，自主品牌的建立也依赖这一认知路径。

从实践来看，在中国，包括珠三角地区，多数企业因优先选择满足显性市场需求的策略而获得成功。在国内改革开放和港澳产业转移的过程中，珠三角地区的许多企业遇到了跨国公司生产业务外包的机会，故纷纷采取 OEM 的业务模式来满足这一显性的市场需求。同样，为满足改革开放后国内居民对消费品的新需求，珠三角地区出现了第一批家电、饮料企业，如美的、科龙、健力宝等公司在此时开始创立，并通过采取品牌化的市场战略方式满足国内顾客对家电、饮料产品的显性需求。自 20 世纪 80 年代以来，中国企业在满足显性市场需求的过程中，形成了两种基本的市场战略，即由国家改革开放政策出现的国际市场导向的 OEM 市场战略模式（或称为外生性的业务模式）以及国内市场导向的 OBM 市场战略模式（或称为内生性的业务模式）。

当显性市场需求在较高地被满足后，企业通过开发隐形市场需求取得进一步成长。这些企业通过以下几种方式取得成功：（1）通过识别和满足顾客的隐形需求，开发新产品建立新的市场。这些企业可能拥有卓越的创新能力，例如 Google 公司，苹果公司以这种方式建立新市场。（2）通过品牌化产品进入新的市场。这些企

---

① 参见张超《我在非洲"找感觉"》，海尔集团网站，http：//www.haier.cn/news/176/n1764910.html。

业需要具备强大的营销能力，如从代工业务面向国际市场的企业转向通过品牌化生产响应国内市场的需求。（3）在现有显性市场需求趋于饱和时进入新市场。像跨国公司在本土市场面临需求增长缓慢的情况下进入新兴市场。（4）在现有显性需求市场中无法有效地参与竞争时进入新的市场。例如国内电视机品牌康佳，在外资品牌在国内市场占优势地位的情形下选择进入国际市场。[①]

对一家具体的企业而言，在品牌建立中面临着首先满足显性需求还是隐形需求的市场选择问题。但如上分析，多数企业会优先选择在显性市场中经营业务。而且，现有企业是否从显性需求的市场转向隐性需求的市场，仍视乎显性需求市场的吸引力。具体地看，这一吸引力由决策者评估的需求稳定性、增长性以及可盈利性决定（Kotler 和 Keller，2009）。在需求的吸引力保持稳定或增长的前提下，企业在现有内部资源下会更倾向于采取保持而不是改变现有的满足显性需求市场的战略方式。2008 年国际金融风暴短暂地破坏了 OEM 业务需求的稳定性，珠三角地区的代工企业出现倒闭现象，并促使部分代工企业寻求市场战略的转型。但随着美国等发达国家经济的复苏，OEM 业务的需求逐步增长，许多代工企业开始复活。一些代工企业还通过内迁以降低经营成本来继续响应跨国公司外包业务的这一显性市场需求。[②]

## （二）战略边界

从总体上看，根据顾客需求及其特征的主要差异，中国企业在

---

① 参见汪小星、刘利平《自主品牌抢滩新兴市场　康佳外销斩获双倍增长》，《南方都市报》C14 - 15，2010 年 9 月 15 日。

② 参见卢铮《中国出口企业复苏超乎想象，出口值连创新高》，《中国证券报》2010 年 8 月 27 日。转引自中国广播网新闻中心，http://www.cnr.cn/allnews/201008/t20100827_ 506957794.html。

现在和未来相当长的时间可选择的市场，可从地理区域、市场发展水平和市场类型三个方面来进行考虑。其中，地理区域可用国内市场—国际市场的连续统来衡量，市场发展程度可用新兴市场—成熟市场的连续统来衡量，市场类型可用工业品市场、消费者市场的类别来界定。由此，中国企业可选择的目标市场主要有以下四种类型：

（1）成熟—国际市场。该类型市场主要是以欧洲、北美地区和日本等为代表的市场。其主要需求是寻求消费品的生产和服务的外包，对品牌化的中国工业产品和消费产品的需求尽管在增长，但与前者相比，总体规模仍显得较小。

（2）新兴—国际市场。该类型市场是以东欧、亚洲、非洲、南美地区的发展中国家构成的市场。它是构成全球新兴市场的主要地区之一。这些地区的经济发展水平较低，但增长速度较快，未来市场需求巨大。其主要需求是品牌化的消费品和工业品。

（3）新兴—国内市场。该类型市场主要是中国内地市场。它也是构成全球新兴市场的主要地区之一。它的市场规模巨大，并保持快速增长。这一市场的主要需求是品牌化的消费产品和工业产品。

（4）成熟—国内市场。这是中国企业要面对的未来市场类型，当国内经济发展到发达水平时开始出现。一些研究预测，再过40年左右中国的 GDP 可赶上发达国家水平。它标志着中国市场的性质将由新兴市场演变为成熟市场。① 在演变过程中，尤其是进入演变的中期阶段时，中国企业的决策者应该在战略规划中将如何适应中国市场性质的转变作为重要问题加以考虑。

---

① 参见中国发展门户网《中国现代化国家前景分析 2050 年基本实现现代化》，http://cn. chinagate. cn/zhuanti/sjxdh/2010 – 03/05/content_ 19533970. htm。

### （三）市场选择

在市场需求决定战略边界的前提下，中国企业在对自主品牌建立的市场进行选择时，可作如下思考：

（1）进入新兴—国内市场还是新兴—国际市场。这两个市场的需求特征相似，企业均可采取品牌化战略方式向市场提供营销供应物。但是，对于中国企业而言，国际市场具有隐性需求的特征。在国内市场规模巨大，并仍具有大量显性需求且需求满足程度仍较低的情况下，中国企业应该建立和完善营销的基础体系，优先将新兴—国内市场作为品牌建立的主要目标市场。

（2）进入新兴—国际市场还是成熟—国际市场。这两个市场由于具有不同的需求特征，或者说存在具有不同需求特征的顾客类型，进入的企业需要采取不同的市场战略方式。在新兴—国际市场，主要是对品牌化产品的需求，企业采取品牌化的市场战略方式。例如，率先进入这一市场如亚洲、非洲地区的中国家电企业，采取了品牌化的市场战略，该市场中的业务开始成为企业业务的重要增长点。其中，联想电脑通过采取重视新兴市场的战略，一度摆脱了全球市场占有率下滑和公司财务亏损的经营危机。[①]

而在成熟—国际市场，主要是跨国公司发出的生产外包这一显性业务需求，以及在利基市场的隐性品牌化产品的需求。由于生产外包业务呈现为显性需求，在现有能力和资源下，中国企业最可能的选择的是 OEM 市场战略方式。这一分析结果与现行大力倡导中国企业在出口市场中建立自主品牌的观点是相左的，但它是更可靠的。自 1995 年以来，中国贸易加工的出口量超过一般贸易出口量，

---

① 参见汪小星、刘利平《自主品牌抢滩新兴市场，康佳外销斩获双倍增长》，《南方都市报》C14－15，2010 年 9 月 15 日。

其占外贸出口量的比重在 2008 年前超过 50%。经过 2008 年的金融危机后，仍维持在 48% 左右（冯晓玲、赵放，2010）。这表明，生产外包这一显性需求的发展趋势以及它对中国企业的吸引力仍然存在。除了因市场环境急剧变化出现短期下降外，在未来相当时间里它还将一直持续。① 尤其在作为"中国制造"基地的广东省，加工贸易为主的格局短期更难以改变。在 2010 年上半年，其加工贸易比重仍高达 56%。因此，对多数企业而言，采取 OEM 业务模式仍是其合理的主战略。② 另一方面，对成熟—国际市场存在的利基性的隐形品牌化产品需求，那些拥有一定国际市场营销的内部资源和能力的企业，可识别这些隐性需求获得从事品牌化经营的市场机会。而在大众化产品市场领域，如普通的家用电视机、手机，由于国际品牌已占据核心市场，加上中国企业的基础和能力较弱，进入这一市场时往往力不从心。例如，海尔在美国家电这一成熟市场，通过发展小型家用冰箱这一非主流产品，并采取品牌化的市场战略获得了成功。相反，TCL 在购并式的国际化进程中，试图将欧洲作为其国际化的核心市场之一，但最后陷于市场失利的局面。③

（3）进入工业品市场还是消费者市场。这两个不同类型的市场为中国企业提供了多种市场机会。但值得指出的是，当企业决定进入工业品市场还是消费者市场时，除了市场需求特征的决定性作用外，由企业内部资源、能力所构成的核心优势成为了影响市场战略选择的重要因素。当企业的核心优势是研发和制造时，可选择进

---

① 中国对外贸易在经历 2008 年的金融风暴导致的出口骤降后，自 2009 年 3 月开始企稳回升，2009 年实现了保增长的目标。参见宋蕾《中国成为全球最大出口国，产品大多仍属加工贸易》，《第一财经日报》，转引自搜狐新闻，http：//news.sohu.com/20100111/n269482918.shtml。

② 参见海关总署广东分署《2010 年上半年广东外贸增长 33.9%》，http：//guangdong_ sub.customs.gov.cn/publish/portal91/tab32974/module10733/info232204.htm。

③ 秦合舫等：《TCL 国际化并购失败了吗？》，《计算机世界》2006 年第 43 期。

入工业品市场。当企业的核心优势是营销能力时，可选择进入消费者市场。其原因在于，前者的品牌化驱动器来自创新和产品质量，后者来自广告、分销渠道等方面。

（4）如何面对成熟—国内市场。尽管成熟—国内市场的来临是数十年之后可能发生的事情，但处于这一市场类型中的中国企业将面临市场机会和市场战略变化的问题。在这一类型市场中，顾客需求满足带来的市场增长已经放缓。此时企业更多的是通过市场战略方式的创新来获取市场机会或建立市场优势。成熟市场中的企业已提供了先行的例子。品牌联盟、品牌收购、成分品牌、直销等市场战略方式（Keller，2008），就是成熟市场中跨国公司在这一形势下从事营销适应性创新的结果。到时这些品牌化的战略方式将为中国企业广为采用。此外，品牌化将成为中国企业从事国际业务主要战略方式，那些大型的中国公司将成为跨国公司，并由 OEM 的承接方变为 OEM 的发包方。对于中国企业而言，理解并预测成熟—国内市场需求的变化，树立市场战略转型的意识，在现有的市场战略和执行中考虑到对远期战略变化的适应性创新是其应有的准备。

（5）如何看待新的市场战略机会。毋庸讳言，由于新技术，例如生物医药、新能源、互联网等的出现、发展而引发的新需求将为企业带来许多新的战略机会，这些市场战略机会使企业在定义新顾客，发展新产品和建立新品牌上成为可能。这些新的需求在性质上具有全球普遍性，但是对中国企业而言，它们在不同类型的市场中具有不同的隐性程度。因此，目标市场的选择，即选择进入国内—新兴市场、国际—新兴市场还是国际—成熟市场仍是关键的问题。由于新兴—国内市场的需求相对更容易识别，它呈现为显性需求的市场，自然它更应该成为优先考虑的核心目标市场。例如，在互联网技术带来的新市场机会中，中国成功的企业，例如百度、淘宝、搜狐、163 等，均是立足于国内市场的。与此形成比较的是，中国互联网市场对外国公司而言呈现为隐性需求的市场，国外的互联网公司多在进入中国市场后失利。例如，Yahoo 中文网、ebay、Google 在进入中国市场时，当时都处于先发者优势，甚至处于领导地位，但都被其后建立的百度、新浪、淘宝等本土公司超越。Yahoo 中文网在逐渐失势后被阿里巴巴公司并购，ebay 一度被传退出中国市场，后证实被 TOM 在线并购，Google 则在 2010 年宣布退出中国市场。[①]

　　从上述分析来看，中国包括珠江三角洲地区的一些企业从事 OEM 生产，是由成熟—国际市场的需求决定的。对从事 OEM 的企业而言，来自成熟—国际市场的 OEM 订单为它们提供了巨大和稳定的市场机会。从需求特征决定市场战略方式的原则来看，不能简单地将 OEM 的需求看作是跨国公司对中国企业的"俘获"（张杰、刘志彪，2007），更不能将俘获的原因归结于跨国公司在价值链方面的有意"锁定"。对中国企业而言，如此多的企业心甘情愿地被俘获，就是需求特征决定市场战略方式这一深刻原因所致。

## 三　自主品牌建立的途径

### （一）自主品牌建立的可能途径

　　一般来说，企业的品牌建立有两条基本途径，一是自创品牌，二是购买品牌（Doyle，1990；汪涛，2006）。对国际品牌而言，其早期的成长是经过自创品牌取得的。随着企业实力的积累，通过并

---

　　① 参见《谷歌退出中国市场》，环球网，http：//www. huanqiu. com/zhuanti/china/guge/。《受淘宝严重冲击 eBay 退出中国市场成真》，《上海证券报》2006 年 12 月 20 日，转引自中关村在线，http：//xiazai. zol. com. cn/article_ topic/48/482534. html；《TOM 在线正式控股 Ebay 易趣》，http：//tech. qq. com/zt/2006/ebayfb/。

购方式购买品牌成为其重要的品牌建立方式。通过这一方式，企业可实现快速的市场扩展、投资回报和其他财务目标。对中国企业而言，考虑到其所处的市场和企业自身的发展状况，品牌建立的途径具体地表现为四条途径：（1）天生自创品牌，企业成立时就对采用品牌化经营。（2）从 OEM（original equipment manufacturing）走向 OBM（original brand manufacturing），即企业原来从事委托制造或贴牌加工，然后转向建立品牌化经营。（3）历史品牌的振兴。（4）购买。

从现实来看，中国面向国内市场的企业多数采用天生自创品牌方式。少数历史品牌通过改制和营销创新获得新的生机，但一部分已经消失，另一部分仍在市场中艰难生存。[①] 面向国际市场且从事代工生产的企业，由于内外部经营环境的变化，它们面临着改变市场战略的压力。从 OEM 走向 OBM 是其市场战略变革的一条途径。品牌购买要求寻求扩张的企业有强大的资金实力和管理、整合能力。中国的本土公司，如联想电脑、TCL 等公司近年开始尝试通过收购建立品牌，但绝大多数本土企业并不具备品牌购买的战略时机和实力。因此，天生自创品牌、从 OEM 走向 OBM、历史品牌的振兴是中国企业当前建立品牌的主要途径。它们也是中国自主品牌发展进程中的三条主线。

## （二）自主品牌建立的不同途径的分析

从现有的讨论来看，目前对自主品牌的建立问题，主要是针对"从 OEM 走向 OBM"的这一途径而展开的。这一视角显然过于狭窄。另一方面，一些研究者将自主品牌建立途径的关注点放在大企

---

① 商务部：《老字号背景材料》，商务部网页，http://syggs. mofcom. gov. cn/aarticle/bg/200407/20040700243297. html。中国商业联合会：《培育壮大中华老字号是全社会的历史责任》，http://www. china－retailers. com/news/news. php3？ id＝1624。

业、高新企业等方面。但这些考虑过于褊狭。下面的分析将阐述自主品牌建立可能存在的各种途径。

1. 天生品牌

天生品牌是自主品牌建立的主途径。其原因首先是，具有这类品牌的企业数量众多。除了因 OEM 这一特殊性的市场需求而出现的代工企业外，其他企业都可以看作是天生品牌的直接来源。根据第三章的分析，目前珠三角地区的品牌初级化水平达到 47%，意味着近半企业拥有品牌。在中国市场，由于国内企业进行品牌并购的个案尚很少，多数企业都可以看作是天生品牌企业。其次，具有天生品牌的企业是自主品牌成长的摇篮。珠三角地区在国内市场处于领先性的自主品牌，例如美的、康佳、TCL、科龙，它们都是在企业成立时就建立的品牌。在长三角地区，娃哈哈、苏泊尔、方太、纳爱斯等品牌的建立也是如此。再次，新的天生品牌企业在不断出现。近年，中国每年新注册企业按 5% 增长。[1] 在广东地区，从 2004 年至 2008 年末，产业活动单位增加了 38.9%，近年新增企业超过 5%。[2] 在这些每年新建立的企业中，即使按照过去的品牌化水平进行估计，它们中的将近一半是自主品牌建立的"种子"企业。

从发展过程来看，天生品牌所在的企业都是从小型企业起步的成长性企业，其本身也属于成长性品牌。从发展现状来看，天生品牌的品牌化的基础和能力仍比较薄弱（商务部，2008），同时面临来自国际品牌和自主品牌之间的竞争压力。考虑到这些现实，天生品牌在品牌化驱动器的选择上受到较大的限制。因此，在品牌建立的市场战略上，天生品牌往往通过利用产品作为品牌化驱动器建立

---

[1]　资料来源：《中华人民共和国年鉴》（2009）。

[2]　参见广东省统计局《广东省第二次全国经济普查主要数据公报》，2010 年 1 月 18 日。《广州日报》《上半年广东市场主体达 447 万户》，2010 年 8 月 29 日。

品牌。其首选战略是，考虑到中国作为新兴市场存在大量空白市场和品牌化资源的特点，识别和建立新的产品类别进入空白市场，通过先发优势在此产品类别市场中建立品牌原型成为领先乃至领导品牌。可重点塑造与产品相关的品牌意义如品牌独特性和正宗性建立竞争优势。考虑到研发能力和资金有限，企业可不优先考虑技术、广告作为品牌化的驱动器。次选战略是，在不能识别和建立空白市场，且在研发、营销基础较弱的情况下，通过选择以产品相似性作为品牌化驱动器的模仿战略进入国际品牌的非核心市场获得生存和发展。

### 2. 从 OEM 转向 OBM

代工企业可通过延伸性、扩张性和转型性等不同战略建立品牌，但由于每类战略具有一定的适应条件，代工企业从事品牌建立时需要进行审慎的决策。

（1）大型代工企业的品牌建立途径。对大型代工企业而言，虽然可采取延伸性战略和扩展性战略建立品牌，但由于大型代工企业的发展是以承接跨国公司的个人电脑、手机、家电等高典型性产品的生产为基础的，以延伸战略在现有产品市场中建立品牌时，存在顾客需求满足程度较高、与国际品牌直接竞争的问题。尽管其可依存既有的制造优势，并具有较强的营销资源启动产品、广告、渠道、服务等品牌化驱动器。但是，由于缺乏强大的产品研发能力，它很难塑造品牌的先进性、独特性和优异性，这将使自己难以超越国际品牌。而采用扩展性战略直接进入新的产品市场时，为了加快战略进程，降低识别和获取新顾客的风险，往往会进入典型性高的产品类别市场，这同样带来与现有市场中的领导品牌激烈竞争导致失败的风险。一个比较稳妥的途径是品牌收购。通过收购国际和国内市场中的领先品牌或领导品牌，既回避了进入新市场的风险，同时利用原有的品牌化基础，通过增加投入资金，强化现有品牌化驱动器，如增加广告投入，或运用新的品牌化驱动器，如渠道扩张、加强研发，推进收购品牌的进一步发展。

（2）中小型代工企业的品牌建立途径。对中小型代工企业而言，可通过延伸性战略和转型战略建立品牌。采取延伸性战略，如上分析，只对那些在玩具、服装等典型性低的产品类别上代工的企业才具有相对高的成功可能性。通过转型性战略，虽然中小型代工企业在选择新的产品类别市场上具有较大的空间，但由于以前专注于OEM产品，当放弃先前的产品选择新的产品类别建立品牌时，将遇到缺乏相关的经验和知识的问题。这将导致战略选择的高失败性。因此，对作为多数的中小型代工企业而言，转型战略虽是它们优先性的选择，但又因较高的失败风险使其实际上的战略选择机会变得不足。对多数代工企业而言，它们品牌建立的处境可能还不如天生品牌企业。例如，很多天生品牌企业的创建人，往往是原来是在品牌化的产品领域从业，并在积累了相关的营销经验、客户资源和资金实力后离职，选择与原来相同或相似的领域创业，而代工企业并不具备这一基础。因此，中小型代工企业采取转型战略建立品牌时，虽然在形式上似乎与天生品牌企业的途径差别不大，但其面临的障碍比天生品牌企业要多得多。在这一情况下，采取转型战略的代工企业，在放弃OEM业务之前，可尝试性进入新的产品类别进行品牌化的小规模经营，在获得相关的运作经验和一定的区域市场反应后，才启动真正的市场转型战略。

3. 历史品牌的振兴

在成熟市场中，所谓历史品牌是指市场中那些具有较长品牌化时间但后期陷于衰落的老品牌（Brown 等，2003）。在中国，所谓的历史品牌就是老字号。与成熟市场中的历史品牌有所不同的是，它们中的多数是尚未完成品牌化的传统企业产品。

一般认为，创办最早的中国老字号有四五百年历史，晚的也已走过半个多世纪的历程（孔令仁、李德征，1998）。有关资料显示，到 20 世纪 50 年代，中国约有老字号企业 1 万家，集中在零售、餐饮、医药、食品加工、烟酒加工、居民服务（含照相、美发、洗染、浴池等）、书店、丝绸、工艺美术和文物古玩等行业。主要分布在北京、上海、南京、杭州、天津、西安、福州、成都、广州等具有历史文化背景的城市。中国老字号中的 80% 是中小型商业企业。1993 年经原商业部评定挂牌明示的中华老字号有 1600 多家，主要集中在餐饮、食品、医药、零售等行业[1]（商务部，2004）。2006 年商务部公布了"中华老字号"认定名单，全国有 434 家企业入选，其中广东 22 家，珠三角地区为 17 家。[2]

在历史品牌振兴的策略方面，国外研究者最早从企业的角度提出了品牌振兴的步骤。它们是，提供高质量的产品或服务；检查影响消费者感知质量的因素；管理品牌与消费者之间的关系；理解品牌价值；塑造品牌独特的特质；协调品牌振兴过程；为品牌重新上市安排重要的活动（Berry，1988）。之后研究者从品牌管理角度提出了品牌振兴的多种策略。它们是，扩大市场份额：增加品牌使用机会、提高品牌使用频次和数量等；发现新用途：增加新设计的功能；进入新市场：发现品牌新增长点；重新定位：更新陈旧、过时的品牌战略；提升产品或服务：淘汰不具竞争力的产品或服务，停产现行产品，引进新产品、新技术替代现有产品；品牌延伸：将现有品牌名称用于其他不同类别的产品或服务（Aaker，1991）。上述观点实际上是从管理的一般性概念和方法上探讨历史品牌的振兴，并未充分关注顾客对历史品牌形成

---

[1]　商务部：《老字号背景材料》，http://syggs.mofcom.gov.cn/aarticle/bg/200407/20040700243297.html。

[2]　商务部：《商务部公示首批"中华老字号"》，http://syggs.mofcom.gov.cn/aarticle/ao/aw/200610/20061003350675.html。

的特定意义这一品牌资产发掘和应用的关键问题。同时，对于未完成品牌化的中国老字号而言，上述提出的历史品牌振兴的步骤和策略可能并不具有好的适应性。20 世纪 90 年代后，研究者将分析聚焦于顾客后发现，历史品牌衰落的主要原因是顾客对历史品牌的品牌知识的消失或淡化。并在此基础上提出重振品牌的两条基本思路，一是"归源"，即要回归品牌的本原（return to their roots），重新恢复品牌资产的来源。二是变革，通过对品牌意义寻求根本性的改变以重新获得竞争地位（Keller，1999；Lehu，2004）。

　　中国的老字号在自主品牌的建立中处于独特性的位置。一方面，老字号积淀了深厚的中国文化意义，具有独一的和不可模仿的潜在品牌优势。但另一方面，随着经营体制和市场环境的变化，老字号在市场中的发展显得滞后。国内研究者对中国老字号发展滞后原因和振兴问题进行了大量的讨论。对于如何重振中国老字号，研究者主要从"创新"角度提出了许多观点或思考，主要有树立市场经营观念（刘秀兰、付勇，2005）；探索科学的品牌发展战略和可行的品牌发展模式（冷志明，2004；卢泰宏等，2007）；利用中国老字号的品牌效应进行品牌联盟等扩张性经营和国际化经营（陆亚春，2009；吴舒丹，2003）；采用现代营销手段，改进产品、广告和促销活动、渠道决策等（巩亚春、徐艳梅，2009；李勇，2007）；创新品牌文化，更新品牌形象（阎志军，2006；羊静，2008）等。上述观点与国外研究者早期应用一般性的营销概念和方法提出的历史品牌振兴的做法具有相似性，未触及中国老字号振兴的核心问题。近年来，一些研究者通过调查发现，创新/变化以及怀旧/不变的营销要素可以作为老字号营销战略选择的依据（何佳讯等，2008）。

　　根据上述讨论和本研究建立的市场战略分析框架，寻找中国老字号的品牌建立的途径，可从以下几个方面考虑：

（1）品牌振兴的"归源"与"变革"战略选择。"变"与"不变"的两条思路产生了历史品牌振兴的两种战略选择：是重新恢复失去的品牌资产，还是识别、建立品牌资产的新来源。"不变"的战略方式是挖掘、恢复和强化原有品牌知识内容，"变革"的战略方式则是放弃已有的品牌知识，塑造新的品牌知识内容。对于具有全国性市场知名度和影响力的老字号，采用"变"的战略需要审慎。原因在于，改变顾客现有的品牌知识比较困难，同时顾客会从品牌正宗性方面对品牌的变化作出负面评价。而对于地方性老字号，采取"变"的战略方式可能更可取。原因在于，认知品牌的顾客范围有限，当品牌拓展到全国市场时，可对那些没有品牌认知定势的顾客较容易地塑造新的品牌知识。

（2）品牌化驱动器的选择。中国老字号企业大多营销基础薄弱，营销资源有限，但其优势是存在较高的品牌独特性和品牌熟悉性。因此，对于多数没有完成品牌化的老字号而言，要把品牌独特性以及品牌熟悉性优先作为品牌化的驱动器。相关研究也发现，在顾客关于老字号的品牌知识结构中，品牌功能、品牌情感及其相关作用路径是中国老字号的独特性定位资源和方向，而在品牌先进性、感知价格、品牌象征对品牌态度的作用上，老字号明显低于国际品牌（蒋廉雄，2007）。因此，从满足消费者的功能需要和情感需要来看，要优先选择发展独特性的产品以及强化顾客的熟悉性作为品牌化的驱动器。通过强化这些品牌化驱动器，一方面，可获得中国市场的空白性机会建立品牌。另一方面，这种方式也更可能吸引顾客，品牌的相关营销活动也更容易影响顾客的反应。

（3）利用品牌原型的突出效应加快成为强势品牌。多数中国老字号经营的产品是具有中国或某个地区特色的产品，例如作为老字号经营的主要产品类别的中式餐饮、食品就是如此。同时，它们多数是中小品牌，具有较好的发展前景。这表现在，外来的国际品牌较难生产同样产品直接参与竞争，本土新兴品牌也还没有发展出强势品牌。根据相关研究，对于没有建立强势品牌的中国老字号，一旦走向品牌化后，这些品牌具有更高的品牌原型效应（蒋廉雄，2007）。即在低度品牌原型化的产品市场中，当这些品牌建立符合顾客期望的品牌概念后，品牌本身具有更高影响顾客品牌评价和态度的作用。因此，有营销意识和相应资源能力的中国老字号企业，尽快通过品牌营销率先满足消费者的品牌期望，取得消费者品牌认知中的突出效应，抓住先机、加快成长为相应产品类别市场中的强势品牌。

4. 品牌的购买

品牌购买是当代企业进行业务扩展的重要战略途径之一。它主要是依赖资本运营而非自我积累的方式获得扩展机会。美国从 20 世纪初以来出现过多次兼并浪潮，主要是通过合并、收购、组建企业集团等方式实现高效率和大规模的经营（Kapferer，1992）。

对品牌建立而言，通过品牌购买是最快速的途径。但企业是否能够通过品牌购买途径成功建立品牌主要取决于企业的发展战略以及自身条件。如前所述，多数中国企业规模有限，且尚未走出自我积累式的发展阶段，这些企业不具备采取购买途径建立品牌的能力。但是，对少数大型企业，品牌购买的机会已经来临。如联想、TCL 在市场扩展中已开始尝试通过国际性的品牌购买建立品牌。而且，如前面分析过的，随着国内市场需求规模和特征的变化，在未来 40 年内将逐步成长为成熟市场。在成熟市场阶段，品牌购买将成为品牌建立的主要方式。因此，对于大型企业而言，如何从事品牌购买建立品牌是中国企业需要正视的问题。有两种基本的途径值得考虑：

（1）国际购买。中国企业在国际市场通过企业兼并获得品牌。例如，联想公司通过收购 IBM 公司的 PC 业务部门获得了 Thinkpad

品牌的十年使用权，TCL 在市场扩展中通过业务收购获得阿尔卡特、汤姆逊等品牌，吉利汽车近年也通过企业收购拥有了豪华乘用车品牌 Volvo。这些事实表明，来自新兴市场国家的企业并购国际品牌的机会开始出现。对中国企业而言，自身具备成熟的条件，包括实力是从事并购的前提。除此之外，决定是否并购国外品牌，还取决于其市场战略目标。由此来看，绝大多数本土企业在当前不具备品牌购买的实力和时机，但这并不意味着不需要作好国际性品牌购买的准备。当前从事国际品牌购买的战略实施并不看好，也走得不顺利。主要原因在于缺乏前期的基础和准备。考虑到中国企业的自身营销基础和国际市场营销经验都不完备，采用分步走，即先尝试产品进入、人才引进、设立技术或营销分支机构最后再迈向国际品牌购买，是更可靠的方式。珠江钢琴厂的国际品牌并购走的就是这一路径，尽管花费了较长的时间，但公司目前已经成为全球最大的钢琴制造商，成功地拥有了恺撒堡、里特米勒等全球性主导品牌。[1]

（2）国内购买。多数中国自主品牌的市场在中国，在国内市场通过并购建立品牌进入新市场或强化现有市场地位是从事品牌购买的主要战略考虑。之前一个令人关注的现象是，当国际品牌为实现自己的战略目标在中国市场租赁、并购自主品牌时，很少有中国企业采取这一战略。现在，这一现象正在发生改变。除了金融资本介入国内品牌购买外，作为产业资本主导的国内品牌购买开始出现，例如中粮集团通过入股实际性拥有了蒙牛品牌。[2] 可以预见，从战略价值、整合容易性方面考虑，在未来的自主品牌成长时期，

---

① 李波：《珠江钢琴集团：独特的国际化路径》，《环球企业家》，2006 年 6 月 2 日，转引自：http：//finance. sina. com. cn。

② 新浪网：《中粮联手厚朴 61 亿港元入股蒙牛》，http：//finance. sina. com. cn/focus/mengniu_ 2009/。

国内的品牌购买现象将变得更为普遍。

## 四　集群、创新与自主品牌建立等关键问题

在自主品牌建立的大讨论中，由于缺乏营销学视角的分析，关于自主品牌建立途径或解决方案的探讨的有效性不高，一些观点甚至是错误的。考虑到此，有必要对它们进行澄清。

### （一）产业集群是否导致品牌建立

从理论上说，产业集群可让集群内的企业、供应商、中间服务商、机构和政府等主体通过互动作用，在获得雇员、供应商、专业化信息和公共物品等方面取得更好的效果。而且，企业通过集群内的合作与竞争赢得互补性进而产生更好的创新和发展动力（Porter，1998）。但是，集群是否可作为自主品牌建立的途径，不可一概而论。从现实来看，珠三角地区以 OEM 模式从事所谓低端的贴牌加工企业都位于相应产业的集群区域，包括专业镇上。另外，在珠三角地区的许多集群区和专业镇，也存在许多以自主品牌方式经营的企业。实证研究也发现，集聚效应在现阶段对企业的创新活动非但没有产生促进作用，相反产生一定负面影响（张杰、刘志彪，2007；刘志彪、张杰，2009）。显然，产业集群的作用，尤其在是否促进自主品牌的建立上，取决于集群面向的市场的需求性质，即如本书前面所阐述的，市场需求特征决定集群内企业的市场战略方式。

当集群是为满足跨国公司生产外包的需要而出现时，这种集群更加促进企业从事 OEM 业务。在珠三角地区，企业参与 GVC 价值链分工进入国际市场而形成的产业集群就是如此。位于这些集群内的企业，多采取 OEM 的代工方式从事 IT、电子、服装、

玩具等全球产品的生产，集群本身对企业自主品牌的建立不会产生促进作用。如前面分析，受这种显性需求带来的市场机会的吸引，甚至可能抑制集群内企业从事自主品牌建立等开发隐性需求的决策。当集群是因满足国内外市场对品牌产品的需求而出现时，这种集群更加促进企业从事 OBM 业务。在珠江三角洲，就存在以珠三角地区乃至全国为市场，以品牌化方式从事经营的另一类型产业集群，例如佛山地区从事陶瓷传统产品、家电现代产品生产的企业群已成为国内外重要的品牌化产品的经营基地。因此，无论是嵌入型、内生型或衍生型集群（王珺，2005），或者具体地说，无论是因外界机会、产业传统优势、交通、地理等优势构成的产业集群，其采取 OEM 还是 OBM 的业务模式，主要是由它面向市场的需求的性质决定，它与集群类型本身或其形成因素并不存在一般性的因果关系。至于什么因素决定一个地区的产业集群对市场需求作出反应，取决于该种类型的市场需求对企业的吸引力以及地区、企业内部的资源和能力。因此，产业集群的发展并不必然地等同或促进自主品牌的建立。

### （二）创新是否导致品牌建立

现在的讨论观点是，自主创新等同于自主品牌建立，即假定成功的自主创新必然带来成功的自主品牌建立。这一观点显然将两者及其关系看得简单化了。原因在于，第一，技术创新不是自主创新的目的，它只是建立品牌的手段之一（孙曰瑶，2006）。第二，创新存在不同层面的主体，如国家和政府从事的技术创新，以及企业从事的技术创新。而品牌建立由企业作为主体。第三，两者的驱动器不一样。尽管在企业层面上从事的创新如营销一样属于企业的活动，但技术创新是以科学知识发展为驱动器，品牌的建立以满足顾客需求的产品、广告等多种来源为驱动器，创新顶多只是品牌建立的驱动器之一，而且只为少数企业而不是多数企业可启动和维持。第四，两者受外部环境因素的影响是不一样的。一些学者对珠三角和长三角企业的实证研究发现，影响企业技术创新的环境因素，按重要程度排序依次是人力资源禀赋、技术禀赋、基础设施禀赋、经济发展水平、知识产权保护力度和政府支持力度（隋广军、胡希，2006）。可以发现，这些因素并不完全构成品牌建立的主要环境因素。最后，两者在企业内部的决定因素上是不一样的，这种内部决定因素的不一样，是由于前面提到的两者驱动器不一样所决定的。对珠三角地区的企业调查表明，公司主要通过自主研发和引进人才等获得技术。技术创新的信息和知识主要来自企业内部、客户厂商和竞争厂商。企业进行技术创新时最欠缺人才、信息和资金（课题组，2010）。而在品牌建立方面，市场需求、产品质量、渠道等等被认为是其决定因素（Aaker，1996；Doyle，1990）。

### （三）国家价值网络的市场逻辑

突破观虽然提出了国家价值网络、交易平台载体模式和单边交易平台载体模式等看起来颇具创意的概念（刘志彪、张杰，2009）。但是，其阐释的内容并没有过多的新意。以专业市场为实体的交易平台实际也发源和成长于珠三角和长三角地区，就像这两个地区是从事 OEM 经营的企业的集聚地一样，它们也是专业市场的起源和集聚地区。但现有的经验表明，以专业市场来实现 OEM 模式的升级是缺乏相应的市场逻辑的。

就交易平台载体模式而言，专业市场的发展并不必然促进 OEM 模式的升级。只要具有足够规模的顾客，专业市场均可为从事低端 OEM 经营或高端 OBM 经营的企业提供业务平台。从事何种模式的生产与专业市场的平台发展并不具有因果关系，两者甚至可以并行不悖地发展。其次，进入专业市场的商家仍追求收益最大化的目标，只要跨国公司的代工订单在国内有吸引力，国内企业不会将购买对象"切换"到国内中小企业，市场外的力量包括所谓政府都无法有效地实施研究者声称的平台对供应商的"可选择性"，使生产企业将眼光刻意地转向国内采购商。另外，专业市场本来就是开放性的而非研究者所假定是一个"封闭社会圈"，实施政府的直接干预既违背商业原则，也并不总是那么有效。再次，专业市场的多样化空间对企业升级并不必然构成优势。事实上，低端和高端生产商早已共存于专业市场中，甚至专业市场中同一个生产商，事实上就将专业市场作为吸引、洽谈承接 OEM 加工订单和品牌化产品的窗口。① 因此，专业市场的多样化市场空间是自然且早就存在的，以此作为本土企业升级的特别优势或机会空间是研究者过分的想象。

就单边交易平台载体模式而言，这一发展模式也早就存在。在许多行业，如手机、家电等，② 自主品牌企业曾经早就成为过该市场中的领先型企业，以国内领导企业带动产业内的协作企业成长并不是一件新事物，更谈不上是新被发现的突破口。问题在于，这些企业中的多数在成为行业中的领导性企业或向国际市场扩展时无不遇到了瓶颈或障碍。其中品牌、营销渠道的建立和研发设计能力的提升恰恰是其软肋。因此，不是发现领导型企业网络作为单边交易平台载体模式本身，而是现有的领先企业如何跨过发展瓶颈和克服

---

① 作者在 2008 年在广州市鞋业专业市场调查时发现，进驻专业市场的商家，在承接 OEM 订单生产的同时，也从事自主品牌的生产。专业市场为其提供了产品展览、业务洽谈、交易的场地。另外，针对广东企业的调查发现，那些从事品牌化经营的企业，也从事为跨国公司的贴牌加工。参见雷鸣、袁记《广东中小企业营销困境与对策建议》，《江苏商论》2007 年第 4 期。

② 国产品牌手机在 2003 年市场份额高于 50%，首次超过了国际品牌，公司位于深圳（珠三角地区）的康佳手机当时占有率位居三甲。参见卢泰宏、贺和平《行销中国 2003 年报告》，浙江人民出版社 2003 年版。

成长障碍成为领导企业才是其关键问题。但是，研究者的讨论是从产业经济学视角出发的，这些问题并不是其学科关注的焦点。

### （四）品牌建立的市场机会识别

一些研究者认为，中国中产阶级的形成决定了本土市场的容量，特别是高端市场的容量，它是中国自主品牌建立的重要条件（刘志彪、张杰，2007）。但实际上，经过30多年的改革开放后，中国已成长为全球范围最重要的新兴市场。2003年中国内地人均GDP在超过1万元，标志内地居民的消费水平和方式从必需性消费转向发展性消费和享受性消费。在2010年，中国内地人均GDP超过了3万元，正在向小康社会迈进。[1] 中国的城市、城镇和农村地区，多数居民具备了购买品牌产品的消费能力。虽然少数高消费力的人群是中国市场中的重要群体，也是自主品牌进入的重要市场机会，但具备消费能力的多数普通城乡居民，或者所谓的大众消费者是中国市场的主体，是多数国际品牌和自主品牌瞄准的主要对象。而且，随着中国居民消费支出能力的总体提升，国际品牌已看到市场扩展的机会，其目标市场已开始下移，即目标市场从大中城市扩展到城镇和农村地区，瞄准的人群从中高收入居民扩展到中低收入居民。国际品牌通过推出廉价的品牌产品作为实施目标群体下移的营销战略。[2] 更为明显的是，中国主要的自主品牌，如电器、

---

① 《中国经济人均GDP突破3万元 小康程度超过八成》，中国经济网，转引自光明网，http://economy.gmw.cn/2012-01/17/content_3401142.htm。

② 宝洁公司在2003年面向中低收入阶层推出了单价9.9元的飘柔洗发水，启动了中国中低市场战略。参见《"9.9元"飘柔围剿日化低端品牌》，http://biz.163.com/31211/1/09SB5E4L00020RH7.html。诺基亚在2008年宣布将农村市场作为中国重点市场。参见《诺基亚称雄靠渠道 未来突破在农村》，《第一财经日报》，转引自网易网，http://tech.163.com/08/1104/03/4PSH0T1M000915BE.html。可口可乐在2004年推出了单价1元的瓶装饮料，参见《可口可乐下注农村市场，"一元一瓶"战略农村说法》，新浪网，http://gov.finance.sina.com.cn/zsyz/2004-11-19/36580.html。

手机、饮料、食品等，进入并取得优势的市场区域，主要是在所谓的三线市场，即收入相对低的中小城市和镇，甚至农村地区。① 因此，将中国中产阶级的形成，并等待它们的出现作为自主品牌发展的机会，脱离了中国市场以及现有国际品牌和自主品牌营销的现实。从第六章的品牌化的市场决定机制分析来看，中国作为新兴市场，存在多样性的市场机会。若以中产阶级的出现作为自主品牌建立的主要机遇，将产生战略贻误。同时，若中国的自主品牌都拥挤在同一个中产阶级的市场中，难以在中国巨大、多样化的市场中获得应有的市场规模。

## 五　小结

本章根据市场和市场界定的概念，从地理区域、市场发展水平和市场类型三个角度分析了受市场需求特征决定的自主品牌建立的战略边界，并将自主品牌建立的目标市场划分为成熟—国际市场、新兴—国际市场、新兴—国内市场、成熟—国内市场。尤其阐述了市场需求决定自主品牌建立的市场战略边界的主要依据和逻辑。在市场需求分析的基础上，识别和分析了中国企业在现在和未来相当长的时间上建立品牌的主要途径。此外，还对自主品牌建立讨论中涉及的重要问题进行了分析。这些问题包括集群、创新与自主品牌

---

① 北京大学现代广告研究所进行了"中国农村居民媒体接触与消费行为研究"。该调查采取入户访问方式对 8 省（福建、甘肃、河南、吉林、江西、山东、四川、浙江）19 市 3800 户农村居民进行抽样调查。结果显示，农村居民中 97.6% 的家庭拥有电视，73% 的家庭拥有洗衣机，59% 的家庭拥有电冰箱/冷柜。从各品类的品牌排名上看，除手机市场外，自主品牌处于 TOP5 甚至 TOP3 的行列（电视机品牌：长虹、TCL、康佳等；电冰箱：海尔、新飞、容声等；洗衣机：海尔、小天鹅、小鸭等；空调：格力、美的、海尔等），外资品牌尚未进入前列。参见陈刚、张卉、肖雪《农村家电市场营销策略研究》，http://ad.cctv.com/special/news/20091106/102126.shtml。

建立的关系，自主品牌建立的时机等。

## 参考文献

［1］Aaker, David A. (1991), Managing Brand Equity, NY: Free Press.

［2］Aaker, David A. (1996), Building Strong Brands, NY: Free Press.

［3］Berry, Norman. C. (1988), "Revitalizing Brands," Journal of Consumer Marketing, Vol. 5, Issue 3, pp. 15 – 20.

［4］Brown, Stephen, Robert Kozinets and John F. Sherry (2003), "Teaching Old Brands New Tricks: Retro Branding and the Revival of Brand Meaning", Journal of Marketing, Vol. 67, Issue7, pp. 19 – 33.

［5］Doyle, Peter H. (1990), "Building Successful Brands: The Strategic Options," Journal of Consumer Marketing, Vol. 7, No. 2, Spring: pp. 5 – 20.

［6］Kapferer, Jean – Noel (1992), Strategic Brand Management: New Approaches to Creating and Evaluating Bran d Equity, London: Kogan Page Limited.

［7］Keller, Kevin Lane (1999), "Managing Brands for the Long Run: Brand Reinforcement and Revitalization Strategies," California Management Review, 41, Spring, pp. 102 – 124.

［8］Kotler, Philip and Kevin Lane Keller (2009), Marketing Management, NJ: Prentice Hall.

［9］Lehu, Jean – Marc (2004), "Back to Life! Why Brands Grow Old and Sometimes Die and What Managers then Do: an Exploratory Qualitative Research Put into the French Context," Journal of Marketing Communications, Vol. 10, Issue6, pp. 133 – 152.

［10］Porter, Michael E. (1998), "Clusters and the New Economics of Competition," Harvard Business Review, Vol. 76, Issue6, pp. 77 – 90.

［11］Reibstein, David J. (1985), Marketing Concepts, Strategies, and Decisions, Englewood Cliffs Prentice – Hall.

［12］冯晓玲、赵放：《金融危机背景下中国加工贸易的纠偏与完善》，《财经问题研究》2010 年第 9 期。

[13] 巩亚春、徐艳梅：《老字号企业产品创新浅析》，《管理现代化》2009 年第 4 期。

[14] 何佳讯、秦翕嫣、杨清云、王莹：《创新还是怀旧？长期品牌管理"悖论"与老品牌市场细分取向——一项来自中国三城市的实证研究》，《管理世界》2007 年第 11 期。

[15] 蒋廉雄：《品牌知识的内容、结构及其模型——关于中国老字号和国际品牌的比较研究》，中山大学，博士学位论文，2007 年。

[16] 蒋廉雄、吴水龙：《如何避开新技术陷阱》，《北大商业评论》2009 年第 10 期。

[17] 孔令仁、李德征主编《中国老字号（目录卷）》，高等教育出版社 1998 年版。

[18] 李勇：《老字号要注重品牌经营》，《商场现代化》2007 年第 7 期。

[19] 刘秀兰、付勇：《市场驱动："老字号"凤凰涅槃的必然选择》，《商业经济与管理》2005 年第 1 期。

[20] 刘志彪、张杰：《全球代工体系下发展中国家俘获型网络的形成、突破与对策——基于 GVC 与 NVC 的比较视角》，《中国工业经济》2007 年第 5 期。

[21] 刘志彪、张杰：《从融入全球价值链到构建国家价值链》，《中国产业升级的战略思考》，《学术月刊》2009 年第 9 期。

[22] 陆亚春：《"老字号"的品牌延伸解析》，《现代商贸工业》2009 年第 7 期。

[23] 卢泰宏、吴水龙、蒋廉雄：《激活老字号的品牌资产》，《北大商业评论》2007 年第 8 期。

[24] 冷志明：《"中华老字号"品牌发展滞后原因及其对策研究》，《北京工商大学学报》（社会科学版）2004 年第 1 期。

[25] 隋广军、胡希：《企业自主技术创新环境研究——基于长三角与珠三角的评价》，《甘肃社会科学》2006 年第 5 期。

[26] 孙日瑶：《自主创新的品牌经济学研究》，《中国工业经济》2006 年第 4 期。

[27] 王珺:《衍生型集群:珠江三角洲西岸地区产业集群生成机制研究》,《产业经济评论》2005 年第 2 期。

[28] 汪涛:《影响中国企业自主品牌决策的因素分析》,《中国软科学》2006 年第 10 期。

[29] 吴舒丹:《提高北京商业老字号的品牌实力》,《北京联合大学学报》2003 年第 1 期。

[30] 阎志军:《传统老字号品牌:困境与振兴》,《江苏商论》2006 年第 3 期。

[31] 羊静:《论中华老字号的品牌创新现代》,《商贸工业》2008 年第 13 期。

[32] 张杰、刘志彪:《需求因素与全球价值链形成——兼论发展中国家的"结构封锁型"障碍与突破》,《财贸研究》2007 年第 6 期。

[33] 中华人民共和国商务部:《中国品牌发展报告(2007)》,北京大学出版社 2008 年版。

[34]《中国珠江三角洲地区产业集聚和企业间联动》课题组:《后危机时代的企业集聚与创新——来自珠三角企业的调查报告》,《南方经济》2010 年第 3 期。

# 第八章

# 自主品牌建立的基本战略

## 一 引言

现代营销理论以成熟市场为现实基础，建立了市场细分、目标市场确定和定位的所谓"STP"模型，并形成了以"竞争—差异化"作为品牌营销的基本战略的分析框架（Kotler、Keller，2009）。这一分析框架，一方面反映了营销学理论的发展；另一方面，它也体现了建立在成熟市场基础的现代营销理论受其市场现实的影响。自20世纪50年代以后，西方市场经历了第二次世界大战后的快速发展并逐步进入成熟时期。除了主要由新技术带来新的市场机会外，在商业化过程中产品类别相对成熟，即市场中的业务与产品类别基本形成，以致定义新市场的可能性相对有限。在这一现实基础上，上述框架对于品牌建立的基本假定是，企业的市场机会就是在现有的市场边界之内，以市场细分方法发现市场机会，并通过建立基于竞争品牌的差异化营销战略获得成功。但是，将这一框架应用于自主品牌分析时，未能顾及中国作为新兴市场具有不同于成熟市场的现实基础，以及自主品牌具有不同于国际品牌发展的背景、历程甚至市场逻辑（韩中和等，

2010)。从理论的适应性看，"STP"模型及其"竞争—差异化"这一品牌营销基本战略的分析框架对于指导跨国公司的品牌营销是一个"好"的理论，但由于它没有对应于中国市场的现实基础，如果以它来分析和指导自主品牌的建立，可能存在局限性甚至偏误。尤其是从前面品牌化的市场决定机制的分析结果看，自主品牌具有许多空白性市场机会、独特性的品牌化战略资产以及特定的品牌化驱动器选择范围，故很可能存在不同于在成熟市场基础上发展的"竞争—差异化"这一品牌战略方式。本章为此进行专门分析。

## 二  基于竞争的差异化战略的适应性问题

从顾客出发是现代营销学的基本观点（Kotler 和 Keller，2009）。但是，在现有理论中，"竞争—差异化"被理解为品牌建立的基本战略。这一品牌战略方式认为，差异化是品牌的本质，也是品牌效应发生的前提。因此，只有努力让自己的品牌与竞争对手不同才能产生最大化的营销收益，并取得品牌建立的成功。在实现品牌的差异化方面，企业可从产品、服务、人员、渠道、形象等产品相关和非产品相关的各个方面着手（Keller，1993，2008；Kotler 和 Keller，2009）。在品牌战略规划分析中，出于目标聚焦、营销资源的使用效率和操作性考虑，一般要求识别和确定一个或数个主要竞争品牌作为目标品牌建立差异化战略的基准。在如何识别和确定主要竞争品牌上，则根据是否满足消费者相同需求来考虑。这样，同一产品类别内的它方公司品牌，由于具有最高的需求满足相同性，在分析中通常考虑为竞争品牌。① 在分析方法上，研究者在市场细分、多维尺度测量的基础上进一步发展了等同点（points of parity，POPs）、差异点（points of difference，PODs）等概念和知觉图（perceived mapping）分析技术（Keller，2008）。因此，在某一现有的产品类别市场，甚至该产品类别市场的某一细分市场寻求与竞争品牌的差异化成为品牌战略建立的基本经验和常用方法。尤其是等同点、差异点和知觉图技术作为差异化分析的常用概念和方法后，营销者往往将某个市场中处于领先或领导地位的竞争品牌，或者是某个或某几个与自身品牌最具有相似性的竞争品牌作为比较对象，并聚焦于属性水平差异的比较。因此，以竞争品牌为参照，从事与竞争品牌的有限的属性差异化成为基于"竞争—差异化"战略的基本原则和事实结果。

"竞争—差异化"的战略方式之所以成为基本的品牌营销战略，主要是因为现代营销理论是在成熟市场的现实基础上发展起来

---

① 尽管跨类别的它方品牌也可能成为战略性的竞争品牌，但这仅发生在新产品类别出现的某一情境里。它可按满足顾客某一需求的程度分为完全替代和相对替代两种情况。当新产品类别的品牌满足消费者的同样需求且具有更好的需求满足能力和相对优势时，完全替代就发生了。例如数码相机产品出现后涌现的索尼、佳能等品牌替代了胶卷产品市场中的柯达、富士品牌。在完全替代情形下，公司需要从业务战略而非品牌战略的调整上来应对，如逐步退出现有业务，进入到新业务领域。当新产品类别的品牌与自身品牌在满足消费者需求上只存在有限的相同水平时，相对替代就出现了。例如凉茶饮料出现后建立的王老吉品牌对可乐饮料类别的可口可乐品牌具有一定的替代性。在相对替代出现后，两类产品品牌存在于不同类别但有一定重叠的市场，当相对替代未达到明显的失衡水平时，原有产品类别品牌如可口可乐通过强化营销策略保持、增加品牌的吸引力，其主要竞争对手仍确定为同一类别的它方品牌如百事可乐。当公司意识到相对替代未来可能要达到明显的失衡水平时，或当其预测相对替代不会达到明显的失衡水平但新产品市场的市场规模增加具有很大吸引力时，公司将会从业务战略上考虑改变，正像可口可乐公司尝试推出草本饮料那样，进入凉茶这一新产品类别市场。在成熟市场，由于产品类别发展比较成熟，定义新产品类别的机会相对有限，以跨类别的品牌作为主要竞争对手的情形不常见。跨类别的竞争主要是新技术出现带来的。但此时"竞争—差异化"的战略方式已不能适应这一情形。本章提出的"期望—原型化"战略可更好地解决这一问题。关于这一分析，见下节相关内容。

的。在成熟市场，尽管新技术可为其带来新的市场机会，但在传统产品、服务领域发展新市场的机会相对有限，通过最可能地寻求与现有产品类别市场品牌的差异化，以发现市场空隙、从事品牌化经营被认为是建立品牌的合理战略选择。但是，"竞争—差异化"的品牌化战略存在多个方面的问题。

## （一）在营销理论上的局限

从理论发展来看，"竞争—差异化"这一基本战略与营销学从顾客出发的基本观点和原则不一致，甚至是扭曲的。根据从顾客出发的原则，企业建立品牌并能否为顾客所接受和持续购买，取决于是否满足顾客需求。企业为了达成通过满足顾客需求而盈利的目标，需要建立符合这些顾客需求的品牌战略，这些顾客也构成了品牌的目标市场。同时，公司之所以选择这些顾客作为品牌的目标市场，是因为不但它在规模和未来增长上是可观的，而且其在需求上有相似的偏好，在消费行为上有相似的习惯，在对营销活动（如广告）的反应中具有相同的倾向（Kotler 和 Keller，2009；Keller，1993）。正是顾客的这一基本性质，使公司才可得以形成实现经营目标的品牌战略，公司的业务经营也才具有方向性和长期性的基础。

相对而言，一个以竞争者为参照的战略，它与最好地满足顾客需求的出发点是不一致的，甚至有可能是偏离最好地满足顾客需求的，这样一个瞄准竞争品牌的公司不可能发展一个好的品牌战略。另外，相对于顾客需求而言，竞争对象、竞争对象的营销方式是相对多变的，即使在某一竞争情境下的品牌化战略满足了顾客的需求，但公司为应对不断变化的竞争需要频繁地改变原有战略。一个没有相对一致性的品牌战略，将不能保持稳定的目标顾客群，维持一致性的品牌产品特征及其品牌化驱动器，品牌市场战略的成效可能很低，甚至难以成功。实质上，市场竞争影响而非决定企业通过满足顾客需求取得品牌建立和持续经营的成功，即市场竞争影响市场中既有企业的市场战略的绩效（Morgan 等，2004；Zou 和 Cavusgil，1996，2002），但这一点往往被误解为市场竞争决定市场战略本身。

### （二）在适应顾客认知机制上的不足

从顾客的品牌认知机制来看，顾客对品牌的认知和评价不唯一地依赖基于竞争品牌比较的差异化。从信息认知加工的方式看，类别化（categorization）是人类从事思维的基础，它使人们将各种对象区分为不同类型，并形成关于它与其他对象的共同性认知（Cohen 和 Basu，1987；Chin – Parker 和 Ross，2004）。因此，类别体现了其内部代表性成员所呈现的核心意义（Nedungadi 和 Hutchinson，1985）。从品牌类别化的认知过程看，顾客对不同品牌的比较不是形成差异化知识，而是经过抽象后的品牌等同化知识，它构成了顾客对品牌的基本认知加工（Basu，1993）。就品牌的产品认知而言，研究也发现，顾客除了形成品牌独特性的认知外，还存在基于品牌自身比较的正宗性、基于顾客期望比较的品牌功能。即使在基于其他品牌的比较上，在品牌独特性之外还存在品牌先进性、优异性的建构。因此，在顾客的认知机制上，其品牌知识的不同内容具有不同性质的发生方式，即它们具有不同于差异化的认知过程及品牌评价的作用。它对品牌战略管理的含义是，差异化不唯一地构成品牌的本质，"竞争—差异化"也不是品牌化战略的唯一方式，还存在其他战略方式的可能性（蒋廉雄等；2012，蒋廉雄、朱辉煌、吴水龙，2011）。

### （三）在管理指引上的局限

从品牌建立的现实来看，"竞争—差异化"战略不是最好的战略方式。现实表明，对于在成长中且以成为市场领导地位为目标的品牌的企业而言，实施"竞争—差异化"战略，往往不具有与现有市场领导品牌竞争的实力，尤其是不能选择广告等依靠企业内部品牌化能力如资金建立的驱动器，因此客观上也很难超越和摆脱竞争对手。以洗发水产品市场为例。飘柔、海飞丝、潘婷、沙宣、夏士莲等国际品牌，通过率先定义顾客—产品—品牌化驱动器，在洗发水市场处于领导地位。而相比之下，国内在 20 世纪 80 年代后建立的洗发水品牌，如好迪、奥妮、拉芳、蒂花之秀、柏丽丝，由于只在品牌的产品属性方面寻求与国际品牌的有限差异化，加上企业营销实力的悬殊，一直处于跟随者地位。① 因此，如何超越竞争对手，尤其是成为市场引导者的竞争品牌，"竞争—差异化"战略并不能提供有效的指引。

## 三　基于顾客期望的原型化战略

从第六章关于决定品牌化基本战略的市场决定机制分析中可发现，处于新兴市场的中国企业在顾客—产品—品牌化驱动器方面存在相对大的战略空间和特有的战略性资产。它表明，中国企业在中国市场从事品牌的建立，不但具有更多的市场机会和内在成功可能性，而且在由顾客—产品—品牌化驱动器构成的这一市场决定机制上呈现的特有要素及其关系，更使得它在本质上具有不同于来自成

---

① 中国商业情报网：《2010 年中国洗发水市场竞争分析》，http：//www.askci.com/freereports/2010－03/201032982912.html。

熟市场的品牌所运用的战略方式。这就是，自主品牌采取"期望
—原型化"而不是"竞争—差异化"的战略方式作为品牌建立的
基本战略的原因。

前面阐述的品牌化的市场机制的概念模型为"期望—原型化"
的基本战略提供了分析的基础。在这一基础上，进一步建立这一战
略分析的概念框架，并对它的战略意义作出评价。

**（一）概念框架**

根据品牌化的市场决定机制分析，"期望—原型化"战略，是
在存在丰富的品牌化机会的现实基础上，通过界定和建立企业服务
的市场，以顾客对品牌的基本期望为参照点，通过关注品牌对顾客
而言应该是怎样的问题，即从理解、满足顾客需要出发来定义目标
市场，利用丰富的品牌化资产发展相应的产品概念和建立品牌化驱
动器开展品牌营销，通过建立品牌的产品典型性和品牌原型以有效
地影响顾客对品牌的感知、评价和态度，最终达到成为市场领导品
牌的目标（蒋廉雄、朱辉煌，2010）。下面从市场假定、战略参照
点、战略、方式等方面进行详细分析。

（1）市场假定。"期望—原型化"战略的市场假定是，市场尚
未相对成形。未成形的市场是存在空白性且未来增长较快的市场。
在这一市场中，具有丰富的由潜在顾客—产品所决定的市场机会以
及特有的品牌化战略资产，它可为品牌的建立提供广阔的空间和高
的成功可能性。这一假定与"竞争—差异化"战略关于市场基本
成形的假定是明显不同的。整体性的新兴市场、技术演化产生的新
市场领域，如互联网出现所产生的产品类别市场均可看成是符合这
一假定的市场。市场未成形的假定设定了"期望—原型化"战略
适应的条件。根据上节市场决定机制的分析结果，中国作为新兴市
场地区，由于市场需求的巨大，需求的多样性、差异性和较低满足

程度，蕴藏着大量品牌化的市场机会，加上适逢互联网、物联网、新能源、环保、能源、生物等新兴技术的出现，中国作为新兴市场和具备一定技术发展基础的国家，符合市场未成形的假定。这也意味着它具备了"期望—原型化"战略适用的市场基础。

（2）认知原理。顾客能否对品牌形成相关的认知是品牌建立的前提。因此，成功的品牌化战略必须符合顾客关于品牌认知的形成原理。"期望—原型化"战略遵循类别化加工原理来建立顾客的品牌认知。信息认知加工方式的研究表明，进行类别化是人类在各种情境中发生的基本认知活动。类别化使人们能够将各种对象区分为不同类型，并形成关于它与其他对象具有的共同性的认知（Basu，1993；Cohen 和 Basu，1987；Chin–Parker 和 Ross，2004）。顾客认知的产品类别和品牌概念是消费领域的类别化加工的结果。第六章中的品牌的产品属性部分对此已进行过简要分析，但在此有必要再进行详细的阐述。

一个要成为领导地位的品牌，它必须在其产品类别和所有品牌构成的市场中具有高的产品典型性和品牌原型水平。当一个品牌在某个产品类别市场建立起品牌的产品典型性成为该类别市场中的代表后，随着品牌的社会声名、营销地位和表现能力的进一步加强，顾客最后将其认知为整体市场/跨类别市场中的品牌代表，即品牌原型（brand prototype）（蒋廉雄、朱辉煌，2010）。这一原理隐含的品牌化战略成功的心理机制首先是，高典型性和高原型水平的品牌将优先作为类别成员进入顾客的认知集（awareness set）。其作用方式是高典型性品牌在该类别产品和市场中具有认知突出性（salience），它可显著地影响产品或品牌在不提示回忆情况下被提及的顺序。其次，顾客采用参照点推理（reference points reasoning）的方式，利用具有高典型性或原型特征的品牌作为评价其他品牌的参照点，这个参照点成为评估其他品牌的基础标准。这样，对于那些典型性、原型水平最高的产品或品牌，更有可能成为顾客评价市场中其他产品或品牌的标准（Peracchio 和 Tybout，1996；Ward 和 Loken，1986；蒋廉雄、朱辉煌，2010）。最后，品牌的产品典型性和品牌原型影响顾客的态度和选择行为。研究发现，品牌的产品典型性与品牌使用率、品牌态度、品牌选择存在较高的相关性（Nedungadi 和 Hutchinson，1985），而品牌原型直接影响顾客的品牌态度（蒋廉雄、朱辉煌，2010）。因此，从顾客的品牌认知过程来看，建立在其期望基础上的品牌原型化战略更好地体现了消费者品牌认知的本质。

与此相比，"竞争—差异化"战略遵循联想网络理论。它认为消费者对某个品牌形成相关联想，消费者对该品牌的偏好和态度就是由这些联想所引起的。不同品牌引起的特定联想构成了消费者的品牌知识差异，正是这种由联想构成的品牌知识差异引起了品牌效应的发生（Keller，1993，2008）。由此产生的含义是，品牌的本质在于差异化（differentiation），品牌化的战略也就是相对于竞争者尽可能地塑造品牌的差异化。但通过联想方法分析的结果往往只关注到有限的属性差异化。这种通过寻求与竞争品牌有限的属性水平的差异化，对市场机会有限的成熟市场的品牌战略规划可提供一定的理论指引和分析方法。但实际上，对于使用联想方法是否能充分地揭示和解释消费者的品牌反应，国外的研究者也存在一定的质疑（Krishnan，1996；Lawson，1998）。

对于新兴市场，这一理论的指引作用更加受到现实基础限制。首先，在新兴市场，潜在的品牌有待定义，现有品牌处于低度品牌化水平并有待继续发展，因此无法充分地寻找现有品牌作为参照来建立品牌的差异化。其次，如果以进入中国市场的国际品牌为参照来寻求差异化，由于它所实现的只是有限的差异化，未能创建产品类别因而难以建立品牌的产品典型性，加上内部品牌化能力的差距，很难改变顾客对国际品牌作为产品类别和整体市场代表的认知定势。因此，对于自主品牌的建立，采用"竞争—差异化"战略，存在难以改变消费者既有认知的障碍。而采用"期望—原型化"战略，不但适应了现实基础，也更好地适应了顾客的认知机制，因此，它内在地奠定了品牌战略成功的可能性。

（3）战略参照点。"期望—原型化"战略的参照点是顾客，它要求在目标市场界定、产品发展上从理解、分析顾客本身出发并以此作为基本决策标准。以顾客作为参照点，可确保"期望—原型化"战略与中国的市场条件和顾客认知原理保持良好的适应性。

首先，在市场的适应方面，根据品牌化的市场机制及自主品牌的适应性分析发现，正是中国顾客的需求性质和特征使中国市场本身存在大量的品牌建立机会和可资定义的品牌化战略资产，因此瞄准顾客的品牌化战略可真正识别、抓住中国市场品牌建立的机会和最有效地利用相关的品牌化资产。另外，中国存在空白品牌化和低度品牌化市场，这意味着在许多市场品牌还未出现或有待建立，这一市场状况决定了自主品牌建立的战略更不可能存在基于竞争者比较的现实基础及内在逻辑，只有以顾客为参照点才能对现实市场以及在此基础上的市场战略予以更全面和恰当的理解和定义。

其次，在消费者的认知原理适应方面，以顾客而不是竞争品牌作为战略的参照点，可不局限于现有产品类别，而是通过理解顾客期望、满足顾客需求来发展品牌和产品概念，这样可在现有市场条件下最大可能地建立新的类别认知、品牌的产品典型性和品牌原型，进而成为领导品牌。

与此相对，"竞争—差异化"的品牌化战略的参照点是竞争品牌。这一参照点的确定，也是由其对市场本身存在较少的品牌建立机会和可资定义的品牌化战略资产这一成熟市场特征适应的结果。

由于成熟市场中存在表现良好的品牌，且往往是处于领导地位的品牌，创建新的产品类别机会有限，在现有产品类别内塑造品牌差异化是可取的途径之一。在顾客认知原理适应方面，由于市场中存在现有产品类别和品牌，包括领导品牌可能已经出现，它们具有一定的甚至较高的典型性和原型水平，在这一情形下，建立与现有类别的联想并成为该类别成员成为品牌战略的关键点之一（Keller，2008；Kotler 和 Keller，2009）。显然，无论是以顾客还是以竞争者为参照点，它们都为品牌战略的规划确定了先决条件。也正是如此，以顾客而不是以竞争者作为战略参照点决定了"期望—原型化"的战略能否形成和实施的前提。

（4）战略方式。对应于顾客作为战略参照点，"期望—原型化"战略的焦点是对顾客而言"品牌应该怎样"。在这一焦点下，通过理解和基于顾客期望来定义目标市场、塑造产品和选择恰当的品牌化驱动器构成了它的核心战略方式。它充分考虑到中国市场具有巨大性、多样性和空白性的性质及特征来创建目标市场，通过理解和满足顾客需求，利用中国市场存在的大量有待定义的产品类别的机会和特有的品牌化资产定义和发展产品，并有效地建立产品典型性和品牌原型成为市场领导者。这一战略方式为实现充分满足市场中丰富的顾客需求提供了最有效的途径，反过来它又让企业真正地做到从顾客及由此构成的市场出发，使其战略目标的聚焦得到反馈式的强化。

与此相对，"竞争—差异化"的战略方式，由于其参照点是竞争者，其战略焦点就是相对于竞争者寻求"品牌如何不同"。其战略方式是在高度品牌化的既有市场中通过细分，寻求与竞争品牌的有限差异以发现其中的市场空隙获得收益。因此，通过界定市场、定义产品和建立产品原型和品牌原型这一战略方式，为中国企业建立领导品牌提供了更有效的选择。

（5）品牌化驱动器的选择。正如前面分析，从理论上来说，无论是采用"期望—原型化"还是"竞争—差异化"的战略方式，两者对品牌化驱动器的选择都是多样性的。但是，由于战略参照点和品牌性质和特征的不同，两者对品牌化驱动器的选择存在不同的考虑。

首先，由于战略参照点的不同，采取"竞争—差异化"战略，客观上要求具备与竞争者相当的内部品牌化能力，例如管理基础、能够支撑同等水平的产品研发、渠道建设和广告投放的营销资金规模，等等。而"期望—原型化"战略由于不以竞争者为参照，可以不受这一要求约束，因而具有更大的战略灵活性。其次，相对于国际品牌，由于自主品牌对市场决定机制具有自身的适应性特点，在品牌化驱动器的选择上也可作出特定的考虑。国际品牌因具备较强的内部品牌化能力，往往采用研发、广告作为品牌化的驱动器。自主品牌由于成长历史较短及处于国际品牌占优势地位的不利市场结构中，采取研发、广告作为品牌化驱动器受到较大约束。但是，它特有的品牌化资产，如潜在的产品类别定义、塑造独特性、正宗性等品牌的产品意义，为其品牌化驱动器提供了最优的选择。显然，采取"期望—原型化"战略可使自主品牌更充分地利用特有的品牌化战略资产作为其驱动器。

（6）战略结果。从理论上看，上述关于品牌战略的市场假定和消费者认知原理的分析表明，从理论上看，在作为整体的新兴市场和新兴技术演变产生的新产品类别市场中，通过以顾客为参照点定义产品和品牌，更容易界定有效的目标市场，并实现领导品牌的建立。相反，如果通过以竞争者为参照，寻求与竞争品牌的差异化，则不太容易实现领导品牌建立。而战略参照点、战略方式和品牌化驱动器的分析，也详细阐述了实现这一可能性的基本方法。

另外，品牌建立的经验也表明，在各个产品领域中领导品牌的成功建立，其品牌战略方式是符合"期望—原型化"而非"竞争—差异化"的。在中国市场，有许多产品类别的品牌化程度不高，甚至存在大量空白性的市场机会，通过识别、定义、分析顾客需求出发，往往能成功地建立品牌。云南白药牙膏品牌从顾客需求出发，发展全新中药产品概念，在远晚于其他本土品牌进入市场的情况下成为产品类别市场的佼佼者。王老吉品牌从满足顾客需要出发建立"预防上火"的品牌定位，在中国市场成为超越可口可乐的饮料品牌。① 即使在西方成熟市场中，那些领导品牌也是基于对顾客需求的理解而不是与竞争对手的差异化建立全新的产品概念取得成功的。在传统产品领域建立的飘柔、海飞丝、潘婷、高露洁、力士、夏士莲等国际品牌，在新兴领域建立的 Intel、雅虎、苹果、Google 公司的 Mac + Mac OS、iPod + iTunes、iPhone、iPad 等品牌，均是较早识别消费者某一需要并成为该产品类别品牌的代表。例如，在传统产品市场中，宝洁公司的海飞丝品牌创立于 1963 年，通过识别、瞄准有头屑问题需求解决的顾客，发展了独特、优异的产品，加上利用广告、渠道作为品牌化驱动器，成为去屑洗发水市场中的第一品牌。1991 年该品牌进入中国内地市场后也一直处于领导地位。在新兴互联网市场，当年的雅虎公司在互联网发展早期没有既有成功品牌作为参照的情况下，通过不断理解市场需求定义了门站网络的基本商业模式（很大程度上是对产品和服务的定义），从而成功建立了第一个互联网品牌。

### （二）战略意义

通过上述概念框架的分析，采用"期望—原型化"而不是

---

① 成美公司：《红罐王老吉品牌定位战略》，http://www.chengmei-trout.com/a-chieve-4.asp。

"竞争—差异化"战略，可产生后者所不具有的战略意义。

首先，相对于"竞争—差异化"战略，它具有更大的成功建立自主品牌的可能性。无论从理论和现实上看，"期望—原型化"战略为建立高的产品典型性和品牌原型，乃至最后成为相应产品类别乃至总体市场中的领导品牌提供了最大的可能性和可行性。

其次，采取"期望—原型化"战略，通过利用丰富的独特性战略资产建立品牌化的驱动器，回避了多数中国企业内部品牌化能力不足的现实问题，消除自主品牌在品牌化驱动器选择上的约束。而且，从自主品牌在市场结构中处于不利位置考虑，采取"期望—原型化"战略，在与国际品牌的竞争中它更可能回避自身劣势，并通过进入空白性的市场、或利用独特性的品牌化战略资产获得成为领导品牌的机会，并打破"国际品牌诅咒"的宿命，开拓建立品牌的创新性道路。

最后，"期望—原型化"战略启示企业思考品牌的营销要回到根本的问题，即营销要通过满足顾客的期望来塑造品牌和影响顾客的选择行为。对于自主品牌，营销回到根本更具有现实意义。中国作为成长市场，中国的自主品牌是成长市场中的成长品牌，或者说是不成熟市场中的不成熟品牌。现有的多数自主品牌还是中小品牌。中国顾客对大多数自主品牌的知识几乎是从零开始的，对自主品牌的原型知识尚在形成中。同时，在顾客的品牌原型知识上，自主品牌呈现一定的弱势，如品牌的表现能力过低。考虑这一状况，对于欲取得领导地位的自主品牌，更需要回到营销的根本，通过重视产品创新、产品质量提升等品牌营销的基础建设，在追求实现顾客的期望中塑造品牌并建立其领导地位。避免一味地在所谓"差异化"的营销战略中艰难地挑战，甚至模仿国际品牌，失去了对原创产品开发、产品质量管理、产品性能提升等基本问题的关注。

表8-1总结了"期望—原型化"战略与"竞争—差异化"战略的主要差异。

表8-1　　　　　　　　　　**两种品牌化战略的比较**

| | "竞争—差异化"战略 | "期望—原型化"战略 |
|---|---|---|
| 适用条件 | 由顾客—产品决定的市场机会和品牌化战略资产有限<br>以成熟市场为代表 | 由潜在的顾客—产品决定的市场机会和品牌化战略资产丰富<br>以新兴市场和新技术产生的新产品类别市场为代表 |
| 认知原理 | 遵循联想网络理论 | 遵循类别化的认知理论 |
| 参照点 | 竞争品牌 | 顾客 |
| 战略方式 | 与竞争品牌如何不同<br>在高度品牌化的成熟市场中通过细分市场，寻求与竞争品牌差异发现市场机会获得收益 | 对顾客而言品牌应该怎样<br>在存在巨大和多样性品牌化机会的市场中，通过满足顾客需要，发展产品概念建立市场并成为领导者 |
| 驱动器 | 利用公司能力塑造品牌化驱动器，如研发、广告 | 品牌化驱动器选择受到内部能力较大约束<br>利用独特性的品牌化资产作为驱动器，如发展独特性产品 |
| 战略结果 | 在既有市场中参与竞争，不太容易实现领导品牌建立 | 通过创建产品类别市场，更容易实现领导品牌建立 |

## 四　影响自主品牌基本战略形成的相关因素

上述自主品牌建立的基本战略分析，是适用于任何企业的一般性战略分析。但对一个具体企业的市场战略决策而言，其所在市场的顾客行为、企业内部的品牌化能力是有差异的。此外，市场中还存在相应的竞争者。因此，对某个特定的企业而言，它的品牌建立战略若要取得成功，并指导品牌的营销活动，应该在进行上述一般性分析后，再结合其他相关因素综合决策才能最终形成，即具体企业的品牌建立战略是在一般性战略分析的基础上结合顾客行为特点、市场竞争、内部品牌化能力等考虑而形成的适合自身企业的选择性方案。它可从顾客行为—市场竞争—内部能力等方面进行评估，确定初步的战略方案。然后结合其所处的市场形势，分析可能影响品牌建立的主要现实问题，对战略方案作出进一步的厘定。

**（一）顾客行为—市场竞争—内部能力分析**

1. 顾客行为的影响

品牌化的市场战略尤其是驱动器的选择虽然是由企业决策者决定的，但是，市场需求决定了企业为谁和提供什么产品，这两者的性质又决定了品牌化驱动器的选择方向。一般的观点认为，由于顾客需求性质的不同，顾客在购买相应产品进行决策时考虑的因素存在区别，这导致不同类型市场的品牌化驱动器也不同。在消费品市场，品牌化的主要驱动器是优异的产品、包装、购买方便性、沟通和服务等。在工业品市场，品牌化的主要驱动器是产品的性能、价格、服务、销售力量等（Kotler 和 Keller，2009）。因此，对于任何企业，一旦界定了其目标市场是消费品市场或是工业品市场，就意味着在这一市场中，具有相应需求的顾客的偏好和行为在理论上决定了其可选择的品牌化驱动器的范围。

2. 内部品牌化能力的影响

在品牌建立中，内部品牌化能力从现实方面直接约束了企业的市场选择、产品发展，尤其是品牌化驱动器的选择。由于中国企业普遍存在品牌化能力较低的问题，在研发、先进性、广告等品牌化驱动器选择上受到了较大的制约。因此，多数中国企业在现阶段不具备利用研发、广告这些品牌化驱动器的能力。一些例子也表明，由于缺乏持续的生产、广告资金等实力，一些选择广告作为品牌化驱动器的企业，例如当年成为中央电视台黄金广告资源招标标王企业的孔府宴酒、秦池，难以持续经营。[①] 因此，中国企业确定和实施品牌建立的基本战略，不但要遵循市场决定机制，而且要与企业的自身能力相适应。根据市场决定机制部分的分析发现，中国市场存在丰富的品牌化战略资产。在企业内部能力的约束下，企业可选择适当的顾客—产品组合，并策略性地利用品牌化战略资产来回避这一约束以顺利取得成功。

3. 市场竞争的影响

市场竞争影响市场中既有企业的市场战略绩效（Morgan 等，2004；Zou 和 Cavusgil，1996，2002），甚至其既有市场战略的成败。但是，由于以成熟市场为现实基础的研究者以战略已成形的大企业为研究对象，[②] 其研究主要分析市场竞争对企业市场战略绩效的影响，很少关注竞争对市场战略形成，尤其是处于创立中企业初始基本战略形成的问题。也可能是这一方面研究的缺失，在分析中甚至形成了市场竞争决定市场战略的认知。因此，在诸如中国等新兴市场中的企业市场战略有待成形的现实下，重新认识市场竞争对战略形成的作用是非常值得探索的问题。

就品牌建立而言，市场竞争作为影响因素对市场战略形成的作用是，决策者对市场竞争的理解和重视程度影响企业的品牌建立战略，其作用方式主要是通过影响决策者对顾客、产品、品牌化驱动器的选择导致形成不同的战略方案。一般而言，在一个行业中的不同企业，它们针对相同的总体市场、提供相似的产品。这种企业间市场—产品的相似性甚至同质性形成了竞争（Kotler

---

① 人民网：《首届央视标王破落探因》，http：//www. people. com. cn/GB/paper 1787/6368/627550. html。慧聪食品工业网：《秦池：从标王到没落》，http：//info. food. hc360. com/2009/11/111749165166. shtml。

② 此方面的分析，请参见第一章。

和 Keller，2009）。在品牌建立时期，企业通过理解、识别顾客期望和需求确定品牌的目标市场，定义顾客—产品组合。但实际上，一旦该市场呈现增长后往往是高度竞争性的。为了在市场中处于有利发展的位置，企业必须建立自己的品牌竞争优势，或者尽可能回避与强势品牌的竞争。为此，企业最可能通过选择与竞争者不相同的品牌化驱动器，或者强化、超越与竞争者相同的品牌化驱动器实现自己的营销目标。就选择与竞争者不相同的品牌化驱动器而言，有两种不同的方式。一是基于顾客需求进行分析，即通过识别顾客的需求性质及其特征创造独特的品牌化驱动器，建立自己的品牌竞争优势，或者回避与强势品牌的竞争。二是从分析竞争品牌出发，寻求与竞争品牌的差异化建立品牌化驱动器，它虽然可在现有的参照框架下，在品牌的某些属性上实现与竞争品牌化的差异化，但往往很难塑造具有独特性、甚至独有性的品牌化驱动器。

### （二）市场现实形势的分析

考虑到中国市场的现实形势，一家具体的企业在形成品牌化战略方案时，还需要在以下几方面进一步进行考虑。

1. 识别独特的品牌化驱动器

对于自主品牌的建立而言，由于中国市场的需求具有空白性和多样化的特征，企业可识别和选择的品牌化驱动器具有特定的范围，且相对于西方的成熟市场，品牌化驱动器的选择，存在许多新的机会。这种新的战略机会，一方面表现在前面分析过的以产品类别作为驱动器方面。例如，王老吉品牌从满足顾客需要出发建立"预防上火"的品牌定位并大获成功。另一方面，它也表现在应用促销等非产品的营销驱动器方面。例如，在欧美市场，国际品牌通过广告和经销商促销的"推"与"拉"策略开展品牌营销。但当年舒蕾等自主品牌，根据中国零售点的顾客密度高、喜欢购买过程中的销售人员服务等特点，制定了设立店面人员直接面对顾客推销的策略作为重要的品牌化驱动器并取得成功，成为当时市场中占有率最高的品牌，超越长期居于第一位的宝洁公司的飘柔品牌。①

2. 处理与国际品牌的竞争关系

如前面分析，市场竞争不但影响企业的市场战略，尤其在品牌化驱动器的选择上，它在某种程度上对其具有约束性，即现有的市场竞争限制了企业对品牌化驱动器的选择机会。这主要是国际品牌进入中国市场后，由于品牌化能力和程度不对等，给处于同一市场中的自主品牌带来了巨大的竞争压力。那些与国际品牌竞争的自主品牌，当选择与其相似的品牌化驱动器时，几乎不具有成为领导品牌的可能性。例如，在去屑洗发水细分市场，宝洁公司的海飞丝以去屑的定位在全球市场，包括中国市场处于领导地位。一些自主品牌如飘影采用去屑不伤发的模仿性定位，但难以撼动海飞丝的地位。总体上，自20世纪80年代实施改革开放以来，在中国市场中，只要是国际品牌战略性进入的产品市场，例如汽车、个人计算机、移动电话、护肤、美容、洗发水、女性个人护理、碳酸饮料等市场，自主品牌基本处于下风。即使在护肤、洗发水等自主品牌发展相对较强的产品类别市场，仅有舒蕾、霸王等个别品牌通过选择不同于国际品牌的品牌化驱动器成为领先品牌。例如霸王洗发水的成功，在很大程度上得益于其以中药成分这一独特产品属性作为品牌化驱动器。其他多数品牌属于跟风品牌，而这当中，只有少数如小护士等成为小众市场中的

① 吴志刚：《舒蕾成功与中国洗发水演进》，销售与市场杂志网站，http://www.cmmo.cn/article-4446-1.html。

利基者而取得初步成功。① 尽管通过增加相似性的模仿有利于跟风品牌的成长（Carpenter 和 Nakamoto，1989；Carson 等，2007），但成长空间有限。因此，通过处理好与国际品牌的竞争关系，中国企业在自主品牌建立时，可尽早作出是创造、选择独特性的还是模仿性的品牌化驱动器。

3. 突破无序竞争、破坏性模仿、低价销售的营销方式

由于自主品牌成长历程较短，所处市场结构不利，内部品牌化能力相对较弱，它面临巨大的生存和成长的压力。在这一现实下，无序竞争、破坏性模仿、低价销售成为自主品牌普遍性的营销方式。在无序竞争方面，国内企业任意打破市场的既有游戏规则。杀毒软件市场本土公司的竞争，360 公司与腾讯公司的竞争可看作是近年的典型案例。在破坏性模仿方面，不考虑自身的市场战略目标和模仿品牌的定位与自身品牌定位的匹配性，进行随意模仿。往往是自主品牌的产品不但模仿国际品牌，而且也在自主品牌之间进行相互模仿。"山寨产品"的出现将破坏式模仿推向了极端。② 在低价营销方式方面，自主品牌普遍以低价作为销售驱动器进入和占据市场。

无序竞争、破坏性模仿和低价销售模式被普遍性运用，不但对自主品牌的建立产生了负面影响，而且还带来了品牌战略缺乏和品牌化驱动器破坏的后果。在品牌战略缺乏方面，它使现有企业不重视长期性的品牌发展规划。无序、模仿和低价的营销方式使企业疏于理解顾客需求和消费行为，缺乏寻求原创性产品研发的动力和能力，难以识别和发现真正的顾客—产品组合和品牌化

---

① 即便如此，"小护士"在历经自身的建立艰险和国际品牌的超级竞争取得初步成功后也未逃过被国际品牌收购的命运。参见《"欧莱雅"收购"小护士"》，新浪网，http：//news. sina. com. cn/c/2003 - 12 - 14/10151336632s. shtml。
② 小兵：《"山寨"革命，草根的胜利？》，《计算机应用文摘》2008 年第 20 期。

驱动器。尤其是市场竞争的无序，使企业将注意的焦点定于竞争者而非顾客，忽略了中国作为新兴市场存在大量空白性市场的战略机会，并过早地偏向竞争取向的战略。此外，对一些有意寻求与现有品牌尤其是国际品牌差异化的品牌，例如上述提到的飘影品牌，虽然通过有限的差异化来建立品牌，但由于低价营销方式的存在，进一步影响了其战略成效。

在品牌化驱动器的破坏方面，表现在它使顾客对自主品牌形成负面认知乃至刻板印象。一方面，这种负面认知和刻板印象影响顾客对现有品牌的评价和态度。例如，在国内，中国顾客对自主品牌的评价总体上明显低于国际品牌（王海忠、赵平，2004）。消费者对自主品牌的品牌先进性、优异性评价和总体态度低于国际品牌（蒋廉雄等，2011）。在国际市场，外国消费者对中国产品形成了低等、质次、价廉的认知。一项全球调查表明，便宜、低等、质次、不可靠、作假、缺乏创新成为被访者描述中国品牌印象的主要词汇，并且75%的被访者认为，"中国制造"的标签伤害了中国品牌（Swystun等，2005）。另一方面，顾客对自主品牌的负面认知，限制了企业对优异性、先进性、价格等方面的品牌化驱动器运用的可能性。其原因在于，负面的品牌认知反映了顾客关于自主品牌的一种图式，作为一种稳定的知识内容和结构，图式的改变需要中国企业在品牌塑造上投入较大的努力并长时间影响顾客。现实情况是，现有的模仿、低价营销方式使企业没有建立相应的营销基础，短时间改变这种负面认知难以实现，而若保持现有的营销方式则要更强化而不是改变这种图式。

对以建立领导品牌为目标的中国企业而言，其品牌的建立需要放弃无序、产品模仿和低价的营销方式，但现实的营销基础不足、竞争压力与这一目标存在矛盾。要解决这一矛盾，企业应在顾客行为—市场竞争—内部能力的分析框架下，理解中国作为新兴市场，在顾客—产品—品牌化驱动器方面的特有要素，作出有效的顾客—产品定义，并选择独特性的品牌化驱动器。它既可避免自主品牌陷入产品同质化和低价营销方式，又可回避与国际品牌的定位雷同而导致处于不利的竞争地位。王老吉品牌的成功建立具有范例的意义。它通过创建凉茶饮料这一新的产品类别，以及识别清火解渴这一独特性的产品属性满足顾客预防上火的需要配合运用渠道和广告其他品牌化驱动器，最终成为饮料市场中的领导性品牌。

4. 战略合理性模仿

如前面分析，中国企业在品牌建立活动中存在随意模仿现象，甚至还出现"破坏性模仿"。但这并不意味着企业不可以将模仿作为品牌成长的权宜之计。尤其是中国企业在营销管理水平、经验、实力等内部品牌化能力较低的这一现实条件下，在现有成熟的产品类别市场，利用模仿策略走向品牌建立的方式是值得考虑的选择。在自主品牌建立的讨论中，除个别学者外（毛蕴诗、汪建成，2006），多数研究者没有关注模仿对自主品牌建立的战略性意义。在此，有必要对这一问题进行分析。

（1）合理性模仿存在符合顾客偏好的认知机制。根据前面的分析，从顾客认知看，在某个产品类别市场，当某个品牌成为领导品牌后，由于产品典型性效应的存在，消费者将其认知为该类别产品的代表，后来进入的品牌很难超过它成为领导品牌。但是，后来者可通过模仿，让顾客将自己归属于该类别成员，并与领导品牌产生相似性，当后来者作为跟风品牌（me - too brands）采取模仿领导品牌的战略时，其品牌典型水平会提升，这样可以消除领导品牌的认知优势产生更高的消费者吸引力（Carpenter 和 Nakamoto，1989；Carson 等，2007）。这一认知机制要求模仿品牌满足一个基本条件，只模仿同类别产品，而不是跨产品类别任意模仿。例如，低档汽车市场的后来品牌最好模仿属于低档汽车类别中的领导品牌，而不是模仿高档汽车市场中的领导品牌。中国一些汽车企业恰恰在此方面违背了顾客的这一认知机制，导致模仿的失败。例如奇瑞推出的东方之子轿车，作为中低级车，在造型上却模仿高档车奔驰、宝马和富豪，被公众戏称为"奔驰头、宝马腰、富豪尾"而沦为"三不像"，推出后市场反应冷淡。

　　（2）合理性模仿与"期望—原型化"基本战略的关系。从认知机制看，合理性模仿与"期望—原型化"战略有相似之处，它们都以品牌的产品典型性或原型效应影响顾客认知为基础。这是模仿战略存在的合理之处，同时它与后者在理论基础上也不冲突，它可以看作是市场后来者对市场领导者"期望—原型化"战略的复制。但是，合理性模仿很难使模仿品牌成为市场领导者。原因在于，它没有理解和塑造顾客期望建立新的产品类别，而是在现有顾客期望下提供同一需求满足的替代物。从这点来看，模仿品牌一旦在建立相对市场地位和内部品牌化能力后，可及时转向"期望—原型化"战略，通过开发原创产品实现成为领导品牌的目标。

　　最后值得指出的是，品牌化的驱动器不同于品牌化的基础。就品牌建立而言，任何企业首先必须具备品牌化的基础，包括是否建立从顾客出发的营销观念，是否建立营销职能、品牌管理制度等营销运行体系，是否具备人力资源、营销资金投入等营销能力。只有具备了品牌化的基础，作出正确的品牌化市场战略决策，品牌建立才能成功。

# 五　小结

　　自主品牌建立能否成功，取决于企业的品牌化基本战略。但自主品牌的建立应该采取什么战略，国内现有研究和以成熟市场为现实基础的营销战略理论为此没有、或不能提供答案。本章以前面建立的品牌化的市场决定机制分析为基础，提出了自主品牌建立的基本战略。利用"顾客—产品—品牌化驱动器"这一品牌化市场决定机制概念模型，分析了"竞争—差异化"这一成熟市场中的品牌化战略方式在自主品牌建立中的适用性问题，提出中国企业应该以"期望—原型化"而不是"竞争—差异化"的战略方式作为品牌建立的基本战略，并建立了这一基本战略的分析框架。本章最后还分析了如何考虑顾客行为、内部品牌化能力、市场竞争、现有营销方式等因素的影响以形成具体的品牌战略方案的问题。

## 参考文献

［1］Basu, Kunal(1993), "Consumers' Categorization Processes: An Examination with Two Alternatives Methodological Paradigms,"Journal of Consumer Psychology, Vol. 2, Issue 2, pp. 97 – 111.

［2］Broniarczyk, M. Susan and Joseph. W. Alba(1994), "The Importance of the Brand in Brand extension," Journal of Marketing Research, Vol. 31, May, pp. 214 – 228.

［3］Carpenter, G. S. and Nakamoto, K. (1989), "Consumer Preference Formation and Pioneering Advantage," Journal of Marketing Research, 26, August, pp. 285 – 298.

［4］Carson, Stephen J. Robert D. Jewell and Christopher Joiner (2007), "Prototypicality Advantages for Pioneers Over Me – Too Brands: the Role of Evolving Product Designs,"Journal of the Academy of Marketing Science, Vol. 35, Issue 2, pp. 172 – 183.

［5］Chin – Parker, Seth and Brian H. Ross (2004), "Diagnosticity and Prototypicality in Category Learning: A Comparison of Inference Learning and Classification Learning,"Journal of Experimental Psychology: Learning, Memory and Cognition, Vol. 30, Issue 1, pp. 216 – 226.

［6］Cohen, Joel B. , and Kunal Basu, 1987, "Alternative Models of Categorization: Toward a Contingent Processing Framework,"Journal of Consumer Research, Vol. 13, Issue 4, pp. 455 – 472.

[7] Keller, Kevin Lane, 1993, "Conceptualizing, Measuring and Managing Customer – Based Brand Equity," Journal of Marketing, Vol. 57, Issue 1, pp. 1 – 22.

[8] Keller, Kevin Lane( 2008), Strategic Brand Management, NJ: Pearson Education LTD.

[9] Kotler, Philip and Gray Armstrong(2009), Principles of Marketing, 英文影印版,北京:清华大学出版社。

[10] Kotler, Philip and Kevin Lane Keller( 2009), Marketing Management, NJ: Prentice Hall.

[11] Krishnan,H. Shanker (1996), "Characteristics of Memory Associations: A Consumer – Based Brand Equity Perspective," International Journal of Research in Marketing, Vol. 13, Issue4,pp. 389 – 405.

[12] Lawson, Robert(1998), "Consumer Knowledge Structures: Networks and Frames,"*Advances in Consumer Research*, Vol. 25 Issue 1, pp. 334 – 340.

[13] Meyers – Levy, Joan and Alice M. Tybout (1989), "Schema Congruity as a Basis for Product Evaluation," Journal of Consumer Research, Vol. 16, June, pp. 39 – 54.

[14] Monga, Alokparna Basu and Deborah Roedder John ( 2010), " What Makes Brands Elastic? The Influence of Brand Concept and Styles of Thinking On Brand Extension Evaluation," Journal of Marketing, Vol. 74, Issue3, pp. 80 – 92.

[15] Morgan, Neil A. , Anna Kaleka and Constantine S. Katsikeas ( 2004), "Antecedents of Export Venture Performance: A Theoretical Model and Empirical Assessment,"Journal of Marketing, Jan2004, Vol. 68 Issue 1, pp. 90 – 108.

[16] Nedungadi, Prakash J. and Wesley Hutchinson( 1985), "The Prototypicality of Brands: Relationships with Brand Awareness, Preference and Usage. " Advances in Consumer Research, Vol. 12, Issue 1, pp. 498 – 503.

[17] Park, C. Whan, Sandra Milberg and Robert Lawson (1991), "Evaluation

of Brand Extensions: The Role of Product Feature Similarity and Brand Concept Consistency,"Journal of Consumer Research,Vol. 18,Issue2, pp. 185 – 93.

[18]Peracchio, Laura A. and Alice M. Tybout, 1996, "The Moderating Role of Prior Knowledge in Schema – Based Product Evaluation,"Journal of Consumer Research, Vol. 23, Issue 3, pp. 177 – 192.

[19]Swystun, Jeff,Fred Burt and Annie Ly(2005), "The Strategy for Chinese Brands," October,www. interbrand. com.

[20]Ward, James, and Barbara Loken(1986), "The Quintessential Snack Food: Measurement of Product Prototypes," Advances in Consumer Research, Vol. 13, pp. 126 – 131.

[21]Zou, Shaoming and S. Tamer Cavusgil (1996), "Global Strategy: A Review and an Integrated Conceptual Framework," European Journal of Marketing, Vol. 30, Issue1, pp. 52 – 69.

[22]Zou, Shaoming and S. Tamer Cavusgil (2002), "The GMS: A Broad Conceptualization of Global Marketing Strategy and Its Effect on Firm Performance," Journal of Marketing, Vol. 66,Issue 4, pp. 40 – 56.

[23]韩中和、胡左浩、郑黎超:《中国企业自有品牌与贴牌出口选择的影响因素及对出口绩效影响的研究》,《管理世界》2010 年第 4 期。

[24]蒋廉雄、冯睿、朱辉煌、周懿瑾:《利用产品塑造品牌:品牌的产品意义及其理论发展》,《管理世界》2012 年第 5 期。

[25]蒋廉雄、朱辉煌、吴水龙:《消费者如何对品牌功能做出评价:基于品牌原型的产品意义建构模型》,《JMS 中国营销科学学术年会论文集》,2010 年。

[26]蒋廉雄、朱辉煌:《品牌认知模式与品牌效应发生机制:超越"认知—属性"范式的理论建构》,《管理世界》2010 年第 9 期。

[27]毛蕴诗、汪建成:《基于产品升级的自主创新路径研究》,《管理世界》2006 年第 5 期。

[28]王海忠、赵平:《品牌原产地效应及其市场策略建议基于欧美日中四地品牌形象调查分析》,《中国工业经济》2004 年第 1 期。

# 第九章

# 代工企业的市场战略

## 一　引言

作为中国制造的基地，珠三角地区存在大量的代工企业。近年来，随着内、外部经营环境的变化，这些企业面临着转型或升级的压力。自主品牌建立成为业界和社会关注的问题，在很大程度上就是由对 OEM 企业为代表的低端产业升级的讨论所引发的。研究者们对代工企业的产业升级提出了不同的方案或路径。其中，从 OEM 到 ODM 再到 OBM 的升级模式被认为是代工企业升级的主路径。这一观点看起来很理想，但实际上忽视了市场需求决定业务模式的市场机制，代工企业经营的现实基础及其内部差异性。而且，值得指出的是，对代工企业的转型，国内外学者进行了许多研究，而营销学者的参与却并不多。考虑到这些，本章从营销学的角度，运用品牌化的市场决定机制分析建立的相关概念，对代工企业的市场战略进行专门探讨。

## 二　代工市场战略的形成

对代工企业的市场战略问题，国内现有的研究集中于业务升级。而且如第一章分析发现，研究者采取线性思维方式，将"阶

梯式向上发展"作为代工企业的基本市场战略。其中，从 OEM 到
ODM 再到 OBM 的功能性转换更被看作是代工企业升级的主路径。
这种向上的市场战略模式的思路来自于国外学者关于升级类型的划
分，即他们认为业务升级存在过程升级（process upgrading）、产
品升级（product upgrading）、功能升级（functional upgrading）和
跨产业升级（intersectoral upgrading）四种模式（Humphrey 和
Schmitz，2002，2004）。

　　但国外学者的初衷并不在描述、总结升级存在的类型，而是
以此作为分析的初始框架，发现不同类型升级的过程特点和可能
性。他们发现，从事 OEM 业务企业因其对价值链支配地位的差
异而存在不同的升级机会和模式（Humphrey 和 Schmitz，2002）。
尤其对于那些参与全球价值链分工从事代工的企业，其升级模式
选择受到其所处层级结构中的价值链位置的限制，虽然它们为处
于价值链控制地位的跨国公司代工可快速地提升产品升级和过程
升级，但从 OEM 转变为 ODM、OBM 的功能性升级却受到限制。
这些代工企业要从事功能性升级，首先需要树立升级的战略意
图，其次是利用代工过程中获得的知识，在某一狭窄领域建立新
的能力并进入跨国公司让出的价值链空档（Humphrey 和 Schmitz，
2002，2004）。国外的这些研究发现，对中国 OEM 企业的业务升
级，包括对一边倒地提倡从 OEM 到 ODM 再到 OBM 的线性向上
升级（即功能性转换）观点的研究者，提供了反思性的启发。

　　中国的代工企业到底如何升级？根据市场需求特征决定市场战
略边界和模式的分析框架，代工企业的现有 OEM 业务模式主要由
跨国公司订单外包的市场需求决定。其未来的市场战略，尤其是代
工企业是否采取升级战略，包括是采取品牌化还是非品牌化的业务
模式，由企业根据国际市场的代工需求和国内市场的品牌化产品需
求所决定。在此基础上，企业决策者根据对市场竞争和企业品牌化

能力的认知作出战略决策。

就需求而言，由国际订单需求形成的市场对现有代工企业而言是显性的，而国内品牌化产品构成的市场对其却是隐性的。原因是，代工企业在对国际市场的识别和判断上积累了较多的学习经验，而对国内的品牌化产品市场，它们因没有涉入过而导致营销经验的缺乏。根据前面的分析，为了避免不确定性风险，企业在市场战略选择中一般会优先考虑在显性市场中开展业务经营。因此，即使在国际订单需求和国内品牌化产品市场需求都保持稳定增长的现实形势下，现有的代工企业仍倾向于优先采取 OEM 模式的市场战略。

市场竞争对代工企业的市场战略选择的影响是双方面的。一方面，现有市场即国际代工业务市场的竞争程度影响代工企业市场战略的选择。随着现有的 OEM 市场竞争越来越激烈，企业的业务来源面临挤压，业务利润率不断降低，一些代工企业可能作出退出 OEM 市场转向国内品牌化产品市场的决策。另一方面，在国内市场，采取品牌化经营的企业在市场中多采取低价策略。为适应这种低价策略，企业将市场份额争取和成本降低放在首位，难以关注产品的发展，包括对品牌质量的重视，这又进一步导致其在品牌竞争中吸引力过低。国内品牌化产品的低价营销模式使自主品牌在市场中陷入品牌效应过低的怪圈。当市场竞争激烈而品牌效应又过低时，它会影响企业对品牌在企业发展战略中的重要性认知（Louro 和 Cunha，2001）。因此，在现有形势下，代工企业在选择市场战略时，只要代工业务还有微薄的利润，仍会倾向采取非品牌化即 OEM 市场战略模式。

内部品牌化能力是制约代工企业放弃 OEM 市场战略转向 OBM 市场战略的又一因素。中国代工企业专注于加工生产，或者被称为跨国公司的生产车间，多数基本不具备品牌营销的基础和能力。当代工的市场需求保持稳定,市场竞争使其业务经营的利润不至于为负值,自主品牌的品牌化效应没有明显提升时,多数代工企业受制于内部品牌化能力,会倾向于采取现有的 OEM 市场战略模式。只有那些少数逐步培育了内部品牌化能力的企业,才有可能放弃 OEM 市场战略转向 OBM 市场战略。

通过上述分析可以发现,总体上而言采取 OEM 市场战略对多数代工企业而言是恰当的选择。从近年的代工市场形势看,在代工需求保持稳定的现实下,尽管由于企业竞争加上人民币升值使 OEM 业务的利润率降低,但企业通过采取内迁、成本节约及由靠中间渠道经销改为向国际市场零售终端供货来维持 OEM 市场战略。① 这也可能是为何在中国企业的转型中,虽有政府的热切强力推广,而选择 OEM 模式的企业仍众的主要原因。此外,受市场需求决定企业战略的影响,对于从事品牌化经营的企业,甚至也有可能在采取品牌化的市场战略时,受国际公司外包订单需求的吸引,进入代工市场。在家电市场,位于珠三角地区的美的公司、科龙公司、创维公司,长年以来就采取这种方式从事业务经营。② 上述分析也更好地解释了一些研究者看到的现象(汪建成、毛蕴诗,2007),即在相同行业,具有相似背景、生产相同产品的两家不同公司,为何一家采取品牌化,另一家采取 OEM 市场战略模式。

## 三　转变市场战略的内在障碍

在自主品牌建立的讨论中,许多研究者关注到中国企业在此方

---

① 杜雅文、万晶:《西进! 北上! 沿海代工企业大内迁调查》,《中国证券报》官方网站,http://www.cs.com.cn/sylm/15/201008/t20100805_2539425_1.htm。

② 例如,美的电器公司 2009 年的业务构成中,海外市场收入占其总收入的 30%。根据研究者的访谈,海外收入主要由 OEM 方式取得。

面存在的一般性问题，如品牌观念落后、营销投入不足、管理人员缺乏等（陈湘青，2004；雷鸣、袁记，2007；祝合良、王平，2007）。对代工企业的业务升级问题，国内的研究者主要探讨升级的策略或路径（胡军等，2005；毛蕴诗、吴瑶，2009；商务部，2008；王海燕、周元，2007；朱钟棣等，2005），不太关注其升级的内在障碍。本研究提出这一问题，首先是考虑到，代工企业在选择改变现有的市场战略，尤其是从 OEM 走向 OBM 时，其面临的内在障碍不同于中国企业总体上在品牌建立上所需要解决的一般性问题，而是有其特定性。其次，对代工企业市场战略转变存在的内在障碍这一问题，国内的研究者没有重视，而基于成熟市场的西方营销研究者也没有看到。

就产品类别来看，代工企业承接的主要是从事电子、个人电脑、手机、服装、制鞋、玩具等产品经营的跨国公司的生产外包（冯邦彦、王鹤，2004）。就产品类别的本身性质而言，代工企业从事的是消费者市场产品。但就其直接服务的顾客而言，却是提供订单的跨国公司，它们属于 B2B 性质的顾客。这种顾客—产品的不一致性，使它从现有的代工市场转向品牌化产品市场时，一方面会失去现有的顾客；另一方面，长期从事制造不需研发的代工产品，使企业缺乏塑造品牌化驱动器的资源，尤其是围绕生产建立的运作体系使其缺乏品牌化的基础。但当其从 OEM 转向 OBM 的市场战略时，这些代工企业必须适应新的顾客—产品—品牌化驱动器的市场战略决定机制。因此，企业品牌化能力的约束，失去现有顾客的损失以及再造顾客—产品—品牌化驱动器的风险成为 OEM 企业转向 OBM 市场战略的潜在障碍。

具体来看，在既有的品牌化产品市场需求和内部品牌化能力下，某个企业从 OEM 转向 OBM 市场战略模式的潜在障碍，根据顾客—产品的市场决定机制分析，主要是存在由顾客、产品和内部品牌化能力所决定的转型损失和风险。

对于经营规模较大的代工企业而言，从 OEM 转向 OBM 时，其认知到的失去顾客的损失相对较大，寻找和获取与现有公司运营相称的大规模新顾客的风险较高，放弃现有产品发展新产品的风险也相对较大。但是，其内部的品牌化能力总体比小的代工企业更强，它具有较充足的内部资金等资源快速建立营销基础，也可以有能力对多种品牌化驱动器进行选择。

对于经营规模较小的代工企业而言，从 OEM 转向 OBM 时，其认知到的失去现有顾客的损失相对较小，寻找和获取小公司生存所需的小规模新顾客的风险也小，放弃现有产品发展新产品的风险也相对较低，但其内部的品牌化能力总体上比大的代工企业更弱。例如，有限的内部资源使其难以快速建立营销基础，可选择的品牌化驱动器的机会也受资源的限制变得较小。

## 四　可选择的市场战略

根据上述分析，代工企业的市场战略选择，首先要符合市场需求决定市场战略边界和模式的前提，其次要考虑市场战略转变障碍的约束。以此来看，从事承接跨国公司外包业务的中国代工企业，其未来的市场战略不是"一窝蜂"走向"阶梯式向上发展"的升级路径，而是根据自身战略意图，评估当前市场地位，在多种选择性方案中作出自己的决策。

### （一）保持性战略

从 OEM 转向 OBM 时，在顾客—产品方面存在高的损失和风险，代工企业通常会通过保持既有的 OEM 市场的战略获得生存和发展。保持性战略适用于不同规模的代工企业，但不同企业追

求的战略目标却可能存在差异。一些研究者认为，代工企业面临
十字路口的选择，一条是继续从事 OEM 业务，另一条是延伸到
EMS，即电子制造服务，并由此成为工业品牌。EMS 模式对生产
提供全线服务，包括一定程度的产品开发、生产、采购、品质管
理、运输物流和售后服务等（邓勇兵，2008）。但考虑到企业规
模差异，实际上对从事代工的所有企业而言，其前路并非呈现
"十字路口"般的非此即彼的选择，更不存在相同的"十字
路口"。

对于大型代工企业，可通过采取保持战略成为代工市场的领导
性企业，并进化为代工制造领域的领导性品牌。由于 OEM 市场存
在激烈的竞争，为了更好地服务顾客并有效的参与市场竞争，其在
代工过程中会主动地寻求以生产为中心的服务性业务的扩展，向
EMS 升级并成为代工制造领域的领导性品牌。在很大程度上，大
型代工企业通过保持性战略取得发展是在市场现实中的自然进化而
非刻意的预见性决策的结果。台湾的鸿海精密公司，就是通过这一
进化的市场战略成为知名的制造品牌，并进入世界 500 强。通过实
施保持性战略，大型代工企业避免了市场战略转变带来的顾客—产
品的损失和风险，并保持和强化既有的竞争优势。对于中小型代工
企业而言，则存在不同于大型代工企业的市场战略选择。在代工仍
有一定吸引力的条件下，可通过细分市场选择有价值的客户来维持
OEM 市场战略获得企业成长，并积累相关的经营能力。在此基础
上，等待市场战略转变的时机。

## （二）延伸性战略

这是适合不满足于当前状况而想改变经营方式的代工企业的市
场战略之一。从 OEM 转向 OBM 时在顾客—产品方面存在较高的损
失和风险，但为了实施从 OEM 转向 OBM 的市场战略，代工企业保

持经营现有产品，但将服务的顾客从跨国公司延伸到消费者市场。
延伸战略避免了市场战略改变的顾客—产品的双重性损失和风险，
同时公司又可利用代工期间积累的资金、有限研发能力，快速建立
全球性或区域性的营销基础，并启动产品、广告、渠道、服务等品
牌化驱动器。

延伸性战略是代工企业从 OEM 向 OBM 转变的相对稳妥的战
略。但是，其品牌化战略能否最终取得成功，甚至成为市场中的领
导品牌，与代工企业所从事生产的产品类别有关。如果其产品属于
典型性低的产品类别，例如玩具、服装，企业可利用的产品类别和
属性作为品牌化驱动器的机会将较高。同时，由于在这些类别市场
中的品牌竞争程度相对较低，企业对营销资源如广告的依赖度也较
低。在这些产品类别市场，建立品牌的成功可能性也就较高。因
此，即使是小型代工企业也可选择这一战略。反之，如果其产品属
于典型性高的产品类别，例如 PC、手机，企业利用产品类别和属
性作为品牌化驱动器的机会较低。同时，市场中的品牌竞争程度相
对较高，企业对营销资源如广告的依赖也较强。从品牌化的市场决
定机制上看，这些产品类别市场存在的品牌化的机会将较低，企业
也需要投入较高的营销资源，培育较强的营销能力，才能使品牌在
市场中生存和成功。在这些产品类别中，只有大型代工企业才可选
择延伸战略。宏碁、华硕就是在高典型性的产品类别中从 OEM 转
向 OBM。从上述分析看，在高典型性的产品类别市场中从事从
OEM 向 OBM 的转型，已内在地决定了它们走的是一条艰难的市场
道路。两者的曲折发展历程无不表明了这一点。①

---

① IT 商业新闻网：《华硕美国市场失利 未来战略蒙阴影》，http：//www. cheaa.
com/News/HangYe/2009 – 6/12875. html。王飞：《虽然宏碁业绩不差 但其市场号召力显
然不强》，硅谷动力网，http：//www. enet. com. cn/article/2007/0120/A2007012040
5217. shtml。

### （三）扩张性战略

这是一种在保持 OEM 战略的同时，企业通过发展新的产品，进入新的产品类别市场建立 OBM 的市场战略。由于需要塑造新的顾客—产品—品牌化驱动器，所以它要求企业具有强大的内部资源，以保证快速建立营销基础，并选择现有市场中最强有力的品牌化驱动器，如高强度的广告，价值网络中的强强联合等建立品牌。同时，为了缩短识别新顾客的时间，降低识别和获取新顾客的风险，选择这一战略的企业往往强势进入典型性高的产品类别。因此，这是适合不满足于当前状况而想改变经营方式的大型代工企业的市场战略。例如，富士康企业采用这一战略生产自有品牌液晶电视进入新的市场。[①]

### （四）转型战略

代工企业退出 OEM 市场，发展新产品进入新市场。这一战略在顾客—产品上具有较高的损失和风险，而且代工企业的规模越大，在此方面存在的潜在损失和风险将越高。因此，转型战略更适合中小型代工企业，尤其是中型代工企业。对于中型代工企业而言，首先，它成为制造领域的领导企业的机会有限，甚至前景不明朗，从长期发展考虑尽早转型更为有利。其次，由于规模相对有限，它退出 OEM 市场时在顾客—产品方面的损失和风险较大型代工企业要小。再次，作为中型企业，多年的 OEM 经营积累了建立品牌所需的基本资金实力。因此，当在 OEM 市场的收益增加不大甚至下降时，这些企业可作出放弃 OEM 转向 OBM

---

① 张业军：《富士康神秘北扩："自有产品"制造冲动》，中国经营网，http://www.cb.com.cn/1634427/20100703/137196_2.html。

的市场战略。

### （五）收缩性战略

在中国，尤其是珠三角地区，从事品牌化经营的企业，例如家电企业，也为跨国公司从事代工生产的业务。如前所述，自主品牌采取模仿、低价营销方式不能发挥高的品牌效应。与此相对应的是，从事 OEM 仍可给企业带来可盈利的市场收益。但是，对这些采取品牌化经营和 OEM 两种市场战略的企业而言，在适当的时候需要考虑 OEM 市场战略的收缩性问题。通过收缩代工业务，企业可进一步集中资源向 OBM 的市场战略迈进。至于在何时该采取收缩性战略，可根据以下几个方面来进行判断。在市场中企业代工的产品对自身品牌的产品是否造成了明显冲突，代工产品在公司业务中的比重是否持续下降，以及品牌化的产品在国内市场的占有率及增长速度是否在增加。如果答案为是，则表明实行收缩性战略的时机已经到来。

## 五   小结

代工企业是自主品牌发展讨论的引发点和关注点，但现有的研究集中于业务转型或升级，尤其是强调将从 OEM 向 ODM、OBM 升级的"阶梯式向上发展"路径作为代工企业的基本市场战略。本章根据市场需求特征决定市场战略边界和品牌化的市场决定机制的分析框架，首先评估了代工企业保持 OEM 市场战略的合理性。其次分析了转型的障碍，这主要是存在由顾客—产品—品牌化驱动器这一市场机制所决定的转型损失和风险。最后分析了代工企业可在多样性的战略方案中选择适合自身的未来市场战略。代工企业的多样性战略方案包括保持性战略、延伸性战略、扩张性战略、转型战略和收缩性战略。

## 参考文献

［1］Humphrey, John；Hubert Schmitz（2002），"How does Insertion in Global Value Chains Affect Upgrading in Industrial Clusters？" Regional Studies, 36（9），pp. 27 – 101.

［2］Humphrey, John and Hubert Schmitz（2004），"Chain Governance and Upgrading：Taking Stock," in Schmitz, H.（ed），Local Enterp Rises in the Global Economy：Issues of Governance and Upgrading. Cheltenham：Elgar, pp. 349 – 381.

［3］Louro, Maria João and Paulo Vieira Cunha（2001），"Brand Management Paradigms," Journal of Marketing Management, Vol. 17, Issue 7 – 8, pp. 849 – 875.

［4］陈湘青：《珠三角 N 市企业品牌创建存在问题及原因分析》，《江苏商论》2004 年第 8 期。

［5］冯邦彦、王鹤：《企业集群生成机理模型初探——兼论珠江三角洲地区企业集群的形成》，《生产力研究》2004 年第 6 期。

［6］胡军、陶锋、陈建林：《珠三角 OEM 企业持续成长的路径选择——基于全球价值链外包体系的视角》，《中国工业经济》2005 年第 8 期。

［7］雷鸣、袁记：《广东中小企业营销困境与对策建议》，《江苏商论》2007 年第 4 期。

［8］毛蕴诗、吴瑶：《企业升级路径与分析模式研究》，《中山大学学报》（社会科学版）2009 年第 1 期。

［9］汪建成、毛蕴诗：《从 OEM 到 ODM、OBM 的企业升级路径——基于海鸥卫浴与成霖股份的比较案例研究》，《中国工业经济》2007 年第 12 期。

［10］王海燕、周元：《"新型贴牌"与自主创新》，《中国软科学》2007 年第 9 期。

［11］朱钟棣、罗海梅、李小平：《中国 OEM 厂商的升级之路》，《南开学报》（哲学社会科学版）2006 年第 5 期。

［12］中华人民共和国商务部：《中国品牌发展报告（2007）》，北京大学

出版社 2008 年版。

　　[13] 祝合良、王平:《中国品牌发展的现状、问题与对策》,《经济与管理研究》2007 年第 8 期。

# 第十章

# 区域品牌的建立与协同营销战略

## 一 引言

区域品牌是地区经济发展的竞争优势来源之一。其原因，一方面是区域经济的发展越来越受到区域市场竞争的挑战，而区域品牌为一个区域适应新的竞争环境提供了新的战略选择和工具；另一方面，区域品牌也是所在区域企业的产品、服务等品牌成功建立的杠杆（Ikuta 等，2007；Keller，2008）。正是这样，区域营销（place marketing）及区域品牌（place branding）越来越受关注（Kotler 和 Gerthner，2002）。在国外，欧美发达国家的一些地区政府在 20 世纪初开展的振兴城市、重塑城市形象活动是区域品牌化的最早实践（Smyth，1994；Gatham，2002；Murtagh，2001）。在国内，各地方政府将区域品牌的塑造作为区域经济发展的重要举措和自主品牌建立的重要支持途径。

但如何建立区域品牌，尤其是如何确定区域品牌的建立战略，在国内，包括珠三角地区的实践中仍然有许多有待解决的问题。一是许多地方政府在区域品牌的建立战略上缺乏一致性。主要表现是，在城市定位上频繁地发生变化。以广州为例，从 20 世纪 90 年代开始，其城市定位经历了"国际大都市"、"花城商都"、"山水城市"、"岭南历史文化名城"、"广东首善之区"、"千年羊城，南国明珠"的不同表述。二是在营销过程中重视短期经济目标的实现。主要表现在，一些区域在招商引资方面过度依赖促销例如优惠政策的吸引力，并导致城市之间的激烈竞争。① 地方政府重视短期利益的攫取，加剧文化、旅游资源的过度开发，忽视区域品牌的长期发展。三是在区域品牌的营销实践中存在简单化的倾向。其主要表现是作为重要营销主体的政府部门，将区域品牌营销委托给外界的咨询公司或广告公司。② 营销手段也过于简单化，过度依赖高成本的城市形象广告投放、节庆、演唱会等推广方法。③。四是在区域品牌营销中，存在内部性的营销冲突。从主体上看，这些冲突发生在政府与企业之间、企业与企业之间、政府、企业与社区和居民之间。从提供物看，这些冲突发生在某个企业的品牌的产品与区域品牌之间、不同行业的产品之间以及制造性产品与服务之间等。④

　　对如何解决区域品牌建立的这些问题，近年国内的营销研究者虽然进行了很多探讨，但理解仍然非常有限。一个重要的原因是，国内对区域品牌的研究仍处于初始阶段，而且这种研究更多的是沿

---

① 关于北京、广州等城市对金融中心及其制定优惠政策的竞争，近十年来一直没有停止过。参见《支持建成泛珠三角金融中心 深交所能否迁广州?》，雅虎中国网，http：//cn. biz. yahoo. com/050125/16/7ml8. html；《北京 16 条诱发机构迁址热，金融中心争夺战再升级》；新浪网，http：//finance. sina. com. cn/g/20050403/10181483329. shtml。《广州深圳争夺区域金融中心 二选一省政府难取舍》；新浪网，http：//finance. sina. com. cn/g/20060410/00292486048. shtml。《北京、上海、广州、深圳、成都谁担当金融中心》；北方网，http：//economy. enorth. com. cn/system/2008/05/12/003263782. shtml。

② 关于全国各地城市的形象广告宣传情况，参见崔凤军《城市形象电视广告的营销效应研究》，《旅游学刊》2004 年第 2 期。

③ 关于滥用演唱会宣传城市形象，参见《香港巨资办演唱会引起批评》，华翼网，http：//news. chinesewings. com/cgi‐bin/site/admin. cgi? job = viewnews&newsid = 20030912134249356&tpe = gnews。

④ 《地方传统产品营销中的多主体利益冲突》，参见《潮安凉果"滑铁卢"株连粤同行》，《广州日报》，大洋网，http：//gd. dayoo. com/gb/content/2005‐06/18/content_2100690. htm；《重庆全市封杀石蜡火锅底料 悬红 10 万举报败类》，新华网，http：//www. cq. xinhuanet. com/news/2004‐02/03/content_1562662. htm。

用产品这一传统的营销理论框架来进行分析，未能触及区域品牌的核心特性和要害。本章的目的是应用区域营销理论，对区域品牌的建立战略以及区域品牌如何支持产品、服务品牌的建立等基本问题进行分析，其目的是建立基本的理论框架，为政府和企业的营销活动提供战略指引。

## 二  区域品牌的概念、特征及其含义

### （一）概念及其特征

区域营销中的"区域"概念是基于地理位置的区域，它可以从国家、省、城市、城镇，甚至社区水平上进行界定（Kotler 和 Gertner，2002）。区域营销是继产品营销、服务营销后发展的新的营销理论和营销实践。作为区域营销中的区域品牌是相对复杂的品牌概念（Anholt，2003）。首先，区域品牌覆盖的对象几乎无所不包，例如行业、产品、服务、文化、自然资源甚至气候、位置都可成为区域品牌营销的对象。其次，区域产品比起传统的产品和服务更具有复杂性和独特性。研究者认为，区域产品具有以下特点：区域产品是顾客获取的服务以及对服务的体验的集合，但对每个顾客而言区域又是一个特定的产品；区域产品在空间上表现为层级结构，存在于当地、区域和国家三个水平上，与管理者、营销者以及顾客均有关系；区域产品可以被多重销售，即设施和产品属性可以同时被具有不同消费目的的顾客消费（Ashworth 和 Voogd，1990）。再次，区域产品和品牌融合在一起，即区域本身既是产品，又是品牌，如区域可作为旅游目的地等产品参与竞争，也可作为品牌名字当品牌来经营（Kotler 和 Gertner，2002 ）。最后，文化作为区域产品，具有更多的独特属性（Anholt，2002）。

**（二）区域品牌的含义**

虽然对品牌的定义早已达成了共识，认为品牌是一种名称、术语、标记、符号或设计，或是它们的组合运用，其目的是借以辨认某个或者某群销售者的产品或服务，并使其与竞争对手的产品和服务区别开来（Kotler 和 Keller，2009）。但这一定义是对产品品牌的定义，实际上随着品牌化的对象向服务、区域等方面的延伸，品牌的特性也早已超出早期定义的标识的作用。因此分析区域品牌的概念需要进一步构建新的维度并定义其含义。

1. 区域品牌的产品属性

区域产品具有不可直接控制性、融合性和复杂性。首先，在直接控制性方面，区域品牌下的"产品"包括行业、产品、服务、文化、组织、人员、自然资源、地理位置等，几乎涉及目前可以品牌化的所有对象。虽然在产品和服务领域，企业作为单独的营销主体采用公司品牌也可覆盖公司下的不同产品，但与其不一样的是，区域品牌的很多产品如自然资源、文化很少受到区域内营销者的直接控制（Morgan 等，2002）。其次，在融合性方面，一个区域的自然资源、都可以成为品牌的产品属性，区域内的人及其活动过程也是区域产品本身。此外，区域产品有些可以直接使用，如自然资源等，有些不能直接使用但在消费过程中能提供利益和价值，如文化。在复杂性方面，区域产品的层级包含了产品、服务、产业、自然地理、文化、社会系统等。

2. 区域品牌的利益

区域品牌对个人顾客提供的利益包括功能利益、情感利益和象征利益。这虽然类似于通常的消费产品，但区域品牌利益的改变需要对城市的基础设施和支持性活动作出变化和调整（Warnby 等，1997）。这一点使得改变、调整区域产品比一般性的消费产品要难得多。而且，对于非个人目标顾客，区域品牌的利益还可能超越了功能、情感和象征利益这一范围。例如，区域品牌可提供经济或社会利益，如国家授予深圳市的特区制度可看作一项区域产品并可用来吸引投资，这种制度作为区域品牌的属性，其提供的品牌利益，就难以从功能利益、情感利益和象征利益上进行衡量。

3. 区域品牌的价值

它体现为区域在营销过程中传递的自有价值程度。区域品牌的价值比起产品品牌的价值更为博大。研究者认为驱动区域营销的模式包括基于经济发展水平、基于技术先进水平，抑或基于资源丰富性（Martinovic 等，2002），它们代表了一个区域品牌所能营销的基本价值所在。但实际上可能还不止于此。特有的法律、政策或文化传统，也可能成为一个区域品牌的优异价值，例如澳门的博彩制度为该地区品牌的建立提供了重要价值。

4. 区域品牌的文化

文化本身构成区域产品和品牌的一部分，又以区域品牌的影响因素出现。特别是作为区域产品的文化具有独特性甚至独一性和不可复制性的特点，赋予区域品牌更加突出的优势。这一特点使文化改变了产品和服务品牌的生产模式。产品和服务品牌的发展主要依赖经济实力和技术水平，欧美发达国家在此方面占尽了品牌化的优势资源。但具有独特性甚至独一性的文化产品可打破常规的品牌发展模式。落后的国际或区域可通过文化产品建立区域品牌的优势，改变因在产品和服务品牌领域落后所造成的格局（Anholt，2003）。因此，文化作为区域品牌的因素在区域发展、特别是不发达区域的发展中具有杠杆作用。

5. 区域品牌的个性

对应于区域品牌的复杂特性，区域品牌个性也更丰富多样。虽然现有研究将产品品牌的个性归纳为纯真、刺激、称职、教养和强壮五个维度（Aaker，1997），区域品牌的个性维度尚没有相关研究，但从区域产品和品牌属性的复杂性推断，其品牌个性比产品品牌更为复杂。

6. 区域品牌的顾客

这也是一个相对复杂的概念。科特勒总结了区域品牌的四类目标顾客：访客、居民和劳动力、商业和工业、出口市场（Kotler 和 Haider，1993）。这种复杂的顾客构成使得区域品牌在不同目标市场的营销上，容易产生目标不一致甚至冲突的问题（Kleppe 等，2002）。

7. 区域品牌的主体多重性

产品和服务品牌往往只有属于单一的拥有者或营销主体（公司），但区域品牌拥有多个营销主体。不同的公共部门和私人部门在单个组织或公司层面上可独立利用区域品牌开展营销。因此区域品牌在营销过程中涉及不同的营销主体和利益相关者。这些营销主体、利益相关者之间的目标是否一致，对于区域品牌的建立和发展至关重要（Gilmore，2002）。

区域营销是继产品营销、服务营销后又一新的营销理论和营销实践的新领域。怎样发展区域品牌并发挥其强大效应促进区域经济的发展，包括成为促进区域内企业的产品和服务品牌建立的有力杠杆，已成为区域营销实践和研究的焦点。如何建立区域品牌形象、最大化区域品牌资产成为建立区域品牌战略中的关键问题。

## 三　区域品牌形象及其形成机理

区域品牌形象（以下简称为区域形象）通常被认为是人们对该区域的总体信念与印象，是人们对有关该区域的联想和信息的缩影（Kotler，2002）。本研究将其定义为顾客对一个区域所形成的所有知识。区域营销理论认为，区域形象可以影响人们对该区域投资、办厂、移民、旅游、就业以及区域外市场顾客对该区域产品的购买态度和行为，因此可通过区域形象的战略管理过程来进行区域形象营销，促进区域发展（科特勒，2002）。

现有的区域营销理论从营销战略的层面分析了区域形象营销的定义、目标、区域形象的设计、传播等问题。但对区域形象始终没有进行一般性概念的构建。另外，区域营销理论对区域形象营销中涉及的各种复杂因素如多种区域产品层次、多元营销主体、多元营销目标等特有的问题也关注不多。在应用研究方面，欧美国家或地区的学者应用区域形象营销理论对区域形象营销进行了许多个案式的研究（Kotler 和 Haider，1993；Gilmore. 2002；Hosper，2004；Morgan 等，2002），但拘泥于特定的经验性层面的总结，缺乏一般性结论。因此，有必要首先探讨区域品牌形象的建构问题。

## （一）识别区域品牌形象的基本维度

### 1. 概念澄清

区域营销理论将区域形象看成是一种心智产品。它是人们对该区域的总体信念与印象，即是人们对有关该区域的联想和信息的缩影（科特勒，2002）。区域品牌形象有其自身特点。一是区域形象是人们从该区域大量的资料信息中获得的认知，但它往往具有刻板特征，即它往往是区域客观真实特征的极端简单化，不一定与真实相符（科特勒，2002）。二是区域形象可以是正面的或负面的、聚焦的或发散的、但不可由营销者或规划者直接控制（Papadopoulos 和 Heslop，2002）。三是区域形象影响区域旅游发展、争取外国直接投资以及产品出口等区域经济、社会甚至政治目标的实现，因此对区域形象通过像品牌一样的管理可以给一个国家或区域的经济发展提供品牌资产（科特勒，2002）。

区域形象营销是区域营销的战略内容之一。但对区域形象的定义主要依据案例进行概括。个别学者尝试对区域形象进行概念定义，认为区域形象包括独特性（uniqueness）、美誉度（favorability）、优势（strength）和著名度（salience）（Kleppe 等，2002）。但这一定义仍然没有表达区域形象概念的普遍化属性，更适合作为对区域形象属性的评价指标。除了区域营销理论外，对区域形象的研究还有其他三个视角。一是国际市场营销的视角。这一视角围绕产品原产地效应（COO effect：country - of - origin effect）开展研究，关注产品来源地形象是否会影响不同国家顾客对某国产品的评价和购买（Schooler，1965；Han 和 Terpstra，1987；Han，1989；Gary 等，1984）。但它测量的其实是与产品相关的国家形象（Papadopoulos 和 Heslop，1993；2002），其概念的内涵比区域形象要窄。例如，文化因素和自然环境因素就没有被纳入到概念中。二是品牌管理研究的视角。它认为作为产品来源地的国家和区域因素在建立品牌资产中可以起到次级联想的作用（Keller，2008）。这一分析延伸了原产地效应在品牌管理上的应用，但没有从区域营销的层面上定义区域形象概念，研究也不涉及区域营销。三是区域规划发展的视角。区域形象被作为城市发展和规划的要素。这一视角在理论和实践上探讨区域形象的概念与体系（罗治英，2000）。少数学者也提出了区域形象的概念和评价体系（罗治英，2000；叶南客，2000），但更倾向从区域的经济、社会综合发展，特别是政府规划的主体视角讨论区域形象，较少考虑区域形象形成中顾客认知机制的作用。

就现有研究来看，按照区域理论构建区域形象的概念，是开展区域形象营销时首先需要解决的问题。

2. 区域形象的概念维度

作为顾客的一种心智，区域形象属于品牌知识的范畴。目前被广泛使用的品牌知识定义是从顾客认知的角度提出的，这一角度将顾客对品牌的所有联想作为品牌知识的构成要素（Keller，1993，2008）。对品牌形象概念的探讨方法主要采用自由联想方法获得研究对象对品牌的联想内容。但实际上这并不足够，本研究通过在北京、上海、广州、深圳等地进行了4场个人焦点小组座谈会（Focus Group Discussion），综合运用城市联想（association）、经验叙事以及城市分类（grouping）等方法获得顾客关于区域品牌的一般性知识图式。在研究中通过：（1）对列出的全球著名城市、中国主要城市，包括所有直辖城市、省会城市、高知名度的地级城市、具有特定性的香港、澳门等城市，进行联想和分组练习，将讨论的城市分成不同的类型。关心的重点是询问受试者为何这样分类，进而发现分类联想的原因（Keller，2008）。（2）让受试者叙述在测试城市的游览经历，发现区域形象所能相互区别的知识差异点（Keller，2008）。通过焦点小组讨论获得区域形象的感知元素后，再通过城市文献分析，进一步确认区域形象概念的属性维度。研究发现区域形象的概念属性可归纳为自然风貌、建设风貌、人文风貌、行业、产品和服务、科技优势、制度环境、机构和人员七类。见表10－1。

表 10－1　　　　　　　　　　　**区域形象的概念维度**

| 维度 | 定义 |
| --- | --- |
| 自然风貌 | 对区域具有独特的地形地貌、瀑布、河流、海洋、海岛、海港、海洋、山脉、天文、气候等方面形成的知识 |
| 建设风貌 | 对区域自发或通过规划建设形成的独特风貌的知识，是区域有形文化的体现。如城市布局风格、城区街道风格、城市地标、地铁、公园、游乐设施、历史名胜等 |
| 人文风貌 | 对区域历史传统与现代生活形态的知识，是区域无形文化的体现。如社区生态、居民生活方式与性格、消费特色、商业特色、历史传说、历史事件、现代事件、民族习俗、宗教等 |

续表

| 维度 | 定义 |
|---|---|
| 制度环境 | 对区域正式的社会宏观与微观制度的知识。宏观制度如社会制度、特区制度；微观制度如移民政策、留学政策、赌博政策、色情业政策、特有投资政策、特有出入境政策等 |
| 行业、产品和服务 | 对区域 GDP 中贡献较高的产业，具有较高的管理经验优势和管理领先水平，或在公众中知名的产业集聚地，具有较高知名度、美誉度的区域传统特色或区域市场优势的产品、服务和品牌等形成的知识 |
| 科技 | 对区域某一领域的科学研究与技术开发的优势地位、或在公众和专家中知名的科技研究及其人员集聚地等形成的知识 |
| 机构和人员 | 对区域内公共部门、私人部门、社区、居民等形成的知识，如区域内政府、公司、居民、当代著名人物、区域作为著名机构所在地的认知等 |

从上面的结果可以发现，区域形象概念的属性超越了产品品牌形象的产品属性—非产品属性或软属性—硬属性的二分层面，以及公司、产品和使用者的三分层面的划分。它包含了自然、产品、服务、产业、组织、人员、社区、历史、文化、社会系统等多层面的因素。在涉及的利益方面，除了功能利益、情感利益和象征利益外，还传递了基于经济发展、基于技术先进或基于资源丰富的三种区域价值（Martinovic 等，2002），以及区域形象在区域政治、经济、文化方面的影响效应。在态度方面，除了具有一般意义的总体评价和情感外，还具有独特的集体情感因素，例如顾客对一个区域或区域产品的民族中心主义态度（ethnocentrism）（Shimp 和 Sharma，1987）会影响形象的认知。但怎样针对区域形象概念维度的结构和复杂性实施区域形象营销，还需要从形成机理上进一步分析区域形象的来源与影响因素。

**（二）区域品牌形象的来源及其影响因素**

区域形象的维度显现了顾客对区域的一般性知识图式，那么有必要进一步分析区域形象的来源及其形成的相关因素。它们反映了区域形象的动态过程及其形成机理。根据营销信息认知过程模式的分析框架（Kotler，1991；舒尔茨，2002），区域形象的形成依赖于信息源，并受到信息源信息暴露过程中的相关互动因素的影响。由此看来，区域形象的来源实际上就是作为顾客认知对象的区域形象资源，而形成过程中的相关因素则包括营销主体活动因素和公众影响因素。见表 10 - 2。

表 10 - 2　　**区域形象形成机理—来源及其相关因素**

| 形象资源 | 营销主体活动因素 | 公众影响因素 |
|---|---|---|
| 1. 自然<br>2. 产品<br>3. 服务<br>4. 产业<br>5. 组织<br>6. 人员、社区<br>7. 历史、文化<br>8. 基础设施<br>9. 社会系统<br>10. 其他 | 1. 区域公共部门活动<br>2. 区域私人部门活动<br>3. 参与营销的社区行为<br>4. 参与营销的居民行为<br>5. 雇员行为<br>6. 投资者行为<br>7. 产品制造和服务企业<br>8. 营销组合的制定（如广告、促销等）<br>9. 营销活动实施 | 1. 媒体<br>2. 政府机构<br>3. 区域公众（如社区领袖、居民）<br>4. 供应商<br>5. 区域竞争者<br>6. 区域合作者、协作者<br>7. 活动举办机构（如奥运组委会）<br>8. 其他组织和团体（如环保机构、消费者组织） |

1. 区域形象资源

区域形象资源作为区域所有"产品"的总称，包括自然、产品、服务、品牌、产业、组织、人员、社区、历史、文化、基础设施、社会系统等多个层面，几乎涉及可以品牌化的所有对象。顾客对区域形象资源的认知是区域形象的直接来源。但问题是，相对于制造产品，作为区域形象资源的各种产品要显得更为复杂。首先，

很多产品如自然资源、文化很少受到营销者的直接控制（Morgan
等，2002）；其次，区域的自然资源、区域内的人及其活动过程也
是区域形象资源本身；再次，区域资源包括可视的部分如现场服务
设施，以及不可视的部分如现场后的服务支持设施，但顾客只可感
知到可视的部分，这是区域形象与区域真实情况可能产生不一致的
潜在原因之一；最后，区域形象资源不是由单一的主体生产或拥
有，有些是公共品，如文化、气候、自然资源，有些属于某个公共
部门或私人部门提供或拥有，如产品、服务、品牌等。

　　2. 营销主体活动因素

　　区域内生产或提供某项"产品或服务"的营销主体的各项营
销活动会影响顾客对地区形象的认知过程。也就是单个提供产品或
服务的公共部门或企业，通过营销活动，如产品生产过程、营销组
合实施、人员的活动行为等，在生产、提供产品和服务过程中直接
影响顾客对区域形象资源的认知。当然对于某个企业的营销而言，
上述营销活动因素属于企业内部活动，均在企业的控制之下。但对
于区域总体层面而言，一个区域内往往有公共部门、私人部门等多
个营销主体，某个主体的营销活动，对于整体或者其他主体而言是
不可控的。这是区域形象营销与一般品牌形象营销的重要区别。

　　3. 公众影响因素

　　区域形象的形成也离不开公众的影响（Kotler，1991）。它包
括正式的媒体报道、消息发布、评论、间接干预以及口碑、小道消
息等。同时影响区域形象的公众比企业营销的公众更为多元化，除
了媒体、政府机构、供应商等营销公众外，还包括区域竞争者、区
域合作者、协作者、活动举办机构（如奥运组委会）、其他组织和
团体（如环境保护机构、消费者组织）等。这导致区域形象管理
的任务和内容比起产品和服务营销来更为困难和复杂。而且，公众
影响因素对区域营销的主体来说也是不可直接控制的。

区域形象的形成是顾客与上述三种因素互动作用的结果，区域形象的认知结果有可能与区域形象资源的真实相一致，也可能不一致，因而会影响区域品牌价值的传递，进而影响区域政治、经济、文化等发展目标的实现。上述关于区域形象形成机理分析的营销含义是：

（1）区域形象是目标顾客对区域产品形象资源的认知结果。区域形象的规划要从目标顾客的需要而不是政府或部门的自我想象出发，且不能离开区域特定的形象资源条件。这说明区域形象营销需要评估、分析区域的形象资源状况并进行恰当的定位。

（2）区域形象资源及其发展存在类型差别。其部分资源的生产和发展（如产品或服务）是受区域单个营销主体直接控制的，部分资源的形成和变化（如自然条件、历史、文化）是不可直接控制的，还有些资源介于二者之间（如产业、组织、基础设施、人员、社区、社会系统）。因此，在地区形象营销中要解决合理开发和利用形象资源的问题。

（3）形象资源存在被争夺性开发的可能性。由于存在不同的营销主体，如政府及其各职能部门、各类企业或非营利机构等，这些区域内的不同营销主体为实现自己的目标对形象资源加以开发和利用，甚至在营销活动中会存在竞争及冲突，因此需要解决协同营销的问题。

（4）区域形象形成动态过程中的不可控制性。从整体看，营销主体活动因素和公众影响因素对于区域形象的形成是不可直接控制的。对于不同的营销的主体（如政府与企业、企业与企业），相互之间也不是可直接控制的。这就需要借助营销协同减少甚至消除这种不可控制性可能产生的各种问题。

## 四　区域形象营销的战略框架

### （一）概念模型

区域形象概念的构建明晰了区域形象的结构、形成机理及其潜在的问题。对于实施区域形象营销，需要在此基础上，充分考虑区域形象概念的复杂性、形象资源的特殊性、营销参与的多主体性以及营销活动因素和公众因素在区域形象形成动态过程中的不可控制性，制定区域形象资源发展、评估、及营销协同、定位等相应策略，对这些策略的管理过程构成了区域形象营销的基本框架。如图 10－1 所示。

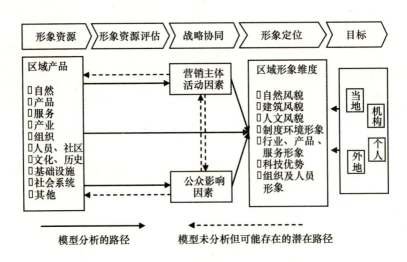

图 10－1　区域形象营销框架的概念模型

### （二）区域形象营销的目标市场界定

从区域形象的角度看，区域形象营销首先要确定其市场目标。第一，这些目标群体具有一定规模，可以描述特征以进行定义，目标群体具有感知能力。第二，这些目标群体是该区域目前的居住者、潜在的投资者、决策者或影响者，具体包括居住者、来访者和投资者（Kotler 和 Haider，1993）。第三，目标群体还可按特征及其需求的差异分成两类，一类是从事投资、经商、办厂等活动的机构对象（包括政府、企业、非营利机构等）；另一类是进行旅游、移民、就业、个人消费活动的家庭和个人对象。区域形象营销的目标对象界定要确定是以机构对象还是家庭个人对象为目标，或者两类都成为目标。例如，对于区域环境形象的推广，可能既要考虑面向组织机构如企业以吸引投资者，又要考虑面向个人或家庭以吸引旅游者。而在两类对象中又可分成区域内部或外部两类。对内部机构推广环境形象，可以提高它们在该区域持续发展的信心，不会产生将公司总部迁出该区域的想法等，而对外部机构的推广则是吸引外部机构前来投资或进驻。由于区域形象推广的目标可能同时面对区域内、外部的机构或个人群体，区域形象定位必须进行目标对象的细分，然后作出选择。

### （三）区域形象营销需要考虑的原则

（1）区域形象营销的定位以目标市场顾客的感知为出发点，即在满足目标需要的基础上有效刺激目标对象的感知，开展区域形象营销。但感知性的形象营销需要解决操作化问题，否则就会走向过分随意的境地。区域形象定位的一般性操作原则可根据顾客品牌知识的结构与营销策略关系进行分析，某个区域用于定位的区域形象资源须有利于形成区域的品牌形象，即容易在顾客心中建立该区域的品牌知识。

（2）区域形象营销的竞争性。考虑区域形象营销的竞争性就是在区域营销中突出区域形象的独特性和差异性，一方面它是增强区域形象吸引力的基本要求，另一方面它可增加竞争者模仿的困难程度。

（3）区域形象营销的协同。这是因为区域形象营销中存在区域形象资源的复杂性、营销活动因素和影响因素的不可控制性。尤其是在区域营销中存在公共部门、私人部门等不同的营销主体，不同主体存在营销目标的差异，不同营销主体的营销活动又往往是独立的，难以由外界直接控制。因此，在实施区域形象营销时，它们是否协同成为影响取得成功的关键因素之一（Gilmore，2002）。此外，区域形象的公众影响因素也需要协同。对如何协同的问题，将在本章的后半部分进行详细的讨论。

### （四）开发形象资源和建立区域形象定位资源的评估体系

一个区域可应用于区域形象营销的资源有不同的类别，但哪些是可用作定位的形象资源，应该进行资源的开发和评估。从战略实施的角度，一个区域需要开发区域形象资源，经过优势水平、时间一致性的评估，目标对象的态度测试，然后对具有定位素质的多种形象资源分析其内部关联水平，选择关联性强的那些资源作为区域形象定位的概念。

（1）开发区域形象的资源。发现目前已有的和潜在的形象资源，分清楚哪些是可生产控制的，哪些是不可生产控制的形象资源，处理好长期开发和短期开发的问题，合理开发和合理保护的问题，以及区域内不同营销主体的协同开发的问题。从区域形象营销的角度，将那些最能吸引目标对象的资源纳入选择范围。

（2）优势水平评估。要建立成功的区域形象，可以从独特性、差异性等方面确定资源的优势水平。所谓独特性，是这些资源为区域自身所独有的，它是最重要的战略性区域品牌化资产，故是首选的区域形象资源。所谓差异性，是与竞争者相比，这些资源在某种程度上具有超过竞争品牌在这些特征上的表现（Keller，2008）。通过开发与竞争者有差异性的资源，也是建立区域品牌形象的重要途径。

（3）时间一致性。就是用于形象定位的资源，随着时间变化相对保持稳定，即资源必须具有持续发展的潜力。一项资源在目前的表现水平很强，但该资源处于淘汰阶段或衰退期（如某种技术资源），没有持续发展的潜力，则不可作为定位的资源。发展潜力还包括区域内部政府规划方向与资金支持、政府政策支持程度、建设投资规模、是否会出现不利的影响事件等。时间一致性是使建立的区域品牌形象保持稳定的重要条件。

（4）顾客态度。区域形象建立在目标受众的心理认知上。区域形象的推广，以能够影响目标对象的态度形成为前提，包括机构组织和家庭个人对定位资源的认可态度。一项可用于区域形象定位的资源，不但要从政府作为主体的规划角度考虑，还要经过目标顾客态度的测试。例如，将建筑风貌作为形象定位的资源，如果连当地机构和居民都不认可，这样的定位就不会产生所想达到的形象效应。考虑顾客态度还要注意区域形象定位要与目标区域的文化特性保持一致性。研究发现目标区域文化等特征变量是影响区域形象战略的重要调节变量（Roth，1995）。不同区域顾客具有不同的心理特征，它们影响了区域形象的认知，进而影响顾客对目标区域产品的购买决策。从心理认知发生的机制看，当区域形象与目标区域受众的文化特性保持一致时更容易建立品牌知识和品牌态度。

（5）形象资源的内部关联性。经过资源的探索、优势水平、时间一致性、顾客态度的分析后，如果有两个及以上的适用于定位的资源，要分析它们之间是否存在关联关系。在确定定位时优先选取有关联的那些资源作为定位的形象资源。最后还要考虑这些选择的区域形象资源与现有的区域品牌形象概念的维度是否发生了关联。考虑形象资源的相互关联性以及它们与现有品牌形象概念维度的关联性，主要是为了发挥区域形象营销的协同效应。

## （五）区域形象营销的动态管理

不管有否经过营销推广，经过一段时间，目标顾客会经由广告、新闻、口碑、旅游、途径等多种方式形成对某个区域的形象。区域形象的形成结果通常包括六种情形（Kotler 和 Haider，1993）。针对每一种情形，决定是否需要采取再定位或其他营销策略。

（1）正面形象。目标顾客对区域形成了促使正向态度产生的积极形象。这时区域的形象定位本身不需要改变，主要考虑如何扩大或强化目标顾客的形象宣传问题。

（2）弱形象。目标顾客对区域的认知不足。在很多情况下，它是由于区域缺乏推广或吸引力本身过低，导致区域默默无闻。这些区域需要发现、建立有吸引力的形象资源并加强形象推广。

（3）负面形象。目标顾客对区域形成了可能导致负向态度产生的不利形象。这时区域需要重新建立形象定位并进行大力推广。

（4）混合形象。就是一个区域的正面形象和负面形象共存交织。需要重新制定突出正面形象、避免负面形象的宣传策略。就珠三角地区来看，一些城市如东莞的形象，近年就呈现这一情形①

（5）矛盾的形象。就是区域的同一形象资源特征让人们产生冲突的认知。例如无污染的寒冷深海向顾客传递了海产品无污染的信息，但寒冷的特性也会对游客带来不适合旅游的负面印象（Morgan 等，2002）。近年来，国内包括珠三角地区开展的产业转移活动也可能带来这一问题。对转入区而言，可以提升其产业升级，改变顾客对其低发展水平的认知，但也可能让顾客产生新的环境污染

---

① 陈明、陈臣：《网友发万言书为东莞正名"性都"称号伤害形象》，《广州日报》，转引自 http://city.ifeng.com/special/liuzhigeng/20110520/91641.shtml。

的认知，这样制造业的进入可能导致其矛盾的区域形象的形成。[①]
对于矛盾的区域形象，需要实施区域形象再定位战略和新的宣传
策略。

（6）过分吸引的区域形象。一些区域具有过于吸引力的形象。
过分吸引的形象可能会导致过度的顾客拥挤，对区域的资源利用、
环境保护以及区域发展带来危害。例如，一些区域因优越的生活条
件和工作机会可能吸引大量外地人口迁入。在这一情形下，区域可
选择停止过度的宣传和推广来降低区域形象的影响。但最好不要采
取硬性拒绝的措施，虽然它可产生减缓吸引力的效果，但可能会带
来负面的区域形象。从长期发展来说，进行区域形象的再定位是可
选择的策略。

## 五　区域品牌资产的概念与测量

如前述，建立区域形象是为了影响人们对该区域投资、办厂、
移民、旅游、就业以及区域外市场顾客对该区域产品的购买态度和
行为（科特勒，2002）。这意味着，区域品牌形象对企业的经济发
展具有附加价值，这种附加价值就是区域品牌资产。在区域品牌营
销战略规划和实施中，如何建立和最大化区域品牌资产，以推动自
主品牌的建立及区域经济、社会的发展，自然也就成为一个关键
问题。

### （一）区域品牌资产概念

对于什么是区域品牌资产，在概念定义上并未取得一致。早

---

　　① 《国务院关于中西部地区承接产业转移的指导意见》，中央政府门户网，http：//
www. gov. cn/zwgk/2010 – 09/06/content_ 1696516. htm。刘素：《广东需警惕重蹈珠三角覆辙》，
二十一世纪网，http：//www. 21cbh. com/HTML/2012 – 2 – 6/1MMTl1XzM5OTU1Mg. html。

期个别学者提出了国家品牌资产（country equity）的概念，认为
国家品牌资产是顾客对国家品牌联想所产生的情感性价值
（Shimp 等，1993），但这一概念并不是针对区域营销而是针对产
品营销而言的。之后学者们对区域品牌资产提出过各种观点。
Morgan 等（2002）在分析新西兰的国家品牌定位时认为，区域
品牌包括提供功能性利益的产品特性（product characteristics）和
非功能性利益的附加值（added value）两类要素，后者属于品牌
直接相关的要素。Martinovic 等（2002）在分析克罗利亚区域品
牌营销时也认为，区域营销就是为区域产品和服务在目标市场中
创造附加值。Gilmore（2002）在分析西班牙国家品牌营销时，使
用核心竞争力的概念来衡量区域品牌资产，其核心竞争力来自物
质资产（physical assets）和人文资产（human assets）。Hosper
（2004）在分析欧洲 Oresund Region 区域营销时认为，建立区域品
牌资产就是要通过投资增加区域的硬件（hardware）和软件
（software）的竞争力和吸引力。科特勒（2002）认为区域品牌的
元素包括愉快（pleasure）、质量（quality）、安全（security）、诚
实（honesty）、进步（progress）等方面。总体来看，研究者在区
域品牌资产的概念上没有进行系统的建构，对其含义也没有进一
步深化和具体化。

对于区域品牌资产的分析可建立在品牌资产的概念上。品牌资
产本身作为一个新的概念，在 20 世纪 80 年代提出，但直到 90 年
代才得到研究（Keller，1993，2008）。品牌资产被认为是品牌赋
予产品的附加价值，即这种附加价值是除产品功能利益外的价值。
这种附加价值可从公司、交易、顾客等层面衡量（Farquhar，
1989）。研究者对如何测量品牌资产，从顾客、市场和财务角度发
展了不同的测量模型（卢泰宏，2000，2002；王海忠，2008）。但
上述种种概念模型都是在产品或服务的层面上衡量品牌资产的

（Aaker，1996）。[①]

　　考虑到区域品牌的特性，这里综合关于品牌资产和区域品牌资产的现有观点，对区域品牌资产进行定义。区域品牌资产是指区域品牌在满足内、外部顾客的需要、实现内部营销主体目标一致的营销过程中建立的顾客影响力、市场竞争力和社会影响力。建立区域品牌资产，可提高区域品牌的营销效应和竞争能力，为区域内公共部门、私人部门和居民创造最大的附加值，促进区域政治、经济、文化目标的实现。

### （二）区域品牌资产的构成

　　区域品牌是某个地理区域及其产品的品牌化体现，但区域内产品包括不同的产品层级，例如产品、服务、产业、自然地理、文化、社会系统等，区域产品本身的属性也更为复杂（Ashworth 和 Voogd，1990）。因此区域品牌与产品和服务品牌的品牌资产构成存在基本差异，即产品或服务品牌的品牌资产构成是在单一的产品或服务类别上进行，它显得更为单纯，而区域品牌资产的构成涉及多个层面，它是复合性的。分析区域品牌资产的构成，即要满足分析产品或服务品牌资产的准则（Aaker，1996），还要考虑区域品牌多层次的特点。

　　总体来说，分析区域品牌资产的构成要符合以下准则：（1）反映区域品牌的附加价值，包括区域品牌对顾客、相关合作方、社会等不同层面的附加价值；（2）构成区域品牌资产的要素是真正驱动区域品牌附加价值的动力；（3）反映区域的营销优势，并且这种优势不易被竞争区域模仿；（4）测量的指标体系能涵盖区域产品、服务、产业、自然地理、文化、社会系统等不同的产品层面及其特性；

---

　　① 关于品牌资产概念的详细分析，请参见第二章相关内容。

（5）充分考虑区域品牌营销的多元主体及其对区域品牌资产的影响；

（6）着重于提供区域品牌发展的战略决策价值。区域品牌不像产品和服务品牌可以进行出让、收购等交易，以财务会计概念测量区域品牌的资产无实际意义，应更多从战略决策的角度考虑区域品牌资产的概念构成。

考虑区域品牌资产概念的特点以及上述的分析准则，区域品牌资产的构成包括以下内容：

1. 顾客影响力。区域品牌资产反映了区域品牌影响顾客的态度和行为的能力。它的发展依赖于对目标市场顾客的外部营销。从顾客角度考虑，区域品牌资产主要由区域内的单一营销主体即某一公共部门或某一企业发展形成。它们以目标顾客的需要为出发点，为影响某一细分市场顾客的购买态度和行为开展营销活动。基于顾客角度的品牌资产内容可参照品牌资产积木模型界定的要素，包括品牌杰出性（如知名度、美誉度）、品牌表现（品牌的渗透率）、品牌情感、品牌评价（如满意度）、品牌忠诚、品牌关系等（Keller，2008）。

2. 市场竞争力。区域品牌资产反映区域品牌在吸引旅游者、投资者、求职者以及在目标市场维持领导地位的竞争能力。从市场角度考虑，区域品牌资产的建立在区域内的单一营销主体和区域整体两个层面共同进行。在单一营销主体层面上，即由某一公共部门或某一企业实施，它们以目标顾客的需要为出发点，在满足某一细分市场顾客需要的营销过程中增加特定产品和服务的市场吸引力。在区域整体层面上，通过区域品牌资产的建立，增加区域在访客、居民和劳动力、商业和工业、出口市场等方面的总体吸引力。指标包括品牌溢价、品牌地位、市场份额、市场覆盖区域、区域的吸引能力等。

3. 社会影响力。区域品牌资产可以加强区域政治、经济、文化功能的发挥和区域政治、经济、文化目标的实现（Ashworth 和 Voogd，1990）。这一点往往被营销研究者忽视。例如全球许多重要城市参与申办奥运会的竞争，其原因就在于，希望成功举办奥运会，除了增加区域品牌的顾客影响力、市场影响力之外，还可增强区域的政治、经济、文化影响力。

4. 内部组织、人员的目标和利益一致性。区域品牌资产的建立要考虑不同营销主体的营销目标和区域品牌目标的一致性。它既决定区域品牌资产建立的可能性和水平，又影响区域内部营销主体和利益相关者利用区域品牌从事营销的效果（Hosper，2004）。由于区域品牌的营销主体和内部利益相关者的多元性，有必要通过内部营销，使政府、私人机构和居民等营销主体和利益相关者在区域品牌的发展上对目标认知、目标达成以及支持等方面保持高度一致性，从而更有效地支持建立区域品牌资产的营销活动，增加和维护区域品牌资产。反过来，建立起的区域品牌资产可以被不同营销主体和利益相关者在不同目标市场的营销活动中分享。

表 10 – 3　　　　　　　　　区域品牌资产的构成

| 概念维度 | 维度定义 | 测量指标 | 说明 |
|---|---|---|---|
| 顾客影响力 | 区域品牌影响目标市场顾客对区域产品、服务的购买态度和购买行为倾向的能力 | 品牌杰出性<br>品牌表现<br>品牌情感<br>品牌评价<br>品牌忠诚<br>品牌关系 | 主要参照 Keller 的模型及其指标 |
| 市场竞争力 | 区域品牌在访客、旅游、人才和劳动力流动、招商引资、出口市场等方面的总体吸引力 | 品牌溢价<br>品牌地位<br>市场份额<br>市场区域<br>吸引能力 | 主要参照 Aaker 模型及其指标，但删除了与顾客反映重合的指标。增加了吸引能力指标，包括基础设施、政策、人员等方面吸引力 |

| 概念维度 | 维度定义 | 测量指标 | 说明 |
|---|---|---|---|
| 社会影响力 | 促进区域政治、经济、文化功能的发挥和区域政治、经济、文化目标的实现 | 区域形象<br>区域地位<br>前景认可 | |
| 内部目标一致性 | 区域社会、公共部门和私人部门、区域居民营销目标的一致性 | 目标认知<br>行动一致性<br>参与程度<br>支持承诺 | 支持承诺包括态度、行为、资源等方面 |

需要指出的是，区域品牌资产的发展包括硬性因素和软性因素。硬性因素就是区域品牌的有形属性部分，如自然资源、基础设施、休闲设施等现存状况和竞争力，而软性因素就是区域品牌的无形属性部分，如区域形象、区域文化等独特性和吸引力。

# 六　通过营销协同发展区域品牌资产

## （一）内部不一致性

建立区域品牌资产的一个重要问题是怎样增强品牌的营销效应，即通过发展品牌，积累品牌资产，增加区域品牌对区域不同主体的营销贡献。但区域品牌下的不同主体具有不同的营销目标，在实现各自的目标时，它们可能与区域品牌的目标不一致甚至发生冲突。如得不到解决，它将妨碍区域品牌效应的最大化。

一些研究者早就发现，区域品牌在城市规划、零售、旅游部门的营销中可能存在不同部门产品、同一部门产品以及营销组合等方面的冲突（Hankinson，2001）。由于区域不同部门、产品和服务层面具有不同的营销主体，而区域品牌资产的建立是在区域层面而不是区域下的部门、产品或服务层面，这一客观存在的矛盾使区域品牌营销容易发生不一致性甚至潜在冲突性，它们会影响甚至损害区域品牌资产的发展。

（1）在区域层面上存在不同的营销主体，在营销过程中产生目标不一致甚至冲突。这种情形在区域营销的实践中屡见不鲜。例如，城市规划部门营销的是空间产品，其目标是促进社会、经济发展，而零售部门和旅游部门营销的是个人产品和服务，其目标是追求利润即经济收益。因此某个部门可能基于满足自己目标市场的需要取得了成功，但并不意味着对于区域品牌资产的积累作出了贡献，或者对区域品牌其他主体的营销目标实现带来支持。如果冲突出现，它还会损害区域品牌资产。

（2）即使在同一产品层面，不同营销主体营销的目标不一致，也有可能产生潜在冲突。例如区域景点文化保护部门和开发人工景点的旅游部门的冲突，区域名特产营销中追求短期利益生产伪劣产品企业和依法诚实生产的企业的冲突，城市建设中政府发展基础设施与当地社区及其居民的利益冲突，零售商对经营收入的追求导致对城市基础设施过度利用引起的冲突等。

（3）产品、价格、渠道、促销等营销组合由不同的营销主体控制，在其营销过程中难免发生不一致甚至冲突。例如对于区域品牌的宣传促销可能由政府负责，产品生产和定价由区域内不同企业承担和负责；渠道的主导权虽存在于各个企业，但企业在渠道开发和控制上存在激烈竞争等。因此，不同机构、企业对产品、价格、渠道、促销的控制对区域品牌资产而言会存在不支持甚至危害的可能性。

（4）不同营销主体在促销沟通上难以保持一致。例如在旅游领域，政府在区域品牌宣传中可能会作出恰当的承诺，而某个旅游企业可能会夸大承诺，这样会导致顾客体验后的负面反应，进而危害区域品牌形象和区域品牌资产。

由上可见，在发展区域品牌过程中，必须减少或消除不同营销主体可能产生的不一致性甚至冲突，建立强大的区域品牌资产，并实现区域品牌效应的最大化。解决这一问题的途径就是营销协同。以营销协同作为区域品牌资产建立的基础，其隐含的前提有两个，一是在区域下的公共、私人部门层面上，不同营销主体为了更好实现自己的目标，以满足各自品牌目标市场顾客的需要为出发点提供产品和服务。二是在区域品牌层面上，不同营销主体的目标、战略及其实施活动与区域品牌保持耦合，通过协同建立强大的品牌资产来最大化区域品牌效应。

### （二）基于协同的区域品牌资产营销战略

区域品牌资产的发展要遵循品牌资产管理的基本原则。例如选择恰当的品牌标志、品牌口号等区域品牌元素，制定和实施合适的品牌传播策略，动态管理区域品牌营销等（Keller，2008）。更重要的是，要实现强大的区域品牌资产，必须考虑区域品牌资产发展的自身特性，降低甚至消除营销主体的多元性带来的潜在不一致性和冲突性问题。为此，可通过基于营销协同实现区域品牌效应的最大化。

1. 多元营销主体与政府为主导的协同原则

发展区域品牌资产的关键是不同主体在营销目标上达成一致，否则就会导致内部冲突损害区域资产，甚至使区域品牌战略无法实施，或者导致实施失败。政府部门作为区域营销协同的主导部门，具有其他机构不可比拟的资源、权威和权力，因此地区政府在实施区域品牌战略的协同中起到主导作用。国外学者研究了新西兰和加拿大安大略地区两个区域品牌营销成败的案例，发现成功和失败的关键因素就在于区域政府主导下的内部各组织的合作性（Lodge，2002）。政府部门的协同需要在公共部门、私人部门、居民之间及其内部展开。其中，协同的公共部门主要包括政府的经济发展、城市规划、环境保护、旅游、城市基础设施建设和管理等部门，私人部门主要包括房地产开发公司、旅游公司、投资公司、金融机构、产品制造企业、服务企业等。此外需要协同的对象还包括非营利性机构、社区等。

2. 目标协同

一个区域的营销不但存在不同主体，也存在投资、旅游、产品出口等不同市场。为了发展区域品牌资产，需要对多元营销主体的目标进行协同。目标协同的途径是，对区域品牌和区域不同主体的产品、服务进行恰当的定位。其中，区域品牌的定位需要考虑区域品牌的核心价值能转移到不同的营销主体上。不同营销主体的产品、服务的定位需要考虑与区域品牌核心价值一致，即不同营销主体的产品和服务的核心价值承载了区域品牌的核心价值。如果不同营销主体产品和服务的价值定位与区域品牌有所差异，但在根本价值的定位上要保持一致，其他定位的价值可相互支持（Gilmore，2002）。此外区域品牌营销除了政府作为实施主体外，还需要鼓励相关的公共部门、私人部门的以及社区和居民等利益相关者的参与，通过参与增加对目标的认同。目标协同的这一过程就是在政府为主导的协同下开展区域的内部营销（Hosper，2004）。在协调实施上，要让不同营销主体对区域形象概念及其营销战略形成认可。只有各个营销主体对它们产生认可，才能协同营销过程和活动。

3. 营销过程的协同

区域营销存在公共部门、私人部门等不同的主体，不同的营销主体通过提供不同的产品和服务并追求不同的营销目标，而且区域营销的各种产品和服务可能还不只面临一个目标市场。这些因素决定了各营销主体的营销过程也是不同的。因此区域营销必须考虑不同营销主体在不同目标市场对不同产品和服务的营销过程的协同。

营销过程协同的主要任务是，在保持不同营销主体、不同目标市场、不同产品和服务的品牌形象要与区域形象定位一致的基础上，指导、评估产品包装、商场规划、产品陈列、销售、服务人员的表现是否传达了区域形象（Klepe 等，2002）。在区域营销过程的协同中，政府仍需要发挥主导作用。

4. 区域品牌战略与区域产品、服务品牌发展的协同

区域营销的产品存在不同类别、产品和品牌层级。对区域内企业的产品和服务而言，区域品牌主要从形象方面为企业的产品或服务品牌提供支持性作用（Ikuta，2007；Keller，2008）。为实现区域品牌支持作用，需要解决的一个关键问题是，区域内的产品和服务采用何种品牌策略的问题，以将区域内的各种产品、服务与区域品牌联系起来。

有几种策略可以考虑。（1）区域产品、服务品牌采用伞状品牌策略。这一策略让区域品牌覆盖不同行业并让不同行业或部门的营销活动保持一致性（Kotler 和 Gertner，2002）。但如果区域内产品、服务的行业分布较多，或者跨度较大，伞状品牌策略可能会限制产品、服务品牌发展的空间和灵活性。（2）区域品牌作为产品、服务的副品牌。在这一策略下，区域内产品、服务可使用独立的品牌名称和自身的品牌化战略，同时在区域政府主导下，对同一行业不同企业的产品、服务品牌通过联盟方式，在原料采购、质量标准、营销渠道建立、宣传等方面形成协同，再加上区域品牌的背书，使产品和服务品牌获得营销活动协同效应和区域品牌效应。顺德地区近年在家电、家具产品上启动的"顺德制造"的区域品牌推广活动具有这一策略的特征。① （3）采取原产地品牌策略。原产

---

① 顺德龙江网：《区政府将推"顺德制造"区域品牌，帮企业到央视等平台推广》，http：//www. sdljr. com/News/ShowContent. aspx？ ID = 634468363645625000。

地品牌虽然也可看作是区域产品、服务品牌的一种副品牌，但与策略（2）相比，其营销协同的范围相对要窄。它仅从与原产地相关的土壤、气候、物种等自然条件、制作工艺以及传统、习俗、亚文化等人文环境等方面进行营销管理和协同，以影响顾客对区域产品的认知和态度（Schooler，1965；Han 和 Terstra，1987）。

5. 文化营销与区域品牌资产发展策略

在现代营销中，文化既是产品本身，又是产品品牌资产和区域品牌资产的重要成分。如本书第六章分析，中国在其历史长河中积累了丰富的文化产品，如有特色的地方性制造、种植、养殖、中餐、中药、保健等，这些都为自主品牌的建立提供了丰富的市场机会。另外，文化的独特性也是区域品牌建立的战略性资产。原因在于，第一，文化具有不可复制性和替代性（Anholt，2002）。在顾客的认知过程中传递了区域的社会价值和意义（Gatham，2002），可赋予区域品牌以特有的内涵。第二，文化具有极高的可信性。在当前商业性信息泛滥，消费者怀疑感日增的环境下（Anholt，2002），文化因素作为区域品牌形象的重要来源具有更强的认知优势。

利用文化营销建立区域品牌需要注意：（1）加快文化产品的开发及其延伸，建立产品品牌。关于这一方面，在第六章的第三节已进行了详细分析。（2）基于顾客需要的品牌化。在现代信息发达和产品多样化的消费环境下，如果不加快开发文化产品，传统文化产品就会被湮没。但文化产品的发展应以适应顾客的需要进行开发而不是为短期利益进行简单挖掘、复制。（3）区域文化在产品品牌和区域品牌的营销上应保持协同。除了遵循上面提到的协同营销策略外，还可引进"剧院式管理策略"。具体来说，文化营销如剧院管理有前后台之区，各种主体有各种角色之分，角色行为有前台和后台之别。政府是剧院"院长"，它要确定"剧院"的未来发展战略并实现最大的共享和资产增值，协调表演各方的重要事项以及通过协调和控制让表演永远持续下去。作为剧院舞台的表演者是新闻单位、媒体、娱乐机构、影视机构、活动举办者、事件组织者等。他们通过区域文化的传播和展现，向顾客提供区域文化的知名度、声誉和内涵。表演的总导演是政府属下的专业推广或宣传部门。企业是剧院前广场的商户，它们向场内外的观众提供文化产品实现表演的商业价值（蒋廉雄，2006）。（4）处理好文化保护与区域经济发展的关系。从建立强大的品牌资产的角度以及区域经济的可持续发展考虑，利用区域文化从事营销，应追求区域长远目标而不是短时经营收入的最大化。这样，实行文化保护不是对区域营销带来了限制，而是可确保区域营销的长远目标的实现。

6. 优惠政策与区域品牌资产发展策略

在区域营销中，特别在吸引外部投资方面，区域政府往往采用各种优惠作为促销措施增加本区域的吸引力，但往往参与竞争的区域也会采取同样的促销手段进行竞争，结果是各方不断增加优惠水平而导致竞争更加激烈。从实际效应方面来看，各方的竞争趋于同质化导致政策优惠因素在区域营销中的吸引力在下降（Papadopoulos 和 Heslop，2002）。在区域品牌资产的建立中，虽然还没有见到区域优惠政策效应的研究，但过度的优惠水平可能会带来区域品牌资产的降低。因此，为建立强大的区域品牌，区域营销的各利益方必须权衡长期目标和短期目标的关系。区域品牌资产是建立在长期目标下的品牌发展积累，过度促销等短期行为往往对品牌资产无益甚至带来伤害。

7. 客观评估区域品牌战略的效果

评估区域品牌资产，检查区域品牌战略目标是否达成，以及决定是否修正营销计划是区域品牌资产发展中不可缺少的战略过程（Kotler 和 Haider，1993）。由于区域营销的主体包括公共机构和私人机构，其中地区政府在其中发挥了中心作用，怎样客观评价区域品牌战略效果，并且让评估结果被各利益相关者接受也就是一个关键问题。一个可选择的途径就是选择第三方开展独立评估，保证评估结果的客观性和专业性，减少评估结果的争议性，保持不同的营销主体对区域品牌发展的现状、优势、问题、预算等方面的认同，维持区域品牌资产发展过程的协同性。

# 七　小结

本章简要地回顾了国内当前区域品牌营销中存在的主要问题，应用区域营销理论，对区域品牌建立战略的基本问题进行了系统性分析。首先，在探索性研究的基础上定义和建构了区域形象的概念，以及区域形象营销需要解决的基本问题；其次，明晰了区域形象营销的基本框架，通过构建概念模型解决区域形象营销战略的实施问题；最后，讨论了区域品牌资产概念，并提出和分析了区域品牌资产建立需要解决的关键问题——营销协同。重点探讨了在政府主导下包括营销过程协同、产品品牌战略与区域品牌发展协同、文化营销、优惠政策制定等在内的协同营销策略。通过协同营销，建立区域品牌资产，增加区域品牌的顾客影响力、市场竞争力和社会影响力，为区域内的公共部门、私人部门、居民创造最大的附加值，促进区域政治、经济、文化目标的实现。就自主品牌的建立而言，区域品牌通过其形象影响顾客对区域内企业的产品和服务的认知和态度，进而影响他们的购买和使用。因此，区域内的企业可采取伞状品牌、副品牌或原产地标志三种策略来促进其产品和服务品牌的建立。

## 参考文献

[1] Aaker, David A. (1996), "Measuring Brand Equity Across Products and Markets," California Management Review, Spring, pp. 102 – 120.

[2] Aaker, Jennifer L. (1997), "Dimensions of Brand Personality," Journal of Marketing Research, Vol. 34, August, pp. 347 – 356.

[3] Anholt, Simon (2002), "Nation Branding: A Continuing Theme," Journal of Brand Management; Vol. 10, No. 1, pp. 59 – 60.

[4] Anholt, Simon (2003), "Elastic Brand," Brand Strategy, February.

[5] Ashworth, W. and Voogd, H. (1990) Selling the City: Marketing Approaches in Public Sector Urban Planning, London: Belhaven.

[6] Farquhar, Peter H. (1989), "Managing Brand Equity," Marketing Research, pp. 7 – 12.

[7] Gary, Erickson, Johny K. Johansson and Paul Chao (1984), "Image Variables in Multi – Attribute Product Evaluations: Country – of – Effects," Journal of Consumer Research Vol. II September, pp. 694 – 699.

[8] Gatham, Kevin Fox (2002), "Marketing Madri Gras: Commodification, Spectacle and the Political Economy of Tourism in New Orleans, " Urban Studies, Vol. 39, No. 10, pp. 1735 – 1756.

[9] Gilmore, Fiona(2002), "A Country – Can It Be Repositioned? Spain – the Success Story of Country Branding," Journal of Brand Management, Volume 9, Issue 4 – 5, pp. 281 – 293,

[10] Han, C. Min. (1989), "Country image: Halo or Summary Construct?" Journal of Marketing Research, Vol. 36, May, pp. 222 – 229.

[11] Han, C. Min. and Terpstra, Vern (1987), "Country – of – Origin for Uni – National and Bi – National Products," Journal of International Business Studies, Vol. 14, Summer, pp. 235 – 255.

[12] Hankinson, G. (2001), "Location Branding: A Study of the Branding Practices of 12 English Cities," Journal of Brand Management, Vol. 19, Issue 2,

pp. 127 – 142.

[13] Hosper, Gert – Jan (2004), "Place Marketing in Europe: the Branding of the Oresund Region," Intereconomics, Vol. 39, Issue 5, pp. 271 – 279.

[14] Ikuta, Takafumi, Kou Yukawa and Hiroshi Hamasaki(2007), "Regional Branding Measures in Japan – Efforts in 12 Major Prefectural and City Governments," Place Branding and Public Diplomacy, Vol. 3, Issue 2, pp. 131 – 143.

[15] Keller, Kevin Lane(1993), "Conceptualizing, Measuring and Managing Customer – Based Brand Equity," Journal of Marketing, Vol. 57, Issue 1, pp. 1 – 22.

[16] Keller, Kevin Lane (2008), Strategic Brand Management, NJ: Pearson Education.

[17] Kleppe, Ingeborg Astrid, Nina M. Iversen and Inger G. Stensaker (2002), "Country Images in Marketing Strategies: Conceptual Issues and an Empirical Asian Illustration," Journal of Brand Management, Vol. 10, Issue 1, pp. 61 – 74.

[18] Kotler, Philip (1991), "A Framework for Marketing Image Management," Sloan Management Review, Winter, pp. 94 – 104.

[19] Kotler, Philip and Donald H. Haider (1993), Marketing Places: Attracting Investment, Industry, and Tourism to Cities, States, and Nations, NY: Free Press.

[20] Kotler, Philip and David Gertner (2002), "Country as Brand, Product, and Beyond: A Place Marketing and Brand Management," Journal of Brand Management, Vol. 9, No. 4 – 5, pp. 249 – 261.

[21] Kotler, Philip and Kevin Lane Keller(2009), Marketing Management, NJ: Prentice Hall.

[22] Lodge, Creenagh. (2002), "Success and Failure: The Brand Stories of Two Countries," Journal of Brand Management, Vol. 9, Issue 4 – 5, pp. 372 – 384.

[23] Martinovic, Stjepo(2002), "Branding Hrvatska – A Mixed Blessing that Might Succeed: the Advantage of Being Unrecognizable," Journal of Brand Manage-

ment, Vol. 9, Issue 4 – 5, pp. 281 – 293.

[24] Morgan, Nigel, Annette Pritchard and Rachel Piggott. (2002), "New Zealand,100% Pure, The Creation of a Powerful Niche Destination Brand," Journal of Brand Management, Vol. 9, Issue 4 – 5, pp. 335 – 354,

[25] Murtagh, Brendan (2001), "City Visioning and the Turn to Community: The Case of Derry/Londoderry," Planing Practice and Research, Vol. 16, No. 1, pp. 9 – 19.

[26] Papadopoulos, Nicolas and Heslop, Louise A. (1993), Product – Country Images – Impact and Role in International Marketing, NY: International Business Press.

[27] Papadopoulos, Nicolas and Heslop, Louise A. (2002), "Country Equity and Country Branding:Problems and Prospects," Journal of Brand Management, April. pp. 294 – 314.

[28] Roth, Martin. S. (1995), "The Effects of Culture and Socioeconomics on the Performance of Global Brand Image Strategies," Journal of Marketing Research, Vol. 12, May, pp. 163 – 175.

[29] Schooler, Robert. D. (1965), "Product Bias in the Central American Common Market," Journal of Marketing Research, Vol. 4, Issue 2, pp. 394 – 397.

[30] Shimp, Terence A. and Subhash Sharma (1987), "Consumer Ethnocentrism: Construction and Validation of the CETSCALE," Journal of Marketing Research, Vol. 14, August, . pp. 280 – 290.

[31] Shimp, Terence A. , Saeed Samiee and Thomas J. Madden (1993), "Countries and Their Products: A Cognitive Structure Perspective," Journal of the Academy of Marketing Science, Vol. 21, No. 4, pp. 323 – 330.

[32] Smyth, Hedley(1994), Marketing the City: The Role of Flagship Developments in Urban Regeneration, London: Tailor and Francis.

[33] [美] 菲利普·科特勒:《国家营销——创建国家财富的战略的方法》,俞利军译,华夏出版社2001年版。

[34] 蒋廉雄:《营销文化:远见战略及其策略重构》,《销售与市场》

（战略版）2006 年第 10 期。

　　[35] 卢泰宏：《论品牌资产的定义》，《中山大学学报》（社会科学版）
2000 年第 4 期。

　　[36] 卢泰宏：《品牌资产评估的模型与方法》，《中山大学学报》（社会
科学版）2002 年第 3 期。

　　[37] 罗治英：《地区形象理论研究及其应用》，中山大学出版社 2000
年版。

　　[38] [美] 唐·E. 舒尔茨：《整合营销传播》，吴怡国等译，中国物价
出版社 2002 年版。

　　[39] 王海忠：《不同品牌资产测量模式的关联性》，《中山大学学报》
（社会科学版）2008 年第 1 期。

　　[40] 叶南客：《城市形象塑造战略新论》，《学术研究》2000 年第 6 期。

# 第十一章

## 自主品牌建立中的政府角色与策略

### 一　引言

　　自主品牌建立的一个重要特点是政府在其建立过程中大力介入，这意味着它具有国际品牌未曾具有的社会环境。正如第二章所分析指出，在成熟市场地区，由于信奉和实行市场经济制度，品牌建立完全属于企业的自身行为。政府除了通过制定市场管制、品牌保护、本土品牌采购等政策外，一般不介入企业的品牌建立活动。在中国，自主品牌是作为国家创新战略的一部分而提出的。从20世纪初开始，中央和地方政府通过建立相关规划、政策、制度乃至资源配置等措施，全方位支持自主品牌的建立。2005年，"十一五"规划提出要在经济发展中形成一批拥有自主知识产权和知名品牌的优势企业的指引。2006年，胡锦涛在全国科学技术大会上提出了建立创新型国家的口号，将通过建立自主品牌为目标的品牌创新活动作为国家和地区发展战略的一部分。十六大报告进一步提出要形成一批有实力的跨国公司和著名品牌。推动建立中国名牌摆上了各级政府工作的议事日程。国家和地区有关单位成立了中国名牌战略推进委员会等专事发展机构，商务部和财政部从2006年开始实施品牌战略，并设立专项资金对自主品牌企业予以专门扶持，各地政府也开始纷纷跟进。

在广东省，早在 2002 年 4 月设立了由省政府领导主持，省经贸委牵头，省财政厅、质检局、农业厅、工商局等 14 个成员单位组成的"广东省实施名牌带动战略联席会议制度"，并且制定和实施了工作方案与资金扶持方案。自主品牌所处的这一独特性的社会环境，一方面使它具有国际品牌不具有的生态优势。但另一方面，品牌建立中的政府角色问题，是西方营销研究者未曾遇到过的，更不用说对其进行过研究。如何评价和确定政府角色及其作用，没有现成的理论和经验可借鉴。但对自主品牌的建立而言，这一独特的问题又引人关注和极为重要。考虑到此，本章应用品牌化的市场决定机制相关概念对此进行专门的分析。

## 二　政府的现行政策和行动

### （一）国家政策

从 20 世纪 90 年代开始，中国共产党和中国政府的领导人就意识到品牌对国家经济发展的重要性。早在 1992 年，邓小平就讲过："我们应该有自己的拳头产品，创造出自己的世界名牌，否则就要受人欺负。"[1] 1996 年 12 月，国务院发布《质量振兴纲要（1996—2010 年）》，首次提出"实施名牌发展战略，振兴民族工业"的工作目标。[2] 它标志着中国政府推动经济发展的观念和战略从以产品质量提升为中心上升到以品牌发展为主导的变化。进入 21 世纪，尤其以十六大为起始点，自主品牌的建立引起了中央和地方政府的高度重视。建立自主品牌成为国家整体发展战略和全局

---

[1]　国家质量监督检验检疫总局、中国名牌战略推进委员会：《中国名牌战略发展报告》，转引自 http: //www. gdei. gov. cn/flxx/jscx/zlgl/200703/t20070330_ 56362. html。

[2]　国务院：《质量振兴纲要（1996—2010 年）》，国发［1996］51 号，1996 年 12 月 24 日。

性经济发展规划中的重要目标和任务，也是建设创新型国家的重要标志。回顾中央的一系列重要决策文件，自主品牌建立问题成为近十年来国家发展政策的重要内容。

2002 年 11 月，中国共产党十六大报告指出，在未来的经济建设和经济体制改革中，要鼓励企业走出去，"形成一批世界级跨国企业和著名品牌"。建立自主品牌首次被写进了中央的纲领性文献。①

2004 年 3 月，全国人民代表大会审议的《政府工作报告》提出，"通过改革和发展，形成一批核心竞争力强，拥有自主知识产权和知名品牌的大公司、大企业集团。"建立自主品牌首次成为中央和各级政府的重要工作内容。

2005 年 10 月 8 日至 11 日，中国共产党十六届五中全会按照十六大对二十一世纪头 20 年全面建设小康社会的总体部署，提出了"十一五"规划时期经济社会发展的主要目标建议。将"形成一批拥有自主知识产权和知名品牌、国际竞争力较强的优势企业"作为"十一五"时期我国经济社会发展的主要目标之一。② 自主品牌发展首次被纳入到国家全局性的发展规划中。

2006 年 1 月，在全国科学技术大会上，胡锦涛主席作了"坚持走中国特色自主创新道路，为建设创新型国家努力奋斗"的讲话，明确指出"自主创新能力是国家竞争力的核心"，提出了将建设创新型国家作为国家的重大战略任务。其中，培育一大批具有自主创新能力、拥有自主知识产权，包括自主品牌的企业是创新工作

---

① 江泽民：《全面建设小康社会，开创中国特色社会主义事业新局面——十六大报告》，http：//news. xinhuanet. com/newscenter/2002－11/17/content_ 632239. htm。

② 《十六届五中全会公报》，http：//news. xinhuanet. com/politics/2005－10/11/content_ 3606215. htm。

的重要内容。① 自此，通过创新建立自主品牌进一步成为政府和社会各界的共识。

2006 年 3 月，中国政府发布"十一五"规划纲要，明确"把增强自主创新能力作为国家战略"，将"形成一批拥有自主知识产权和知名品牌、国际竞争力较强的优势企业"作为国家"十一五"规划时期的经济社会发展目标之一。② 建立自主品牌成为中央和各级政府的工作目标之一，并与政府的投资政策、产业政策和贸易政策联系起来。

2011 年 3 月，中国政府公布"十二五"规划纲要，强调通过转型升级提高产业核心竞争力。并指出改造提升制造业，继续做强做大高技术产业，同时将战略性新兴产业培育发展成为先导性、支柱性产业。政府对自主品牌发展的战略规划更加清晰化和具体化。自主品牌与政府的投资政策、产业政策和贸易政策的关联更加紧密。在国家核心产业的发展规划中，做大做强并发展自主品牌被进一步强调为重要的产业发展目标。③

因此，通过高层领导讲话、党和政府重要决议和国家全局性的重大发展规划，自主品牌的建立确定为国家重要的经济和产业发展政策，同时它的发展又受国家的经济发展战略和投资、产业、贸易等政策的直接影响。

---

① 胡锦涛：《坚持走中国特色自主创新道路，为建设创新型国家而努力奋斗——在全国科学技术大会上的讲话》，http：//news. xinhuanet. com/st/2006 - 01/09/content_ 4030855. htm。

② 新华社：《国民经济和社会发展十一五规划纲要》，http：//news. xinhuanet. com/ politics/2006 - 03/16/content_ 4312362. htm。

③ 《国民经济和社会发展第十二个五年规划纲要》：http：//news. xinhuanet. com/ politics/2011 - 03/16/c_ 121193916. htm。

### （二）主要行动

在自主品牌建立纳入国家发展战略后，如何推动建立自主品牌开始摆上了各级政府工作的议事日程。国家有关单位和地方政府根据将自主品牌发展作为国家重要的经济和产业基本政策，并从多个层面采取了一系列的行动。

1. 建立专事机构

为支持自主品牌的建立，中央和各地建立了全国和地方层面的专事机构。

在全国性层面上，"中国质量万里行组委会"可看作是第一个与品牌建设有关的由政府部门指导的全国性机构。它肇始于20世纪90年代初新闻单位的质量报道活动。当年新闻界关于产品质量报道的活动引起了巨大的社会反响，并得到了中央政府领导人的重视。自此，一次性的新闻质量报道变成了持续性的活动。活动的组织者"中国质量万里行组委会"也成为常设机构，原国家经贸委和中宣部成为它的主管机关。1994年之后，该机构更名为"中国质量万里行促进会"，主管机关变更为国家质量监督检验检疫总局。它的主要的任务是组织新闻部门开展打假扶优、规范市场、引导消费、服务企业等方面的新闻监督活动。①

之后，在全国层面上从事直接推进自主品牌建立的机构是中国名牌战略推进委员会。它是为响应《质量振兴纲要（1996—2010年)》提出的"实施名牌发展战略，振兴民族工业"的发展目标而成立的名牌战略领导机构。主管部门是国家质量监督检验检疫总局。秘书处设在国家质量监督检验检疫总局质量管理司，秘书处的日常工作则由中国工业经济联合会负责。中国名牌战略推进委员会

---

① 参见中国质量万里行促进会网站，http：//www.caqp.org.cn/。

的主要工作内容是统一组织实施中国名牌产品的评价，从事中国名牌管理工作的协调和推进。主要工作任务是推进名牌战略的实施，规范中国名牌产品的评价工作，促进中国名牌产品的发展壮大，增强我国产品在国内、外市场的竞争力。① 实际上，它成为政府指导、管理、协调自主品牌建立的日常性机构。

在地方层面上，国内各主要省、市的地方政府也按照中国名牌战略推进委员会的模式，相继成立了名牌战略领导小组或类似组织并实施品牌战略推进工作。以广东省为例，广东省政府在 2002 年4 月设立了由省政府领导主持，省经贸委牵头，省财政厅、质检局、农业厅、工商局等 14 个成员单位组成的"广东省实施名牌带动战略联席会议制度"。它的工作任务是制订全省名牌带动战略规划并指导实施；组织协调、管理和指导全省实施名牌带动战略工作；指导与监督行业协会、商会等中介组织实施名牌带动战略；组织制定和实施有关名牌管理规定；审定广东省名牌产品、广东省著名商标、广东省名牌服务机构的评价、审定办法并指导其实施；研究确定不同时期实施名牌带动战略的工作重点。它具有相应的领导和协调的行政权力，包括涉及实施名牌带动战略的重大问题均要提交联席会议讨论，联席会议作出的决定经省政府批转全省执行，各成员单位必须对其贯彻落实等。在联席会议的统一领导和协调下，政府各部门明确职责与分工协作。它也是具体的工作机构，负责研究制定有关扶持政策措施，推动名牌带动战略的实施。此外，"会议制度"要求广东各市加强对实施名牌带动战略工作的领导，建立健全相关工作协调机制，编制本地区名牌发展规划和开展各项工

---

① 参见中国名牌网，http：//www. chinamp. org/aboutcmp/aboutcmp_ index. php。

作。① 在此之后，广东省还建立了广东名牌产品评价中心等政府指导的行业性管理机构。

可以发现，全国和地方层次建立的品牌发展和管理专事机构，从当初的质量监督、质量管理向品牌建立、管理、评价、推广、资助等方面发展。

2. 建立自主品牌发展战略

由政府机构提出并实施中国品牌发展战略的行动，可追溯到《质量振兴纲要（1996—2010 年）》的制定和发布。国务院在该文件中首次提出了"实施名牌发展战略，振兴民族工业"的工作目标。阐述了如何发展中国名牌的基本思路，即"鼓励企业生产优质产品，支持有条件的企业创立名牌产品。国家制定名牌发展战略，鼓励企业实行跨地区、跨行业联合，争创具有较强国际竞争能力的国际名牌产品"②。这一自主品牌发展战略的提出，不但促动了中国名牌战略推进委员会以及全国主要省市名牌战略领导小组等类似机构的成立，而且引发了国家有关部委相继制定并出台实施名牌战略。国家质检总局发布了"十一五"时期的国家品牌发展，规划优势品牌的国际竞争力要明显提升，在轻工、纺织、机电、信息、石化、航天、航空、船舶、材料等产业形成 10 个左右拥有自主知识产权、国际竞争力较强、品牌知名度较高、在国际市场占有一定份额的世界级品牌。③

与国家实施品牌战略相呼应，全国 31 个省（直辖市、自治

---

① 广东省经济贸易委员会：《广东省名牌带动战略实施方案》（修订版），2008 年 6 月 16 日，http：//www. gd. gov. cn/govpub/bmguifan/200809/t20080910_ 65240. htm。

② 国务院：《质量振兴纲要（1996—2010 年）》，国发 ［1996］51 号，1996 年 12 月 24 日。

③ 国家质量监督检验检疫总局：《关于进一步加快实施名牌战略的意见》，转引自：http：//www. gdei. gov. cn/flxx/jscx/zlgl/200703/t20070330_ 56363. html。

区）在 2007 年前相继成立了名牌战略推进机构，22 个省（自治区、直辖市）出台了名牌扶持政策，24 个省（自治区、直辖市）制定了本地名牌战略发展规划。① 一些地方政府提出并实施了地区性的品牌发展战略，包括"国家—省—市"三类名牌逐级培育、层层递进的品牌建设机制。通过建立国家级、省级和市级名牌，引导企业建立自主品牌，走以名牌取胜之路。一些省、市还制定了重点培育和扶持发展自主品牌企业指导目录，引导企业确定品牌建立的战略方向。② 到 2007 年底，全国有 28 个省、直辖市、自治区制定了名牌战略实施规划，19 个省、直辖市、自治区把实施名牌战略纳入政府目标责任制管理。实施名牌战略成为发展地方经济的重要措施和考核指标（吕振奎，2010）。

在建立自主品牌发展战略的进程中，以珠三角为代表的经济发达地区走在前列。在 20 世纪 90 年代初，广东省充分考虑自身优势，制定了"外向带动与名牌带动相结合"的战略。2002 年，广东省人民政府开始部署名牌带动战略工作，广东省人民政府及其职能机构先后出台了广东省名牌带动战略实施方案及其修订版，确定了全省的品牌发展目标，以及从事领导与协调、名牌认定与评价、引导与扶持等工作的原则与主要措施。要求通过综合运用经济、法律、行政、市场等手段，集中力量培育一大批名牌产品。2008 年进一步提出千百亿名牌培育工程实施方案，计划在 3—5 年内培育出 3—5 家年销售收入超 1000 亿元、5 家左右年销售收入超 500 亿元、一批年销售收入超 100 亿元的名牌产品生产企业和若干年销售收入超 1000 亿元的产业集群。通过名牌发展带动企业质量水平、

---

① 国家质量监督检验检疫总局、中国名牌战略推进委员会：《中国名牌战略发展报告》，转引自：http://www.gdei.gov.cn/flxx/jscx/zlgl/200703/t20070330_56362.html。
② 广州市实施名牌战略联席会议办公室：《印发 2011—2015 年广州市实施名牌战略重点培育和扶持发展自主品牌企业指导目录的通知》，2011 年 6 月 13 日。

技术创新能力和管理水平全面提高，促进产品结构、产业结构和企业组织结构优化，提高全省经济的整体素质和竞争力，推动广东省由经济大省向经济强省转变。① 长三角地区在推进自主品牌建立上与珠三角地区并驾齐驱。例如，浙江省人民政府在 2006 年提出建设"品牌大省"的发展目标，提出要重点建立制造业品牌、农村品牌、服务业品牌、区域品牌、出口品牌、专业市场品牌、"老字号"和知名商号品牌构成的品牌发展体系。② 2007 年浙江省委和人民政府出台了《关于推进"品牌大省"建设的若干意见》，制定了品牌建立的具体目标、原则、工作任务和措施。其主要要求是按照企业主体、合力推进、龙头带动、科技创新的原则，建立较为完善的品牌培育、发展和保护机制。

总体来看，对于如何发展自主品牌，中央和地方政府不但制定了总体思路、长期方案，并在实施中形成了一系列的工作政策。一些地方政府甚至将支持自主品牌建立的成效作为政府相关部门绩效考核的指标之一。

3. 资金扶持

资金扶持是中央及地方政府实施品牌发展战略的最实质性行动。资金扶持包括两个方面：一是向从事品牌化经营并符合申请要求的企业直接予以资金补助；二是对在品牌建设方面已通过地

---

① 广东省人民政府办：《广东省名牌带动战略实施方案》，http：//www. gd. gov. cn/govpub/zfwj/zfxxgk/gfxwj/yfb/200809/t20080910_ 63440. htm。广东省经济贸易委员会：《广东省名牌带动战略实施方案》（修订版），http：//www. gd. cn/govpub/bmguifan/200809/t20080910_ 65240. htm。广东省经济贸易委员会：《千百亿名牌培育工程实施方案》，http：//www. gdei. gov. cn/zwgk/tzgg/2008/200810/t20081022 _ 71909. html。

② 浙江省人民政府网站：《金德水出席全省品牌建设工作电视电话会议并讲话》，http：//www. zj. gov. cn/gb/zjnew/node3/node22/node165/node1770/node1772/userobject9ai 46085. html。

方或全国性评审、认定取得品牌称号的企业予以资金奖励。

　　在资金补助方面，2006年商务部和财政部为配合国家实施品牌战略，尤其是贯彻落实十六届五中全会和"十一五"规划关于加快自主品牌建设的精神，经国务院批准，两部门在中央外贸发展基金中安排品牌发展专项资金支持国内企业的自主品牌建设。资助范围包括：推动企业开展自主品牌建设；组织企业参加全国性、地区性、国际性、自主品牌展览、展示和推介活动；为扩大全国或本地区自主品牌的国内外市场影响而集中开展的宣传和推广活动；为推进自主品牌建设、借鉴国内外培育经验而开展的交流、培训和研讨活动以及其他有利于自主品牌建设的公共服务。[①]在国家资金扶持政策的带动下，各地方政府相应也安排了专门资金，并出台了自主品牌建设专项资金的管理办法。以广东省为例，2006年为加强名牌产品生产企业的技术中心建设，省财政厅安排挖潜改造资金1.4亿元支持39家名牌产品生产企业建立省级企业技术中心。[②]

　　在资金奖励方面，主要是地方政府为激励企业从事品牌建立普遍建立了分等级的激励制度。到2007年，有26个省、直辖市、自治区制定了名牌产品的奖励政策，全国776个市、县对获得名牌产品称号的企业进行了表彰和奖励（吕振奎，2010）。就目前来看，各地方政府主要对获得全国性品牌称号的企业予以重奖。在珠三角地区，广东省人民政府在2008年对获得中国世界名牌产品称号的企业，奖励300万元，对获得中国驰名商标和中国名牌产品称号的

---

　　① 商务部、财政部（商财外〔2006〕4号）：《做好品牌发展资金管理工作的通知》，2006年5月29日。

　　② 广东省经济贸易委员会综合处：《广东省实施名牌带动战略工作报告》，http：//guangdong. mofcom. gov. cn/aarticle/sjlingdaojh/200801/20080105362010. html。

企业，奖励 100 万元。① 在长三角地区，2008 年江苏省人民政府拿出了 4600 多万元奖励省内 203 家获得"中国世界名牌产品"、"中国名牌产品"和"中国驰名商标"称号的企业。②

从现有经验来看，中国及地方政府对企业从事品牌建立的资金扶持和奖励，虽然总量难以统计，但从范围上看，扶持活动涉及企业从事品牌建立的所有营销及相关活动。

4. 推广和宣传活动

在实施品牌发展战略的过程中，各级政府通过事件、展会、比赛、交流、文化节乃至广告等多种形式进行自主品牌的推广。2006 年 6—11 月，由商务部倡导组织的"品牌万里行"活动标志政府直接举办的实质性品牌推广工作的开始。该活动以"商业长征"的形式，吸收媒体记者、品牌专家、经济学者、社会志愿者等组成团队，以"东部开放品牌行、中部崛起品牌行、西部开发品牌行、东北振兴品牌行"四条线路形式，在全国各地开展宣传活动。③ 它被视作商务部响应党中央、国务院号召，落实创新型国家战略，加快我国自主品牌建设的新举措。2009 年 12 月。商务部在美国有线电视新闻网（CNN）等国际主流媒体发布了为期 6 周的"中国制造"广告，拉开了国家性的品牌宣传序幕。广告展现了在全球化大背景下，"中国制造"与全球各个贸易体共同分工协作、赢利共享的内容。其目的在于重新打造、巩固"中国制造"在全球市场上的声誉，提升"中国制造"的国际形象。④

---

　　① 广东省人民政府公报：《广东省人民政府关于表彰奖励我省获得中国世界名牌产品中国名牌产品和中国驰名商标称号企业的决定》2008 年第 3 期。

　　② 小孙：《"中国名牌"春兰获江苏省政府重奖》，《商品与质量》2008 年第 4 期。

　　③ 新华网：《品牌万里行特别报道》，http：//www. xinhuanet. com/politics/zt2006 0611/。

　　④ 新浪网：《商务部全球投放广告提升中国制造形象》，http：//news. sina. com. cn/c/2009 - 11 -30/083519155485. shtml。

总体来看，中央部门和地方政府对自主品牌的宣传和推广活动，并不直接推动企业的产品销售，而是提升国家或区域品牌知名度，建立相应品牌形象。

5. 支持平台

对自主品牌建立支持平台主要是地方政府从事的支持自主品牌发展的重要工作。支持平台包括三类，一是政府兴办的服务平台，这些平台包括信息平台、指导平台、宣传平台、会展平台、交流平台，涉及市场信息提供、名牌的推荐和认定、经验推广和媒体宣传、博览交易和专家指导、交流等各个方面。① 它由政府或行业机构负责，为企业提供相关的无偿或非营利服务活动。例如广东省质监局为企业通报技术性贸易措施信息，提供有关技术服务，设立WTO/TBT（世界贸易组织/技术性贸易措施）通报咨询研究中心，建立覆盖各地市重点行业的技术性贸易措施通报预警机制。② 二是由政府发起，行业组织和企业参与的协作/联盟平台。政府通过组织企业加入协作平台，解决了企业因自身分散面临的市场进入难、市场竞争能力弱和行业标准缺乏等问题。例如中山市大涌镇通过镇政府发起和企业参与建立了红木家具联盟，并制定红木家具标准，强化了区域内企业在全国的市场地位。③ 三是由政府和企业合作创办合作性组织平台，这一平台形式主要由与企业直接发生互动的基层政府创建。它由政府发起，与提供平台服务的企业一起合作建立服务组织，为区域或行业内企业提供某种专业的、非营利或营利性

---

① 参见浙江省经济贸易委员会《贯彻省委省政府〈关于推进"品牌大省"建设的若干意见〉的实施意见》，http://mlzj.zjol.com.cn/mlzj/system/2009/01/15/010860821_01.shtml。

② 《南方日报》：《打造"广东标准"品牌促自主创新能力提高》，转引自：http://www.gdsmp.org.cn/shownews.asp?id=506。

③ 同上。

的服务。政府作为主要的参与者和投资者，可确保平台为当地企业提供稳定和高性价比的服务。例如，位于珠三角地区的西樵镇政府与企业共同出资建立面料制版公司，为所在地纺织企业开发新面料样本（王珺、岳芳敏，2006）。总体来看，第一类平台由政府兴办，需要政府投入资金和人力，目前还不够发达，第二、三类平台由于政府和企业共同参与，具有一定的长期运转的动力，但各方的有效协作是决定成功与否的关键。

6. 法律法规建设

自改革开放以来，中央和地方制定了一系列建立和完善市场经济的法律、法规。建立这些法律和法规的重要目的是调节各类经济活动主体的活动，保护企业和消费者的合法权益。1993 年，国家出台了《产品质量法》，2000 年又对其进行了修改。国家还先后制定了《商标法》、《专利法》、《广告法》、《反不正当竞争法》等。政府还针对经济和消费领域的重要问题，出台了相关的专门性法规，例如加强食品等产品安全监督管理的特别规定，明确企业经营者、监督管理部门和地方人民政府在其中的责任。此外，为落实相关法律法规，政府职能部门对企业产品进行定期抽检，如国家质检总局每年对 5000 家企业的 5000 多个产品进行质量抽查（商务部，2008），地方质监部门也对当地企业的产品定期进行监督和抽查活动。

就自主品牌建立而言，上述法律、法规并非起到直接推进作用，它主要通过建立公开、公平、公正、透明的市场环境，维护市场秩序，健全市场体系，为品牌建设和发展创造良好的发展环境。

7. 评比与奖励

多数政府将自主品牌建立纳入目标责任制管理，但各地政府并未对自主品牌的建立状况进行直接的评价。就现有资料来看，由政府部门授权的相关机构进行认定和评选的结果成为各地政府对自主品牌评价和奖励的依据。由这些机构从事品牌评选和认定的活动主要有以下三项，"中国名牌产品"、"中国世界名牌产品"的评定、"中国出口名牌"的评定和"中国驰名商标"的认定。

　　"中国名牌产品"、"中国世界名牌产品"活动由国家质检总局授权中国名牌战略推进委员会根据《中华人民共和国产品质量法》和《质量振兴纲要》的相关精神组织实施。具体由各省（自治区、直辖市）质量技术监督部门在本行政区域内负责中国名牌产品的申报和推荐工作，并组织实施对中国名牌产品的监督管理。每个年度的评价工作结束时，以国家质检总局的名义对获奖企业的品牌的产品授予"中国名牌产品"或"中国世界名牌产品"称号，颁发相应的证书及奖牌。获得中国名牌产品的企业，在有效期内可以免予各级政府职能部门各种形式的质量监督检查，对符合出口免检条件的依法予以优先免检，并被自动列入"打击假冒、保护名优"活动中重点保护产品的范围。该项评价的目的是提高质量水平，增强我国产品的市场竞争力。但实际上它作为质量标志，对获评品牌的产品给予减免或减少质量监督环节，为其进入消费市场起到打开"绿灯"的作用。[①] 该项评价活动从 2004 年开始持续到 2007 年，之后进入暂停状况。中国出口名牌是"商务部重点培育和发展的出口名牌"的简称，由商务部委托中介机构和专家学者在全国范围内认定。对被认定出口名牌的企业，其所需的进出口配额，在法律法规允许的范围内予以优先安排；各级政府在各类政府采购中，在同等条件下应当优先采购出口名牌；鼓励名牌出口企业以名牌为

---

　　① 中华人民共和国国家质量监督检验检疫总局令（第 12 号）：《中国名牌产品管理办法》，2001 年 12 月 29 日。

纽带进行资产重组和资源整合。其目的是集中力量进行重点培育，形成出口名牌的国家队。① 中国驰名商标由经过国家工商总局商标局、商标评审委员会或人民法院依据《中华人民共和国商标法》，通过法律程序对自然人、法人和其他经济组织拥有的著名注册商标进行认定，其目的是对获得中国驰名商标认定的商标标志予以法律保护。②

上述品牌评价活动，其评价对象、评价标准和评价目的均不相同。尽管如此，各地政府在将其作为奖励的依据上却是一致性的，即对获得上述称号的任何一个企业，均给予重奖。

8. 评价

总结起来看，在自主品牌建立过程中，中央和地方政府通过采取制定政策和发展战略、资金扶持、奖励等方式，对自主品牌的建立进行了全方位的介入。按照政府的表述，就是建立以企业为主体、政府推动、社会有关各方参与服务的三位一体工作机制，重点突出"培育"和"带动"工作，通过加强扶持、培育、激励、引导、保护等措施推进自主品牌的建立。③ 虽然政府定位自身对自主品牌的建立只是起推动作用，但从其实际行为来看，其干预的程度和范围超过了"推动"的定位。

中央和各级政府介入自主品牌建立的积极性意义是不言而喻的。对政府而言，它可进一步促进政府经济发展战略意图和目标的

---

① 商务部、发展改革委、财政部、科技部、海关总署、税务总局、工商总局、质检总局：《关于印发〈关于扶持出口名牌发展的指导意见〉的通知》，2005 年 6 月 7 日。

② 中华人民共和国国家工商行政管理总局令（第 5 号）：《驰名商标认定和保护规定》，2003 年 4 月 17 日。

③ 国家质量监督检验检疫总局：《关于进一步加快实施名牌战略的意见》，转引自：http://www.gdei.gov.cn/flxx/jscx/zlgl/200703/t20070330_56363.html。广东省经济贸易委员会综合处：《广东省实施名牌带动战略工作情况》，http://guangdong.mofc om.gov.cn/aarticle/sjshangwudt/200710/20071005179874.html。

实现。对自主品牌的建立而言，政府通过投资、产业、贸易等政策以及在这些政策下确定的国家的经济、产业发展战略和自主品牌建立的介入措施，在一定程度上影响企业进入相应的行业，进而决定了其品牌建立的市场选择，即政府的投资、产业、贸易政策及由此决定的经济、产业发展战略和品牌介入活动，尤其是后者影响了企业市场战略的选择及效果。相关研究证实，政府介入企业的营销活动可提升中国消费者对这些企业产品的评价和偏好（Ackerman 等，2009）。但就整体水平的效果而言，并没有相关研究对其进行评估。

本研究的观点是，政府介入自主品牌的积极意义是值得肯定的，但这并不意味着现有的各种介入策略是唯一的选择。原因在于，首先，品牌建立本质上是企业的经营活动，而现有的某些介入策略，如资金扶助等已越过了这一边界。如何评价政府的高度介入策略成为有待研究的问题。其次，在世界各地的品牌管理进程中，对政府介入品牌发展缺乏相关的经验借鉴和理论指引，政府的现行策略本身就是探索性的，其全面性介入的成效也有待观察。最后，政府在自主品牌建立中投入的资源是有限的，为实现其介入策略的最好效果需要最优化决策。考虑到上述问题，本章将重点探讨政府采取什么样的角色定位及其有效策略的问题。

## 三　关于政府角色的现有观点

对政府在自主品牌建立中的角色问题，学者们已进行了相关讨论。总的来看，学者们的讨论呈现出三种观点。

### （一）政府的全面参与

研究者认为，中央政府可成立自主品牌建立的专门职能组织，并设想可在国家发展和改革委员会下设立自主知名品牌建设推进工作领导小组，国家各有关部门相互协调配合，共同推进中国自主品牌建设。按照"统筹协调、明确责任、协同配合、全面推进"的原则，发挥政府在研发扶持、生产监控、市场激励、管理协同、服务引导等多方面的作用。研究者建议由国家发展和改革委员会负责综合协调、全面指导商务部负责商品市场品牌建设工作，信息产业部负责信息产业品牌建设，农业部负责农产品和现代农业领域的品牌建设，广播电视总局等部门负责自主品牌的宣传工作等（祝合良、王平，2007；乌家培，2007）。强调政府的全面参与性角色，这事实上也是当前主流性的观点，其策略建议也与政府目前的实际行为较一致。

### （二）政府作为全能行动者

这种观点的核心表述是，政府作为自主品牌建立的规划者和建设者，应全面实施品牌带动战略。研究者认为，政府作为"品牌带动"战略的主要行动者，一是在实施主体、手段和范围上实现"全面"性，即品牌带动战略的实施主体包括企业、政府、行业组织、社会团体、事业单位以及公民，品牌带动战略的实施手段涵盖经济、行政、法律法规和思想教育等手段，品牌带动战略的实施范围包括企业品牌、产品品牌、集群品牌、区域品牌、城市品牌和政府品牌等。二是实施的战略本身也要具有"全面"性，即战略目标、战略重点、战略步骤和战略措施的全面性、系统性和协同性（刘梦海，2008；吕振奎，2010）。这一观点将政府放到等同甚至高于企业作为品牌建立主体的地位，同时它默认企业的产品品牌与区域品牌的性质和特征是一样的，政府作为其主体的角色和作用也是相同的。

### （三）政府的有限参与

这些观点并没有表明政府可以做什么，而是针对中央和地方政府全面介入自主品牌建立的现实，提出政府不应该做什么，或者应考虑其参与的合理水平问题。研究者指出，政府部门不应该从事品牌的评价，其原因在于，名牌产品是消费者认知和市场长期选择的结果，行政机关难以用统一的标准去评定，同时政府部门进行名牌产品评比，有滥用权力、违法行政之嫌（秦义夫，2007）。另外，相关人士也关注到，政府的过度介入和扶持可能对企业的品牌建立产生不利影响。目前，政府对新能源汽车和动漫产业的发展扶持已呈现出这种负面效应。在新能源汽车行业，由于政府资金扶持的力度较大，国内的本土汽车企业多根据政府的政策取向和标准来确定其新能源汽车的发展规划和行动。为了获得政府扶持，一些企业过早地将新能源汽车项目作为企业当前的业务焦点，但实际上市场对产品的接受并不高，故企业很难取得市场经营的成效。一些企业甚至为赢得政府支持不停地在业界作秀，而在技术和产品发展上却缺乏真正的行动。以致当政府提升节油标准时，一些产品研发不足的企业因无法达到标准陷于可能失去政府扶持的困境。[1] 在动漫市场，政府采取按播放时长补贴的方式对动漫制作企业予以扶持，由于补贴方法不当以及补贴标准过高，抄袭、粗制滥造乃至动漫企业与电视台合谋获取补贴的现象开始发生。[2] 就现有讨论看，强调政府有限参与的观点主要产生于对现实问题的关注，但没有系统地探

---

① 林㥀文：《新能源规划辗转破产，政策转吹"混动风"》，《南方都市报》（汽车杂志版），2011年9月12日。林㥀文：《紧跟政策是个"悖论"？"好学生"自主品牌困惑了》，同前。

② 网易网站动漫专题：《政策扶持养大"动漫抄袭产业"》，http：//news. 163. com/11/0721/00/79EQ23G200014JHT. html。

讨政府的合理介入策略问题。

### （四）评价

分析可以发现，第一种观点是当今的主流观点，也容易被政府部门接受。但问题在于，它强调政府的全面介入时过于含糊和笼统，无法确定政府介入的边界和具体策略，这样可能存在导致过度介入的风险。第二种观点将政府放到等同甚至高于企业作为品牌建立主体的地位，它忽视了品牌的建立是企业的经营活动的这一本质问题，而且它也超越了政府自身认为的其作为推动者的现实定位。另外，它忽视了产品品牌与区域品牌、政府品牌等不同类别品牌在营销性质和特征上的差异，强调以统一的思路来开展集中性的营销。这样，很可能导致政府在自主品牌建立上承担的主体角色难以实现，并不可避免带来过度介入的负面问题。第三种观点虽缺乏系统性，但它关注的现象和问题确实值得政府决策者的注意。政府对新能源汽车和动漫企业过度扶持而导致的负面现象，实际上反映了政府的过度介入脱离了品牌建立是企业经营活动的本质，并干扰了品牌化的市场决定机制对企业的品牌建立活动的作用。

### 四　政府角色的定位

从基本层面来看，政府在自主品牌建立中的角色定位应以经济发展战略和相关政策为基础。在此基础上，政府在自主品牌建立中应该扮演什么角色，采取什么策略，可从政府应该和能够解决什么问题入手来确定。根据这一思路，政府在自主品牌建立中的角色定位是，为建立强大品牌实现当地经济发展战略，向企业提供依靠自身和行业协会力量难以企及和解决的非经营性但能有效促进品牌建立的支持和服务活动。与在经济发展和产业建构中发挥规划、引导、促进、抑制、管制等职能的"调节者"的作用不同，政府在自主品牌的建立中主要以"积极影响者"的角色而出现。如何扮演好积极的"影响者"角色，可进行如下考虑：

（1）政府在确定其角色定位时，首先要承认和考虑品牌的建立是企业从事的营销活动的这一行为性质。品牌是市场经济体制下的产物，向顾客提供什么产品并如何提供，是由企业决定和实施的。在市场经济体制下，政府不应该也没有能力代替企业来从事这一活动。

（2）政府的角色定位满足最基本的条件，不抵消品牌化市场机制的作用。政府的角色定位及其政策不应该遮蔽市场需求信号的显示，除了在特定市场如政府采购市场外，企业的品牌化战略由市场需求而不是政府的政策来牵引，甚至决定的。同时，政府的介入水平不能诱使企业忽视塑造品牌化的驱动器，如研发、产品发展、渠道建立等，转而依靠政府的政策和资助在市场中寻求短期性甚至投机性经营行为。

（3）在满足上述前提下，政府的角色定位还要考虑中国作为新兴市场以及自主品牌处于成长阶段的现实，加快优化影响自主品牌建立的两个基本因素，即企业内部的品牌化能力和在市场中更有效地与国际品牌竞争的能力。

（4）自主品牌的建立涉及产品品牌、区域品牌等不同对象以及研发、生产、渠道、推广等不同的营销活动，由于其性质、内容和特征的不同，政府的角色定位和介入策略应具有适应性。因此，它的角色是多面性的而不是单一性的，其介入的策略是权衡的而不是固化的。

（5）低度介入。尽管政府的经济发展战略和以投资、产业、贸易为主的政策影响了企业市场战略的选择，但政府的经济发展战略和相关政策是否能取得良好的绩效目标，如同政府推动创新一样，它仍由企业的品牌化战略及其成效高低来决定。在市场战略被决定后，企业在进入行业的品牌化上能否取得成功，取决于企业的品牌营销，而政府的投资、产业、贸易政策在此方面鞭长莫及。由此来看，与其投资、产业、贸易政策相比，政府在自主品牌建立上的介入范围和程度应比前者要小和弱。

## 五　政府作为"积极影响者"的策略

在确定政府作为影响者的角色后，接下来需要进一步明确政府对自主品牌建立可采取什么样的影响方式即促进策略。从经验上说，只要有利于促进自主品牌建立的行动，都可以考虑作为策略的选择项。但是，这种根据经验来确定促进策略的考虑会产生各种问题。一是容易滑向随意性，它带来决策的非慎重性。二是导致全面出击，就如现在的全面性介入观点一样，导致失去策略的中心，既难以分清主次，又耗费过多的财政和公共资源，降低政府介入的成效。解决上述问题的思路是，根据品牌化的市场决定机制来考虑政府应该采取什么样的介入策略。这样，政府对自主品牌建立的促进策略可从影响企业市场战略的塑造、市场制度的建立和完善、制定激发与扶持政策、增强品牌化的驱动器、组织大协同营销等方面来考虑。具体见表 11 - 1。

表 11 - 1　　　　　　　政府在自主品牌建立中的促进策略

| 基本策略 | 定义 | 实施 |
|---|---|---|
| 影响企业市场战略的塑造 | 通过创造市场需求或影响市场需求的认知来影响企业决策者对进入市场的选择，从而影响自主品牌建立的方向和可能性 | 通过政府采购创造需求塑造和强化自主品牌<br>通过经济和产业政策取向影响企业的市场进入选择<br>提供需求信息，帮助企业形成市场战略 |
| 市场制度的建立和完善 | 为发挥品牌化市场决定机制作用，支持企业实施品牌化的市场战略提供环境保障 | 品牌的产品质量监督<br>市场秩序维持<br>自主品牌保护<br>改善品牌化经营的条件 |
| 激发与扶持政策 | 对现有的资金扶持方式进行变革，避免市场机制失灵、操作化困难、瞄准性低等问题，扩大扶持面和提升扶持效果 | 从选择式扶持到普惠式的激发策略<br>从直接资金扶持到间接投入扶持<br>从资金扶持为主转向资金扶持、服务支持和政策扶持的混合策略 |
| 增强品牌化的驱动器 | 政府可通过支持企业强化其品牌化驱动器促进自主品牌的建立 | 研发和创新<br>原产地品牌保护<br>区域品牌建立<br>品牌的整体推广 |
| 组织大协同营销 | 在地区或国家这一层面上，政府通过组织协同营销发挥影响中国自主品牌整体成功的关键作用 | 以集合品牌建立为营销目标<br>三位一体的营销协同体系与政府为中心的角色<br>各自独立的战略任务<br>6Ps 营销工具与延伸 |

## （一）影响企业市场战略的塑造

自主品牌的建立首先需要确定在哪里建立品牌。根据品牌建立的市场决定机制分析，政府是品牌化市场战略形成的影响因素之一。就市场战略方面而言，政府可以通过创造企业的市场需求提供自主品牌建立的市场机会，或通过塑造其对市场需求的认知来影响企业决策者对进入市场的选择。具体的策略包括：

1. 通过政府采购创造需求以建立和强化自主品牌

根据第二章的分析，政府市场是重要的市场类型之一。政府采购创造了庞大的市场。从促进成效而言，政府通过采购自主品牌为企业创造市场需求，从而直接为建立和强化自主品牌提供了直接的市场机会。这也是政府促进自主品牌建立最有效，且是首选的策略。根据现有经验，一个国家的政府总体采购规模一般占到本国年度 GDP 的 10% 以上，或者财政支出的 30%—40%（刘明珍，2006a）。目前许多国家，包括欧美等发达国家通过制定政府采购本土品牌的产品和服务的政策，将这一市场主要提供给本国品牌。我国从 1996 年开始试点政府采购，1998 年全面实行政府采购制度改革。从 1998 年到 2009 年间，我国政府采购规模保持了 53% 的年平均增长率。到现在，在基础设施、重大工程建设采购中较大比重地将自主品牌的产品纳入采购范围（王国平，2009）。但总体上，政府采购量与国际上的一般水平相比还存在较大差距。到 2009 年，全国实际的政府采购量为 7413.2 亿元，占全国 GDP 和财政支出的比重分别为 2.2% 和 9.8%。[①] 在许多领域，对自主品牌的采购比重还较低，也缺乏强制性的立法来实施政府对自主品牌的采购约束（刘明珍，2006a）。因此，中国政府的采购市场存在巨大的发展潜力，同时通过制定自主品牌采购政策，将为自主品牌的建立提供良好的机会。在该项策略的实施中，政府亟须解决的问题是制定强制性的自主品牌采购政策，并监督其实施。

2. 通过经济和产业政策取向影响企业的市场进入选择

政府通过投资、产业、贸易等政策确定一国或地区经济发展和产业建构的取向。通常政府的经济和产业政策并不直接涉及企业的品牌建立活动，但它对企业进入行业的政策确定了其进入市场的方

---

① 中国政府采购网：《我国 GDP 高位运行，政府采购助力产业结构优化》，ht-tp：//www. ccgp. gov. cn/llsj/llts/201101/t20110121_ 1489131. shtml。

向和范围。以此来看，政府对重点发展行业的规划、扶持以及对限制性行业的约束和惩罚政策，实际上影响了企业品牌化战略的制定。因此，政府可通过制定经济和产业发展规划以及补贴、融资、税收等支持或约束政策，影响企业进入相关行业。同时，研究也表明，企业选择进入与政府经济发展规划一致的行业，其市场战略也更容易取得成功（科特勒等，2001）。

3. 提供需求信息，帮助企业形成市场战略

系统、准确、及时的市场需求信息，可以让企业管理者形成市场需求的认知，从而影响其对企业市场战略的决策，包括进入市场的确定，产品发展的方向和品牌化驱动器的选择。根据第七章的分析，由于中国尚处于新兴市场，自主品牌的建立处于成长期，大量的个人创业者和中小企业通过自建品牌经营业务是自主品牌建立的重要途径。但由于条件和资源有限，它们获得市场信息的方式和能力往往有限，尤其在获得国内跨地域和国际市场的信息方面更加需要支持。因此，政府通过负责和组织建立长期性运转的市场信息平台并向所有有需要的个人和企业无偿开放，可以广泛地影响企业决策者的市场认知，以帮助其在企业经营中形成正确的品牌化市场战略。考虑到充足的市场需求信息对企业市场战略具有重大影响，政府可通过独立地或外包建立信息平台的方式发挥该角色的作用。

## （二）市场制度的建立和完善

市场环境影响品牌化市场机制的发挥（Kotler 和 Keller，2009）。当企业确定品牌化的市场战略后，市场环境的优劣在很大程度上影响了自主品牌战略的成效。根据第八章的分析，在中国市场，无序竞争、破坏性模仿影响自主品牌的建立。为了充分发挥市场决定机制，帮助企业成功地实施品牌化的市场战略，政府在市

制度的建立和完善上可进行多方面的考虑。

### 1. 品牌的产品质量监督

产品是品牌的核心（Keller，2008）。第六章中的分析也表明，由品牌的产品质量等构成的品牌优异性是品牌化的重要驱动器（蒋廉雄等，2012）。在市场中，对品牌的产品质量进行监督，不但可防止某个企业降低质量谋利，而且能避免因个别企业的产品质量问题引发整个产品市场即行业性的品牌危机。为此，政府对产品质量监督的策略需要坚持以下几个原则。一是坚持从严监督，从重处罚原则，尽量避免因个别企业质量事故危害行业中所有品牌的风险。二是高标准。高标准有助于保护和提升品牌优异性，实现市场的优胜劣汰。三是常规性。常规而不是运动式的质量监督是实现品牌的产品可靠性的保证，也有助于驱动企业为建立品牌优异性而努力。

### 2. 市场秩序维持

一般而言，政府对市场秩序的维持是保持市场的公开、公平和自由竞争（谢泼德、谢泼德，2007）。中国作为市场经济历史不长的新兴市场地区，市场制度基础有待完善，而且存在大量中小品牌，新品牌也在不断诞生。同时自主品牌在与国际品牌的竞争中处于不对称的弱势地位。因此，政府对市场秩序的维持任务，除了通过制定《商标法》、《产品质量法》、《专利法》、《广告法》、《反不正当竞争法》等法律维护及优化市场的公开、公平和自由竞争秩序外，还需要具体考虑中国市场现实的特定性问题制定和强化相关制度。

一是消除市场进入的营销壁垒，保证中小品牌的市场进入机会。例如，大卖场是制造性企业的重要分销渠道，但通常它对制造性企业收取高额的进场费，这对缺乏资金实力的中小企业无疑是一

道无形的市场进入壁垒。① 尽管对其有很大的质疑和反对声，但缺
乏相关的市场制度予以监管。二是知识产权的保护。品牌本身就是
企业重要的知识产权，建立和实施知识产权制度对市场中既有品牌
的保护，包括对知名品牌和成长中的中小品牌，尤其是有着巨大市
场前景的创新性中小品牌的保护，在成长性市场中显得尤为重要。
在中国市场，知识产权保护制度的建立和实施近年进步很快，但模
仿、抄袭甚至假货等问题仍比较突出，近年来从手机制造开始流行
的"山寨产品"现象使知识产权保护面临更严峻的挑战。因此，
中国知识产权保护制度的建立，需要进一步加强并贴近现实制定有
针对性的法规。三是对品牌化战略资产如文化遗产、自然资源等的
保护。这些品牌化的战略资产，具有独特甚至独有的特点，这些特
点可以改变全球现代品牌的生产模式（Anholt，2003）。它们为自
主品牌的建立，尤其是为其与国际品牌的竞争提供了优势资源和创
新途径。但这些资产同时具有公共使用的性质，它可为一个地区多
个企业和消费者共享。但一些地方政府为追求短期的经济效益，通
过授权、出租、出卖的形式给予单个主体经营。虽然政府在短期内
获得了一定的经济收益，但从知识产权保护看，侵害了多方主体对
这些品牌化战略资产的共享权利。从品牌化的效果看，单一主体为
追求自身利益而从事的过度开发可能对其带来破坏性后果，同时限
制了区域内其他主体对这些品牌化资产价值的充分利用。

3. 自主品牌保护

国家对本土品牌的保护是全球化浪潮中不可回避的一个问
题。在市场全球化的进程中，客观上要求各国奉行自由贸易政
策，但与此同时，合理的、甚至权宜的贸易保护也成为各国市场

① 《二十一世纪经济报道》：《陈晓大爆国美财务漏洞 股价已到顶机构多已撤出》，
转引自新浪网站，http：//www.sina.com.cn，2011 年 05 月 10 日。

政策中的现实惯例。例如美国通过制定《购买美国产品法》和"301 条款"，对美国本土品牌予以法律保护。前者规定，美国联邦政府机构除特殊情况外，必须购买本国产品和使用本国的工程、服务供应商。此法历经 70 多年仍在使用，而且在国际经济形势日益全球化和自由化的情况下，美国国会定期对其追加一些特别规定。后者则是美国在 20 世纪 70 年代为改变贸易收支恶化的形势，在自由贸易政策口号下进一步实施贸易保护主义的政策。按照"301 条款"，美国可以对任何"损害了美国商业利益"的国家进行贸易制裁。① 上述法律为美国本土品牌提供了优厚和可靠的庇护。可见自主品牌的保护政策的制定是与国际、国内经济形势、市场环境的变化密切相关的。

在中国，随着 20 世纪 80 年代实行改革开放政策，国际品牌纷纷进入中国市场。在日化、食品、饮料等许多市场，国际品牌为了实现自己的战略目标，通过租赁、合资和并购的方式予以控制和获得自主品牌。自主品牌的建立也因此出现了"国际品牌诅咒"现象。② 对在合资中丢失名牌、外资收购中国品牌等问题，在社会层面引起了很大关注，但如何从市场制度上解决这一问题，还没有看到法律性的行动。尽管商务部在近年开始实施并购审查制度，但仍没有从专门的立法层面予以监管。而且，一些政府人士和学者对外资并购本土品牌发布放任自由的观点。③ 这些人士看到了品牌流动的市场自由，却忽视了品牌具有多层效应的性质和特征。品牌的市场流动（生产、购买、使用和消费）虽然

①　《环球时报》：《外国如何保护民族品牌》，http：//world. people. com. cn/GB/57507/6176483. html。

②　关于自主品牌发展中的"国际品牌诅咒"现象的详细分析，请参见第五章第三节。

③　龙永图：《外资并购中国企业未出现严重经济安全问题》，新浪网，http：//finance. sina. com. cn/g/20070122/13463269875. shtml。

无国界，但品牌是国家和地区重要的战略性资产，它体现为在产业建构中具有主导性力量，在经济发展中具有增值和优化效应，在社会领域具有文化效应，在国家层面具有增强一国生产、输出商品和服务的能力的国力效应（Kapferer，1992）。因此，制定外国品牌并购自主品牌的相关法律，不但对自主品牌本身的保护具有现实意义，而且有利于保护企业业务经营的主导权、国家产业建构的控制权和国家经济和文化影响力。

4. 改善品牌化经营的条件

虽然品牌的建立是企业本身从事的营销活动，但在该过程中需要外部提供支持性的条件，如工商登记、税务登记、通关、融资、许可证的顺利申请和办理，等等。考虑到中国的市场经济正在发展中，支持性的条件建立在许多方面还有待完善，同时大量中小企业在品牌化经营中，其自身的运作和管理存在诸多欠缺。在这一现实环境下，政府通过市场制度的建立和完善来改善经营条件也是其重要的职能。政府可通过制定减少烦琐环节，提高管理水平以及创造便利的营商政策和措施来达到这一目标。

### （三）激发与扶持政策

资金扶持是中央和地方政府支持自主品牌建立的重要政策。现行的实施方法是，通过申报、评定后对少数从事品牌化经营的企业进行专门扶持。扶持范围覆盖了企业从事品牌化的各种活动，包括自主品牌建设（如境外商标、专利注册费、国际认证），自主品牌的产品设计、研发活动，[①] 自主品牌的国内外展览、展示、推介和宣传活动，以及自主品牌建立中的交流、培训和研讨活动，等等。

---

① 商务部、财政部（商财外 [2006] 4 号）：《做好品牌发展资金管理工作的通知》，2006 年 5 月 29 日。

但是，现行政策的实施存在一些问题。一是效果难以评估。少数获得资金扶持的企业可大范围使用扶持资金，这种宽泛的政策是否真正促进了品牌建立目标的实现，尤其是这种选择性的"点式扶持"方式是否能推进自主品牌整体发展，实际上难以评估，尤其是在长期效果的评估上更加困难。二是难以确定合理的扶持水平。对企业而言，过低水平的资金扶持没有效果。但如果企业的市场战略和内部管理不佳，过高的资金扶持水平也未必有效。同时，它还可能诱导接受扶持的企业违背品牌化市场决定机制从事业务经营的问题。从目前趋势来看，政府对自主品牌建立的资金扶持呈增加趋势，但过度的资金扶持可能使企业失去对市场战略的关注转而以迎合政策来规划和开展业务。国内新能源汽车企业为获得政府的财政支持不根据市场需求从事营销活动，以及动漫行业为最大化地获得政府补贴而粗制滥造的例子就说明了这一问题的存在。① 此外，扶持资金是有限的，政府在制定扶持标准、确定扶持名单等方面存在操作化的难题。考虑到这些问题的存在，尤其是存在影响品牌化市场机制发挥的可能性，有必要对现行的资金扶持政策进行改革。

根据前面关于政府角色定位的分析，资金扶持改革的思路可从以下几点考虑。

1. 从选择性扶持到普惠式扶持

尽管受到财政资源的有限性约束，当政府全力支持自主品牌的建立，尤其是当自主品牌建立成为地方政府绩效考核的标准时，政府一般会通过拨付最大量的资金以追求最大化的效果。另外，当政府对企业实施过高水平的扶持时会影响品牌化的市场机制的发挥。这是当前政府资金扶持政策的困境。如何避开资金扶持政策的这一

---

① 林憬文：《新能源规划辗转破产，政策转吹"混动风"》，《南方都市报》（汽车杂志版）2011 年 9 月 12 日。网易网站动漫专题：《政策扶持养大"动漫抄袭产业"》，http：//news. 163. com/11/0721/00/79EQ23G200014JHT. html。

"困境"，一种好的方式是从对现有的少数企业的选择性扶持走向对所有新创企业的普惠式扶持。

从资金需求水平上看，对于一家现有的大型企业，扶持1000万元的资金对其经营而言是杯水车薪。从扶持效果上来看，临时性的扶持也不能强化其长期的市场地位。对于一家现有的小型企业而言，扶持100万元的资金可帮其改变一时的资金短缺，但在扶持效果上，小型企业成长为大型企业的可能性并不高。这决定了选择性扶持政策对小型企业的瞄准性注定很低。同时，一次或几次扶持也难以支持其长期性的成长。而且，如果对一家小型企业采取多年连续性的扶持，则很可能带来市场机制失效的风险。

考虑到中国作为成长市场存在着大量新企业和新品牌产生的现实，政府的资金扶持对象可从现有少数企业转向所有的创业企业上来。政府通过低水平的资金支持帮助个人创立品牌化经营企业。其方法是建立全民性的创业扶持基金，向品牌化经营的企业予以一次性低额，例如5万—10万元的资金扶持。从资金使用的效果上看，政府使用1000万元资金扶持一家大型企业，或使用100万元资金扶持一家小型企业，前者效果不明显，后者瞄准性低且存在市场机制失效的问题。但采取这一普惠式扶持方式，扶持效果将存在明显的改变。首先，对创业者而言，给予5万—10万元的资金扶持可以起到帮助创业者创立企业的作用，因此资金扶持可实现从"无"到"有"的激发效果。其次，政府使用同样的资金，可从扶持1家大、小型企业到扶持10—100个创业者（按10万元/每创业者计算）。扶持范围的放大大大增加了政策的瞄准性，并回避了伤害品牌化市场机制的风险。再次，所需资金总量是政府可以承受的。以广东省为例，其2009年新增注册的企业数量为15万家左右，按10万元/每家企业的扶持标准计算，所需资金总量仅为150万元。即使普惠式政策产生激发效果，即因扶持政策的实施，新创办企业的数量可能会有一定程度增加，但政府在资金的支出上还是可以承受的。

2. 从资金扶持到市场激励

对绝大多数品牌化经营的大、中、小型企业而言，选择式的重点扶持难以惠及它们。同时，由于政府资金有限、市场机制失效和评审的操作化问题，普惠式的大额资金扶持方式也不可行。解决这一问题的办法是，通过减税、出口补贴方式予以市场激励。这是一种间接的普惠式扶持政策。现行的出口退税制度为此提供了经验。对于从事品牌化经营的企业，税务部门可根据企业的年度纳税总额，海关部门可根据品牌化企业的产品出口总额，给予一定比例的退税和补贴。这一政策如果实施，对现有的各种规模的品牌化经营企业，具有普遍性、持续性的支持和激励效果，例如促使企业主动识别、开拓新市场，研发和改进产品，更有效选择、强化品牌化驱动器。这样也更避免了选择性扶持方式的市场机制失效和低操作性的评估问题。目前，中央和一些地方政府在品牌扶持战略中提出了这一政策思路，但有待制定全国性的政策并予以实施。

3. 从资金扶持为主转向市场激励、服务支持和政策扶持的混合策略

品牌的建立是一项持续性的活动。企业在获得临时性的激发资金和长期性的市场优惠政策的同时，在经营过程中还需要支持性服务和其他相关政策。对那些具有正确的市场战略且建立了市场竞争优势的品牌化经营企业，更显得如此。这些经营支持性服务和政策涉及两方面。一是对常规性经营活动的支持性服务和政策，如从创业、培训、采购、物流、出口、展览、推介、资本经营、融资、上市、并购等方面提供服务和政策支持。二是应对市场环境变化的支持性活动，例如对企业参与境外的反倾销谈判，应对国外各种技术性贸易壁垒、绿色壁垒、环保壁垒等问题提供服务性支持。在此方

面，政府除了承担制定政策、建立相关职能和实施监督外，还应建立面向企业需求的调查活动，以使政策制定和服务支持更加具有针对性和适用性。

### （四）增强品牌化的驱动器

根据品牌化的市场决定机制分析，自主品牌的成功建立需要企业识别和建立强有力的品牌化驱动器。虽然品牌化驱动器的建立是企业本身的活动，但政府可通过帮助企业强化其品牌化驱动器促进品牌的建立。根据第六章的分析，政府可从研发、产品发展、渠道建立等方面帮助企业强化品牌化驱动器。

1. 研发和创新

企业的研发能力影响顾客对品牌先进性的认知。国内消费者普遍认为自主品牌的先进性低于国际品牌，并成为其购买自主品牌的障碍（蒋廉雄等，2012）。短期来看，通过提升研发能力和创新水平来建立品牌先进性也存在一定困难。但是，这并不意味着自主品牌不可以通过相应的策略加快塑造品牌先进性这一品牌化驱动器。政府除了通过制定鼓励、支持企业自主研发的政策法规，统一内外资企业所得税，营造有利于企业发展自主知识产权和知名品牌的社会环境以及实施高新产业发展的相关激励政策外（刘明珍，2006b），还可采取更直接的推动策略提升企业的研发和创新能力。一种有效的方式是，实施公立性大学、科研机构与企业建立对口性的长期帮扶合作计划，内容包括信息提供、科研知识传播、新技术培训、科研指导和咨询、企业技术攻关协助等。由于这些公立性大学和科研机构主要由国家或地方财政负责其经费，它们有义务配合、支持国家和地方政府的经济发展战略，以及为企业提供适当的科研和创新支持服务。另一方面，帮扶的企业也可为其提供研究实践、学生实习的平台。

### 2. 原产地品牌保护

原产地是指品牌产品的所在区域归属。由于一个区域往往具有独特的品牌化资产，如得天独厚的土壤、气候、物种自然条件，作为某一产品起源地的制作工艺以及传统、习俗、亚文化等人文环境，使得来自该区域的品牌具有更高的独特性或优异性。因此，原产地认知影响顾客对品牌的产品评价和购买态度（Schooler，1965；Han 和 Terstra，1987）。原产地对品牌及其标志建立法律体系进行管理，可进一步强化和保护某个来自特定产地的品牌独特性和优异性，帮助企业塑造和维护好品牌化的驱动器。原产地本身可作为品牌进行管理。但原产地品牌是具有集合性质的概念，它具有多个影响其认知和声誉的主体，单个企业难以从事原产地品牌及其标志的建立和保护，政府在此可作为中心主体发挥其协同作用（蒋廉雄等，2005）。

现在，国内已开始重视原产地品牌及其标志的管理，但存在多方面的问题。一是管理主体及其责任不明确。企业、行业协会、民间机构替代政府作为主体的情况不时出现，但企业、民间机构作为原产地品牌管理的主体，其管理能力和影响力是不够的。二是缺乏严格管理和监管。表现在原产地标志发放缺乏标准，甚至一些机构通过控制原产地标志申请、发放进行谋利。[①] 为避免上述问题，并使原产地品牌真正发挥品牌化驱动器的作用，可借鉴现有的国际经验来规范原产地品牌管理。例如，法国政府通过建立"国家原产地管理局"（Institute Nationale des Appelations d'Origines，INAO）和"原产地法案"（Appellation d'Origine Controllee，AOC）对葡萄酒品牌的原产地标志进行严格保护（Barham，2003）。尤其是明确

---

① 天涯杂谈：《论中国原产地保护制度的失败及改进方向》，http：//www. tian-ya. cn/publicforum/content/free/1/2094939. shtml。

规定了政府作为管理主体，直接组织和负责葡萄酒原产地区域的勘界、申请审查和监督。

3. 区域品牌建立

正如第十章的分析，区域品牌也是政府作为核心主体的集合品牌。其概念涵盖的对象可以是国家、省、城市、城镇、社区以及至产业集群区（Kotler 和 Gertner，2002）。由于区域品牌影响人们对该区域投资、办厂、移民、旅游、就业以及区域外市场消费者对该区域产品的购买态度和行为，因此可通过区域品牌营销来促进区域发展（Kotler 和 Gertner，2002）。对区域内的企业而言，区域品牌代表了作为消费者对该区域企业产品和服务的共同性认知，体现了消费者对地区内品牌的制造水平、工艺特征、技术水平等方面的评价。因此，区域品牌的塑造影响区域内企业品牌的市场效应。政府作为核心主体塑造和管理区域品牌，需要考虑确定区域品牌如何促进自主品牌建立的基本策略。关于此方面的分析，第十章进行了专门而详尽的阐述，此处不再复述。

4. 品牌推广

根据第六章的分析，广告、渠道是品牌化的重要驱动器。但在中国，许多企业，尤其是成长中的中小企业，多数受资金实力的限制，不适合选择它们作为品牌化的驱动器。另外，大型卖场日益成为重要的营销渠道，但其高额的进场费使中小企业难以顺利进入。这些情况意味着，中小企业在品牌化驱动器的选择方面存在难以逾越的门槛。政府有多种途径支持中小企业跨越依靠自身实力不能迈过的关口。一是政府通过建立自主品牌的推广宣传平台。二是政府举办定期主题展览，或定期组织行业协会到国内外重要展会参展推广当地企业品牌。上述两种方法可解决中小企业在广告这一品牌化驱动器上力量不足的问题。三是通过政府倡导、协同，建立品牌联盟。在政府的倡导和协同下，企业可以共同组建分销渠道、售后服务网络，联合进行品牌宣传（魏剑锋，2007）。顺德区政府在家电、家具行业的企业通过在建立行业性的品牌联盟方面进行了一些探索。最后，地方政府可在当地商业中心建立地方品牌街，通过不赢利的低收费并定期轮换的方式，为当地优秀的中小企业提供品牌上市、推广的机会。后两种方式可从多个方面帮助中小企业解决品牌推广力量不足的问题。

### （五）组织大协同营销

单个企业能否成功建立品牌，主要在于是否确定和实施了正确的品牌化战略。而在地区或国家两个层面上，自主品牌能否整体成功，其关键在于是否推行了营销协同。根据第二章的分析，自主品牌的市场历史只有 30 来年，缺乏足够的营销基础、经验和能力。尽管在快速成长和壮大，但在多数产品市场上落后于国际品牌。自主品牌在整体落后的格局下要实现顺利成长，尤其在激烈的市场竞争中追赶、超越国际品牌，需要各方面的协同行动。其中，通过政府组织大协同营销是可行的策略。

1. 建立集合品牌

大协同营销的目标是建立集合品牌，包括国家品牌、区域品牌等，并通过国家品牌和区域品牌的建立，为企业的产品或服务强化品牌化的驱动器，以支持其品牌的建立。从顾客认知的过程和结果看，在市场尤其是在国际市场中，任何一个品牌都是"双面"品牌，即一面是国家品牌，另一面是企业的品牌。品牌营销在整体上能否成功，就在于能否将企业的品牌形象和国家品牌的形象黏合起来。缺乏企业的品牌形象或国家品牌形象的"单面"品牌，都是难以走向领导地位的问题品牌（蒋廉雄，2005）。在过去的品牌化进程中，顾客尤其是国际市场中的顾客对"中国制造"产品形成了质低价廉的国家品牌认知（Swystun 等，2005）。任何中国企业的品牌建立和营销都无法回避这一问题。改变现有的"中国制造"的负面形象，建立新的国家品牌认知是自主品牌建立的关键性问题。但单个企业的品牌化战略和营销努力难以改变现有的或形成新的国家品牌认知。通过政府组织大协同营销，才能有效和更快地实现集合品牌的建立，从而进一步促进企业的品牌战略取得成功。

2. 政府的中心角色

大协同营销在结构上是政府、行业组织、企业的三位一体。虽然每一主体不可或缺，但政府在这一协同营销中处于高端地位。一方面它承担国家或区域品牌营销的计划、组织和控制的职能，另一方面它组织自主品牌建立的自上而下的营销协同。因此，政府在大协同营销中扮演的是中心角色。

3. 各自独立的战略任务

虽然政府在大协同营销中扮演中心角色，但不可混淆不同主体具有不同的战略营销任务。政府从事的国家或区域营销的重点是引入国家、区域营销概念，确定国家、区域品牌的定位和宣传，解决单一企业在市场中面临的因外部环境变化出现难以应对的重大问题，如制定反不公平贸易政策和反产品倾销政策，从事国家之间的贸易谈判以及市场纠纷和冲突解决等，最终支持企业的品牌建立。行业组织的战略重点则是行业产品的国家形象宣传，公共关系营销，行业信息平台的建立和共享，行业发展监控、产业发展、技术发展、营销策略建议的提出以及国际交流、国际推广的组织、具体品牌营销活动的协调等。企业的战略重点在于通过市场环境和市场前景的评估，发现市场机会、界定目标市场和品牌化战略，建立营销体系和策略等（蒋廉雄，2005）。通过明确各自的战略重点，政府、行业协会和企业在大协同营销中各自按照自身的角色运转。

4. 扩展性的营销工具

除了企业本身的营销活动外，大协同营销增加了政府和行业协会的作用。因此，在营销工具的运用上，政府除了支持企业应用常规的营销组合开展营销外，还可协助企业加强公共关系和政治策略的运用开展营销（科特勒等，2001）。在某种程度上，公共关系和政治策略等扩展性营销工具的运用，为自主品牌的建立提供了企业自身所不具有的资源或力量。

# 六　小结

考虑到政府的介入构成了自主品牌建立的独特性社会环境问题，本章对政府在自主品牌建立中的角色定位和介入策略进行了专门的分析。首先，对政府关于自主品牌建立的现行政策和行动进行了回顾。回顾发现，中央和地方政府在其经济发展战略和相关产业政策下，通过制定战略规划、政策、制度乃至给予资金扶持等多种方式对自主品牌的建立进行了全方位的介入，但对其有效性缺乏相关理论依据和经验借鉴。因此指出探讨政府在自主建立中的角色定位和介入策略非常有必要。其次，对现有的关于政府在自主品牌建立中的作用的相关研究进行了述评，发现现有的三种观点并未能充分阐述政府的合理介入角色和策略。针对上述问题，本章应用前面建立的品牌化的市场机制相关概念作为分析基础，定义了政府在自主品牌建立过程中的角色定位，即为建立强大品牌实现当地经济发展战略，向企业提供依靠自身和行业协会力量难以企及和解决的经营支持和服务性活动。指出了与政府在经济发展和产业建构中发挥的"调节者"的作用不同，政府在自主品牌建立中的角色是"积极影响者"。政府的角色定位和积极促进策略的发挥应当考虑以下五个基本原则：企业为主体，不抵消品牌化市场决定机制的作用，加快优化企业的内部品牌化能力和与国际品牌竞争的能力，权衡性的策略运用，介入的范围和水平要小于和弱于政府在经济发展产业建构上的作为。最后，提出和探讨了影响企业市场战略塑造、建立和完善市场制度、制定激发与扶持政策、增强品牌化驱动器、组织大协同营销五个方面的促进策略。

## 参考文献

［1］Ackerman, David, Jing Hu and Liyuan Wei（2009）, "Confucius, Cars, and Big Government: Impact of Government Involvement in Business on Consumer Perceptions Under Confucianism," Journal of Business Ethics, Vol. 88, Oct. pp. 473 – 482.

［2］Anholt, Simon（2003）, "Elastic brand," Brand Strategy, February, pp. 59 – 60.

［3］Barham Elizabeth（2003）, "Translating Terroir: the Global Challenge of French AOC labeling," Journal of Rural Studies, Vol. 19, Issue 1, pp. 127 – 138.

［4］Kapferer, Jean – Noel（1992）, Strategic Brand Management: New Approaches to Creating and Evaluating Brand Equity, London: Kogan Page Limited.

［5］Han, C. M. and Terpstra, V.（1987）, "Country – of – Origin for Uni – National and Bi – National Products," Journal of International Business Studies, Vol. 14, Summer, pp. 235 – 255.

［6］Keller, Kevin Lane（2008）, Strategic Brand Management, NJ: Pearson Education .

［7］Kotler, Philip and David Gertner（2002）, "Country as brand, Product, and Beyond: A Place Marketing and Brand Management," Journal of Brand Management, Vol. 9, Issue 4 – 5, pp. 249 – 261.

［8］Kotler, Philip and Kevin Lane Keller（2009）, Marketing Management, NJ: Prentice Hall.

［9］Schooler, Robert . D.（1965）, "Product Bias in the Central American Common Market," Journal of Marketing Research, Vol. 2, Issue 4, pp. 394 – 397.

［10］Swystun, Jeff, Fred Burt and Annie Ly（2005）, " The Strategy for Chinese Brands," October, www. interbrand. com.

[11] ［美］菲利普·科特勒等：《国家营销——创建国家财富的战略的方法》，俞利军译，华夏出版社 2001 年版。

[12] 蒋廉雄：《从国际贸易走向国际营销》，《销售与市场》（战略版）2005 年 11 月。

[13] 蒋廉雄、冯睿、朱辉煌、周懿瑾：《利用产品塑造品牌：品牌的产品意义及其理论发展》，《管理世界》2012 年第 5 期。

[14] 蒋廉雄、朱辉煌、卢泰宏：《区域发展新战略：基于协同的区域品牌资产构建》，《中国软科学》2005 年第 11 期。

[15] 刘梦海：《地方政府培育企业自主品牌战略的策略选择》，《中国西部科技》2008 年第 16 期。

[16] 刘明珍：《中国企业自主知识产权和知名品牌发展研究》，《中国软科学》2006 年第 3 期。

[17] 刘明珍：《政府采购培育自主知名品牌的问题与对策》，《求实》2006 年第 5 期。

[18] 吕振奎：《品牌带动战略实施中的政府行为》，《学术交流》2010 年第 2 期。

[19] 秦义夫：《"世界名牌"、"中国名牌"也不应该由政府部门来评》，《中国经济周刊》2007 年第 20 期。

[20] 王国平：《产业升级中的地方政府行为》，《华东师范大学学报》（哲学社会科学版）2009 年第 6 期。

[21] 乌家培：《论我国自主品牌的培育、管理和发展》，《学术研究》2007 年 4 期。

[22] 王珺、岳芳敏：《技术服务组织与集群企业技术创新能力的形成——以南海西樵纺织产业集群为例》，《管理世界》2009 年第 6 期。

[23] 魏剑锋：《产业集群发展与政府角色》，《统计与决策》2007 年第 21 期。

[24] 谢泼德、谢泼德：《产业组织经济学》，张志奇等译，中国人民大学出版社 2007 年版。

[25] 中华人民共和国商务部：《中国品牌发展报告（2007）》，北京大学

出版社 2008 年版。

　　[26] 祝合良、王平:《中国品牌发展的现状、问题与对策》,《经济与管理研究》2007 年第 8 期。

# 后　记

　　该书是我关于品牌战略基础理论研究中的一个重要主题。经历三年多的时间，终于形成成果出版。

　　该项研究先后得到了中山大学"211工程"三期重点学科建设项目"粤港澳区域合作研究"和国家自然科学基金项目"品牌原型的概念化、形成及其作用机制研究"（编号：70972077）的资助。没有这些资助，是不可能从事该项研究并付诸出版的。在研究过程中，中山大学港澳珠江三角洲研究中心为我提供了便利的研究条件。广东省经济和信息化委员会、广东省名牌产品评价中心、广东省知识产权局热情提供了所需数据和资料。我的2010级研究生战男、陈太硕协助收集了第三章分析所需的中国驰名商标资料，2012级研究生滕海波、彭刘、万倩茹、吴晚瑜协助进行了部分章节的二校。我的朋友周天喜协助进行了广东省名牌数据的编码工作。中国社会科学出版社郭沂纹女士对该书的编审付出了辛勤劳动。在此，对他们的大力支持和帮助表示诚挚的感谢。

　　自主品牌的战略问题是现代营销中的一个重要问题，无论是中国企业的实践还是学术界的研究，在此都面临挑战。本书的出版，期望能引发更多的以中国市场为现实基础，以自主品牌为观察视角的品牌战略研究，以推进现代营销实践和理论的发展。

蒋廉雄

2013年6月26日